QUER
BEET

Wer der Gartenleidenschaft verfiel,
ist noch nie geheilt worden.
Er fühlt sich immer tiefer in sie verstrickt.

Karl Foerster (1874-1970)

Burkhard Mücke
John A. Ferguson
Sabrina Werner

Das große Gartenjahrbuch

QU

ER
BEET
2009
av BUCH

Bildnachweis

Umschlag: Sabrina Werner/Artur Szmigiel (Screenshot)

Frank von Berger: Seite 45; Walter Hege: Seite 144, aus: Walter Hege, Gerhart Rodenwaldt: Olympia (Berlin, Deutscher Kunstverlag, 1936); Thomas Kunz: Seite 46; Wolfgang Redeleit: Seite 14, 15, 17, 18, 19, 22, 2, 25, 27 links, 31, 34, 36, 38 unten, 42, 50, 52, 53, 58, 60 links, 61, 62, 66 beide, 72, 76 beide, 79, 82 beide, 85, 86, 87, 88, 90, 91, 92 beide, 94, 96 oben, 98, 100 alle, 112 beide, 115, 118, 124, 125, 128, 129, 130, 137 rechts, 138 beide, 139, 144 rechts, 145, 146, 150, 152, 155, 157, 158, 159, 161, 162, 163, 164, 171, 173, 176, 177, 181 beide, 185 beide, 187 unten, 188, 189; Sabrina Werner/Artur Szmigiel (Screenshots): Seite 12, 16, 20, 26, 27 rechts, 28, 29 beide, 30, 32, 35, 37 oben und unten, 38 oben, 39, 40, 41, 44, 47, 48, 49, 51, 54, 55, 56, 57, 59, 60 rechts, 63, 64, 65, 67, 68, 69 beide, 70, 71, 73, 74 beide, 75, 78, 80, 81, 83, 84, 89, 93, 95, 96 unten, 97, 99 alle, 101, 102, 103, 105, 106, 108, 109, 110, 111 beide, 113, 114, 116, 117, 119, 120, 121, 122, 123, 126, 127, 132, 133, 134, 135, 136, 137 links, 140, 141, 142, 143, 147, 148, 149, 151, 153, 154, 156, 165, 166, 167, 168, 169 beide, 170, 172, 174, 175, 178 beide, 179, 180, 182, 183, 184, 186, 187 oben.

Impressum

Sturzgasse 1A, A-1141 Wien, E-Mail: buch@avbuch.at
buch@avbuch.at, Internet: www.avbuch.at

Die Deutsche Bibliothek - CIP-Einheitsaufnahme
Die Deutsche Bibliothek verzeichnet diese Publikation in der Deutschen Nationalbibliografie; detaillierte bibliografische Daten sind im Internet über dnb.ddb.de abrufbar.

Redaktion: Redaktionsbüro Wolfgang Funke, Augsburg
Layout, Satz und Bildbearbeitung: Ravenstein + Partner, Verden
Bildreproduktion: Hantsch & Jesch PrePress Services OEG, 1230 Wien
Druck und Bindung: Westermann Druck, Zwickau

Printed in Germany

ISBN 978-3-7040-2314-8

Inhalt

Vorwort 10

Der Zyklus der Jahreszeiten 12

Der Garten im Vorfrühling 14
Der Vorfrühlingsgarten 15
Allgemeine Gartenarbeiten
- Frühbeete: der Saison ein Schnippchen schlagen 16
- Richtig säen will gekonnt sein 19

Blumen und Stauden
Frühlingsboten wecken Kräfte 21

Der Nutzgarten
- Bunter Mix – die Mischkultur 24

Zier- und Obstgehölze
- Der Frühling ist rosa 26
- Himbeeren im Garten 28
- Mit Rosen in die neue Saison 29

Balkon und Terrasse
- Kübelpflanzen aus dem Winterschlaf wecken 31
- Frühlingsgefühle auf Balkon und Terrasse 33

Der Garten im Erstfrühling 34
Erstfrühling 35
Allgemeine Gartenarbeiten
- Den Boden bereiten 36
- Gärtnern unter Glas 37
- Erste Hilfe für den Rasen 39

Blumen und Stauden
- Duftveilchen – romantische Schönheiten 41

Der Nutzgarten
- Knoblauchersatz für Verliebte 44
- Voll im Trend: Bärlauch 45
- Bunte Salatvielfalt das ganze Jahr 47
- Erdbeeren – die süße Verführung 49

Zier- und Obstgehölze
- Die Farbe des Frühlings 53

Balkon und Terrasse
- Pflanzschalen für das ganze Jahr 54

Der Garten im Vollfrühling 56
Zeit der Blüten und Düfte 57
Allgemeine Gartenarbeiten
- Hochbeete für mehr Freude im Garten 58

Blumen und Stauden
- Zarte Blüten in Herzform 60
- Pfingstrosen – barocke Schönheiten 61

Der Nutzgarten
- Paprika in reicher Vielfalt 63
- Auberginen im Topf 65

Zier- und Obstgehölze
- Rhododendren – Blütenwunder im Moorbeet 67

Balkon und Terrasse
- Hängeampeln und Pflanztaschen 69
- Blau – die Farbe der Romantik 71

Der Garten im Frühsommer 72

Der Sommer kann beginnen 73

Allgemeine Gartenarbeiten

- Einige Bemerkungen zum Thema Unkraut 74
- Wunschtraum: schneckenfreier Garten 76

Blumen und Stauden

- Prächtige Staudenbeete 79
- Ein Fest für den Duftsinn 80

Der Nutzgarten

- Rote Rüben – vielseitig und gesund 81
- Fenchel – aromatisch und schmackhaft 82

Zier- und Obstgehölze

- Dream-Team: Kletterrosen und Clematis 84

Balkon und Terrasse

- Einjährige Kletterwunder 86
- Wunderbare Duftpelargonien 87

Der Garten im Hochsommer 88

Der Hochsommer zieht ein 89

Allgemeine Gartenarbeiten

- Intelligent wässern 90

Blumen und Stauden

- Eleganter Storchschnabel 93

Der Nutzgarten

- Stangen- und Buschbohnen 95
- Tomaten – gesunde Sortenvielfalt 97
- Erntezeit im Kräutergarten 99

Zier- und Obstgehölze

- Passiflora – eine alte Heil- und Nutzpflanze 101
- ADR-Rosen – nur die Besten 103

Balkon und Terrasse

- Fuchsien – eine Erfolgsgeschichte 105

Der Garten im Spätsommer 108

Der spätsommerliche Garten 109

Allgemeine Gartenarbeiten

- Ein Teich im Garten 110

Blumen und Stauden

- Herbstanemonen – leicht wie der Wind 113
- Ingwerartige – vielgestaltige Schönheiten 115

Der Nutzgarten

- Rucola und Salatrauke – nussiger Genuss 119
- Sauerampfer – verkannte Delikatesse 120

Zier- und Obstgehölze

- Seltene Kletterpflanze – die Kiwi 122

Balkon und Terrasse

- Balkonkästen bepflanzen 124
- Hortensien lieben es üppig 126

Der Garten im Frühherbst 128
Der frühherbstliche Garten 129

Allgemeine Gartenarbeiten
- Bodenpflege: Fitnesstraining für Gärtner 130
- Rasenkur gegen Sommerstress 132

Blumen und Stauden
- Herbstliche Blütenpracht: Astern 133

Der Nutzgarten
- Kürbis – kleiner Aufwand, große Ernte 136
- Mit Kohl gesund durch den Winter 137

Zier- und Obstgehölze
- Ginkgo: Relikt aus der Urzeit 140
- Jetzt ist Apfelzeit 143

Balkon und Terrasse
- Wein im Kübel 147

Der Garten im Spätherbst 150
Der spätherbstliche Garten 151

Allgemeine Gartenarbeiten
- Jetzt ist Pflanzzeit 152
- Bodenpflege im Herbst 153

Blumen und Stauden
- Ein Plädoyer für den Herbst 155

Der Nutzgarten
- Rhabarber – jetzt ist Pflanzzeit 157

Zier- und Obstgehölze
- Gehölze mit zuverlässiger Herbstfärbung 159

Balkon und Terrasse
- Wintergärten – ein Comeback 162
- Die Kamelie – eine Pflanze mit Geschichte 168

Der Garten im Winter 170
Ein Garten für den Winter 171

Allgemeine Gartenarbeiten
- Alles gut eingepackt? 172

Blumen und Stauden
- Primula, der Frühlingsbote 174
- Buntnesseln und Begonien 176

Der Nutzgarten
- Bleich-Chicorée treiben 177
- Gemüse durch den Winter bringen 178

Zier- und Obstgehölze
- Winterjasmin – robuster Blüher 179

Balkon und Terrasse
- Adventsschmuck mit Bedeutung 180
- Kübelpflanzen im Haus überwintern 187

Register 190

Vorwort

Wir Gärtner haben unseren eigenen Rhythmus: Frühling ist, wenn die Haseln stäuben und die Schneeglöckchen blühen. Dann juckt es uns in den Fingern – Zeit zum Säen, Pflanzen und Umgraben. Falsch: Das Umgraben lieber sein lassen, Millionen von Bodenlebewesen würden dabei zugrunde gehen. Besser ist es, mit dem Sauzahn behutsam dünne Furchen durch das Beet zu ziehen; das lockert den Boden und macht ihn fruchtbar. Erfolg und Misserfolg liegen nah beieinander, auch im Garten.

Natürlich soll er sein, der Garten! Biologisch, ökologisch: Möglichst viele Insekten, nützliche und schädliche, Blattlaus neben Marienkäfer, Unkräuter, Blumen, Würzkräuter, Salat, Gemüse – alles ineinander verflochten. Das macht das Lebensgefüge Garten rund, hält das Ökosystem am Laufen. Vielfalt, die stabilisiert.

Doch Garten und Gärtnern sind viel mehr: „Der Garten bedeutet", wie Romano Guardini sagt, „die Natur im Verhältnis inneren Einvernehmens und als Sphäre der Geborgenheit. Als Garten dringt der Wohnbereich des Menschen in die Natur hinaus; aber nur so weit, als dieser sie lebendig durchwirken kann – bis zur Mauer. Und die Natur reicht an das Haus des Menschen heran; aber nicht wie der Urwald, der alles unter sich erstickt, sondern befreundet und spendend. Im Garten schenkt sich die Natur. Sie gibt ihre Endlosigkeit auf und fügt sich in das Leben der Menschen, gehorcht der ordnenden und pflegenden Hand. In der umgrenzten Gestalt wird das All gegenwärtig und blickt freundlich auf uns." Was Romano Guardini hier formuliert hat, ist Gartenphilosophie vom Feinsten.

Die praktische Seite: So frisch und vitaminreich wie aus dem eigenen Garten gibt es keinen Salat, keine Radieschen, Tomaten, Paprika oder Küchenkräuter. Gescheite Gartenökonomen haben ausgerechnet, dass sich mit Salat und Gemüse der Marke Eigenbau sogar richtig Geld verdienen lässt. Und was sind zurzeit die wahren Hits? Verglichen mit den Marktpreisen erspart sich der Hobbygärtner, nach Abzug der Kosten für Saatgut und Düngemittel, am meisten, wenn er Spinat, Feldsalat oder frühe Kohlrabi produziert.

Der so erzielte Stundenlohn: rund 12 Euro – steuerfrei.

Jeder Garten, und ist er noch so klein, vielleicht sogar zusammengeschrumpft auf wenige Quadratmeter Terrasse oder Balkon, bietet eine Chance, Mutter Natur näherzukommen: Säen, wachsen, blühen, ernten – wo erlebt das der moderne Mensch heute noch so unmittelbar? Für viele ist der Garten sogar der einzige Zugang zur Natur. Der Garten als Schule der Natur, wo es ähnlich zugeht wie unter den Menschen, wo es unter den Pflanzen und Tieren Feinde gibt und Freunde, wo es – wie etwa in der Mischkultur – beim Säen und Pflanzen auf gute und schlechte Nachbarschaft ankommt. Möhren und Zwiebeln zum Beispiel, vertragen sich hervorragend.

Und der Garten hilft auch, Grenzen zu überwinden, Vorurteile abzubauen: Blattläuse sind durchaus faszinierende Lebewesen, und sogar nützlich, wenn man bedenkt, wie wichtig sie als Nahrung für die Marienkäfer sind. Schädlinge und Nützlinge, die Natur kennt da keinen Unterschied. Das ist Ökologie pur!

Und noch etwas kennzeichnet den modernen Garten: Das Unterscheiden in Nutz- und Ziergarten ist passé. Nutzpflanzen wie Paprika, Tomaten, Auberginen und Artischocken haben wunderschöne Blüten. Die Apfelrose, der Haselstrauch, die Felsenbirne – allesamt Ziergehölze mit köstlichen Früchten. Blumen und Kräuter im Gemüsebeet, Melonen und Kürbisse in den Blumenbeeten, Mischkulturen im Balkonkasten. Es lebe die Vielfalt, das in sich vernetzte, fröhliche, heilsame Durcheinander.

Der Zyklus der Jahreszeiten

Im eigenen Garten ist der Rhythmus der Jahreszeiten erlebbar.

Bis zum Beginn dieses Jahrhunderts waren sich unsere Vorfahren des Kreislaufs der Jahreszeiten und des Rhythmus der in jeder Jahreszeit anfallenden Arbeiten noch wohl bewusst. Noch im 19. Jahrhundert lebte und arbeitete die große Mehrheit der Bevölkerung auf dem Land oder hatte sich gerade erst aus ihrer ländlichen Herkunft entfernt. Die meisten von uns haben diese intuitive Wahrnehmung einer ständig ablaufenden, langsamen zyklischen Veränderung ihrer natürlichen Umgebung aber verloren. Dass der genaue Zeitpunkt, an dem eine Pflanze zu wachsen beginnt, blüht und Früchte tragen wird, von Jahr zu Jahr und von Ort zu Ort variiert, ist seit Langem bekannt. Es mag uns überraschen, aber die ältesten Zeugnisse dieses Wissens stammen aus Japan, wo Beobachtungen dieser Art eine lange Tradition haben. Tatsächlich wurde der alljährliche Beginn der Kirschblüte seit dem Jahr 812 festgehalten und die Daten im Archiv des kaiserlichen Hofes gesammelt. Der erste Versuch, diese Phänomene mit wissenschaftlicher Präzision zu untersuchen, fand in der Mitte des 18. Jahrhunderts statt, als der berühmte schwedische Botaniker Carl von Linné seine systematischen Beobachtungen niederschrieb. Er war es auch, der den Begriff „Phänologie" prägte. Dies meint den Zweig der Biologie, der die jahreszeitlich bedingten Erscheinungsformen der Pflanzen untersucht.

Methoden und Ziele

Die Phänologie erforscht die Zusammenhänge, die zwischen dem Lebens- und Wachstumszyklus der Pflanzen und dem Wechsel der Witterung während der Jahreszeiten bestehen. In seiner „Philosophia Botanica" (1751) zeigt Linné eine Methode auf, wie die Entwicklungen einer Pflanze während eines Jahres – Blattbildung, Blüte, Fruchtentwicklung und das Abwerfen des Laubs – auf klimatische Beobachtungen als auch auf die regional unterschiedlichen Witterungsverhältnisse bezogen werden können. Die Methoden und Ziele der Phänologie haben sich seit Linnés Zeiten kaum verändert. Linné selbst hat noch ein Netz von phänologischen Beobachtungsstationen in Schweden gegründet, doch der Schwerpunkt der Forschung hat sich in den letzten hundert Jahren nach Deutschland und in andere Länder Mitteleuropas verlagert. Die Blütezeit dieser Wissenschaft lag zwischen 1880 und 1940. Bis heute besteht ein loses Netz von Beobachtungsstationen über ganz Europa – von Italien und Griechenland bis nach Norwegen, Schweden und Finnland. Nach wie vor ist das größte Interesse jedoch in Deutschland festzustellen.

Naturkalenderpflanzen

Jahreszeit	Anfang/ Ende	Signalpflanze	Signal
Vorfrühling	Anfang	Schneeglöckchen *(Galanthus nivalis)*	Blüte
		Haselnuss *(Corylus avellana)*	Pollenreife
	Ende	Salweide *(Salix caprea)*	Blüte
		Kornelkirsche *(Cornus mas)*	Blüte
Erstfrühling	Anfang	Buschwindröschen *(Anemone nemorosa)*	Blüte
	Ende	Rosskastanie *(Aesculus hippocastanum)*	Blattknospen offen
		Weißbirke *(Betula pendula)*	Blattknospen offen
Vollfrühling	Anfang	Frühapfelsorten *(Malus)*	Blüte
		Rosskastanie *(Aesculus hippocastanum)*	Blüte
		Flieder *(Syringa vulgaris)*	Blüte
	Ende	Weißdorn *(Crataegus monogyna)*	Blüte
		Goldregen *(Laburnum anagyroides)*	Blüte
		Eberesche *(Sorbus aucuparia)*	Blüte
Frühsommer	Anfang	Holunder *(Sambucus nigra)*	Blüte
		Schneebeere *(Symphoricarpos albus)*	Blüte
		Robinie *(Robinia pseudoacacia)*	Blüte
	Ende	Sommerlinde *(Tilia platyphyllos)*	Blüte
		Liguster *(Ligustrum vulgare)*	Blüte
Hochsommer	Anfang	Winterlinde *(Tilia cordata)*	Blüte
Spätsommer	Anfang	Schneebeere *(Symphoricarpos albus)*	Beerenreife
		Eberesche *(Sorbus aucuparia)*	Beerenreife
Frühherbst	Anfang	Herbstzeitlose *(Colchicum autumnale)*	Blüte
		Holunder *(Sambucus nigra)*	Beerenreife
	Ende	Kornelkirsche *(Cornus mas)*	Fruchtreife
Herbst	Anfang	Rosskastanie *(Aesculus hippocastanum)*	Nussreife
		Rotbuche *(Fagus sylvatica)*	Laubverfärbung
		Stieleiche *(Quercus robur)*	Eckernreife
	Ende	Esche *(Fraxinus)*	Laubverfärbung
		Lärche *(Larix decidua)*	Eichelnreife
		Sommerlinde *(Tilia platyphyllos)*	Laubverfärbung
			Laubfall
Winter		Keine Signalpflanzen, da die meisten	Laubfall
		Pflanzen im Winter eine Ruhephase	Laubfall
		haben	

Anm.: Im Herbst unterscheidet die Wissenschaft der Phänologie drei Phasen. Da aber in der dritten Herbstphase dieselben Gartenarbeiten wie in der ersten zu erledigen sind, haben wir die drei Herbstphasen zu einer Jahreszeit, dem Herbst, zusammengefasst.

Der Garten im Vorfrühling

Allgemeine Gartenarbeiten
- Beete vorbereiten
- Kompost ausbringen
- Gründünger wie Spinat oder Senf als Vorsaat
- Mistbeet packen, Frühbeet herrichten

Nutzgarten
- Aussäen im Haus: Tomaten, Sellerie, Paprika, Kohlrabi, Auberginen, frühe Kohlsorten, Sommerlauch
- Aussäen im Freien: Spinat, (Schäl-)Erbsen, Steckzwiebeln, Radieschen und Rettich, Pastinake, Möhre, Petersilie, Puffbohnen, Pflücksalat, Mairübe
- Erdbeerbeete pflegen
- Mischkultur und Fruchtwechsel planen

Ziergarten
- Aussäen im Haus: Edelwicken, Löwenmaul, Tagetes, Spinnenpflanze, Sommernelke, Ziertabak, Glockenrebe
- Aussäen im Freien: Ringelblume, Kornblume, Goldmohn, Schleierkraut, Schleifenblume, Jungfer im Grünen, Klatschmohn
- Vortreiben von Knollenbegonien, Gladiolen, Dahlien
- Staudengräser zurückschneiden
- Rasen: Verdichtungen beseitigen
- Empfindliche Gehölze pflanzen (Rosen, Rhododendren und andere Immergrüne)

Der Vorfrühlingsgarten

Sonne, die durch die filigranen Zweige und nackten Äste der Bäume hindurchleuchtet, ein klarer blauer Himmel, leichte lockere Düfte sowie bescheidene Blüher wie das Leberblümchen, der Winterling, Anemonen und die Christrose, die sich am Boden anschmiegen und an den Wurzeln der Bäume zum Schutz gegen Frühlingsstürme und den letzten Schnee festhalten – das sind die typischen Merkmale des Vorfrühlingsgartens. Sie vermitteln die heitere Stimmung des offenen Waldrandes, Eindrücke, die sich selbst im kleinsten Reihenhausgarten erzeugen lassen. Da kann ein gut platzierter Strauch schon eine Menge bewirken, ein weit ausladender Haselstrauch, unterpflanzt mit rosa blühendem Heidekraut, oder die weiße Schneeforsythie, die sich in einem Efeuteppich breitmacht, durchwoben von Leberblümchen, Schneeglöckchen und Winterlingen. Viel mehr braucht es nicht, um einen typischen Vorfrühlingseindruck entstehen zu lassen.

Frühbeete: der Saison ein Schnippchen schlagen

Im Frühbeet reifen Salat und Gemüse vier bis sechs Wochen früher als im Freiland.

Auf mein Frühbeet möchte ich auf keinen Fall verzichten. Es ist die beste Kinderstube für zarte Gemüse- und Blumensämlinge. Während die Luft draußen noch eisig kalt ist, erwärmen die Sonnenstrahlen den verhältnismäßig kleinen Raum sehr schnell. Die Luft kühlt hier nur langsam ab, weil der feuchte Boden die Wärme gut speichert und nur langsam abgibt. Deshalb kann ich bereits ab Ende Januar Spinat aussäen, im März Kopfsalat und Kohlrabi pflanzen. Das Gemüse ist hier im Schnitt vier bis sechs Wochen früher erntereif als im Freiland.

Gartentipp

Auch für Kakteen ist das geöffnete Frühbeet der ideale Ort für eine Sommerfrische. Hier stehen sie sicher geschützt vor Wind und Sturm.

Welches Frühbeet für welchen Zweck?

Lichtdurchlässig, Wärme isolierend und selbstlüftend – diese Eigenschaften sollte ein professioneller Frühbeetkasten aufweisen. Aus welchem Material der Kasten gebaut wird, ist dabei reine Geschmackssache. Günstig im Vergleich zu Fensterglas sind aber Stegdoppelplatten aus Kunststoff. Sie sind leichter als Glas und isolieren gut gegen die winterliche Kälte.
Viele Gartencenter bieten preiswerte Bausätze an, mit denen man einen solchen Kasten innerhalb weniger Stunden aufbauen kann. Dauerhafter und stabiler sind natürlich gemauerte Kästen oder solche aus Holz.
Wichtig ist in jedem Fall, dass man das Frühbeet von zwei Seiten öffnen kann. Dies erleichtert später die Arbeit und das Ernten. Der Kasten

muss auch einfach zu belüften sein, denn sonst verwandelt er sich an sonnigen Tagen in einen Brutkasten, in dem das Gemüse nur schmort. Mussten früher die Gärtner zum Lüften jedes Fenster noch per Hand anheben, bevorzugt man heute automatische Fensteröffner. Diese haben den großen Vorteil, dass es den Pflanzen an sonnigen Tagen garantiert nicht zu heiß wird. Sie sind nämlich temperaturgesteuert und sorgen so automatisch für die richtige Menge an Frischluft. Diese Öffner gibt es übrigens für Abdeckungen aus Stegdoppelplatten ebenso wie für Glaseindeckungen. Die Fenster sollten sich jedoch auch von Hand öffnen und schließen lassen. Zur Bodenbearbeitung im Kasten, zum Säen und Pflanzen entfernt man sie ganz. Eine spezielle Beschichtung an den Innenflächen des Frühbeets sorgt dafür, dass Kondenswasser an den Scheiben ablaufen kann und nicht auf die Pflanzen tropft.

Frühbeetkästen aus Folie

Ebenfalls leicht aufzustellen sind Frühbeete mit einer Folienabdeckung. Der obere Teil besteht dabei aus Alubügeln, die in vorbereitete Löcher gesteckt und oben miteinander verbunden werden. Darüber spannt man dann eine Tunnelfolie, die unten am Kastenrand mit einer Seilklemme fixiert wird. Salat ist in einem solchen Beet etwa in fünf bis sechs Wochen erntereif. Aber auch im Sommer hat so ein Frühbeet nicht ausgedient. Mit ein paar Handgriffen kann man die Konstruktion verändern: Unter die Alubögen senkrechte Verlängerungsschienen einziehen und eine größere Folie darüberspannen – so schafft man gute Bedingungen für Tomaten und Paprika, die Wärme lieben und unter Kälte und Nässe leiden.

Die Aussaat von Zier- und Nutzpflanzen ins Frühbeet

Bereits Ende Januar kann man bei einigen Blumen, wie Vanilleblume und Geranie, mit der Aussaat direkt in den Frühbeetkasten beginnen. Ab Februar folgen Petunie, Fleißiges Lieschen, Männertreu und Rittersporn. Ab März beginnt die Aussaat für Studentenblume, Zinnie und Husarenknöpfchen. Direkt ins Freiland ausgesät werden ab Mai Sonnenblume und Kapuzinerkresse. Die Samen der Lichtkeimer wie Fleißiges Lieschen, Männertreu und Vanilleblume werden nicht mit Erde bedeckt. Über die Samen der Dunkelkeimer wie Studentenblume, Zinnie, Husarenknöpfchen und Petunie streuen Sie eine dünne Schicht Erde. Diverse Gemüse-, Salat- und Kräuterarten können ab März im Freiland ausgesät werden, vor allem in milden Regionen. Wer über ein Frühbeet oder sogar ein Gewächshaus verfügt, kann sich auch schon um die Jungpflanzenanzucht verschiedener Kulturarten wie Kohl, Porree und Salat kümmern, die dann im April oder Mai ins Freiland gepflanzt werden. Wer im April gerne Frühkartoffeln legen möchte, sollte jetzt daran denken, die Pflanzkartoffeln vorzukeimen.

Auch ein kleines Frübeet verspricht reiche Ernte.

Das gute alte Mistbeet

Einst waren Frühbeete ohne eine wärmende Pferdemistpackung kaum denkbar. Das Herrichten und Packen der Mistbeetkästen macht aber mehr Arbeit als das Anziehen von Jungpflanzen in einem technisch gut ausgestatteten Gewächshaus, doch gibt es trotzdem viele gute Argumente für die Verwendung von Stallmist.
Der natürliche, mit Stroh vermischte Rohstoff aus Pferdeäpfeln enthält viele Bakterien, die sich heftig vermehren, vom Mist leben und ihn zersetzen. Dabei erhitzt sich die Masse auf 65 bis 70 °C. Dies entspricht der Temperatur beim Pasteurisieren, deshalb werden

Gartentipp

Pferdemist gibt es umsonst in Pferdehöfen und Reitställen, die sogar froh sind, wenn sie auf diese Art ihren Abfall reduzieren können. Mit Isoliermatten geschützt kann der Kasten schon ab Mitte Februar gepackt werden.

Unkrautsamen und Schadpilze werden abgetötet. Im Verlauf einer Woche kühlt der Kasten ab, jetzt finden Frühgemüse-Aussaaten hier eine milde Wärme vor. Der reichlich vorhandene Kohlenstoff lässt die Pflanzen schneller wachsen. Später, wenn aus Mist fruchtbare Mistbeeterde geworden ist, dient dieser gehaltvolle Humus der Düngung von Blumen- und Gemüsebeeten, vor allem wenn stark zehrende Arten wie Kohl, Lauch und Tomaten angebaut werden sollen.

Ein Mistbeet bepflanzen

Für die Erstbepflanzung eines Mistbeetkastens eignen sich Salat und Rettich, Radieschen, Portulak, Feldsalat, Spinat, Petersilie, Rucola oder Kerbel. Gesät wird direkt in den vorbereiteten Kasten, es können aber auch vorgezogene Jungpflanzen verwendet werden. Später kommen Kohl, Tomaten, Paprika, Astern, Zinnien, Löwenmäulchen oder Studentenblumen dazu. Das Gepflanzte kräftig eingießen, den Kasten zudecken und aufpassen, dass es bei starker Sonneneinstrahlung unter dem Glas nicht zu heiß für die Pflanzen wird.

Mist bildet die natürliche Bodenheizung im Beet.

So wird ein Mistbeet gepackt

- Zuunterst eine dünne Schicht Herbstlaub geben.
- Der mit Stroh vermengte Mist wird jetzt „gepackt", das heißt eine 40 bis 50 cm dicke Schicht in den Kasten eingefüllt und durch Antreten verdichtet. Das Stroh im Mist ist dabei die Hauptnahrung der Bakterien. Beim Zersetzen desselben und bei ihrer Vermehrung erzeugen die Mikroben Wärme. Die Wärmeentwicklung kann man steuern: Braucht man mehr Wärme, etwa dann, wenn der Kasten früh im Jahr gepackt wird, sollte der Strohmist etwas lockerer liegen. Tritt man den Mist sehr fest, vermehren sich die Bakterien nicht so schnell, und die Wärme entwickelt sich langsamer. Sehr trockener Mist wird am besten während des Einbringens mit warmem Wasser angegossen.
- Über die Strohmistschicht kommt eine dünne Schicht aus gut gereiftem Kompost, wie z. B. Mistbeeterde vom vergangenen Jahr. Anschließend folgt eine 10 bis 15 cm dicke Schicht gute Gartenerde.
- Den gepackten Kasten abdecken und den Mikroben drei bis vier Tage Gelegenheit geben, mit der Zersetzungsarbeit zu beginnen.

Richtig säen will gekonnt sein

Aussaaterde und passende Gefäße, mehr braucht es nicht!

Entscheidend für den Erfolg der Anzucht ist das richtige Säen. Wie die Saat, so die Ernte, sagt schon eine alte Bauernregel.
Das Wichtigste ist gutes Substrat, es muss keimfrei und nährstoffarm sein. Junge Sämlinge sind besonders nach dem Keimen sehr anfällig für Pilzkrankheiten, weshalb hygienisch einwandfreie Erde unabdingbar ist. Nährstoffe braucht ein Sämling in den ersten Wochen nicht, denn alle lebenswichtigen Elemente stecken als Vorrat in den Samen. Normale Blumenerden und selbst gemischte Erden erfüllen diese Bedingungen meist nicht. Am besten ist eine gekaufte Aussaaterde. Zum Keimen brauchen die meisten Pflanzen, wie Tomate, Gurke, Paprika und Artischocke, höhere Temperaturen und sehr „warme Füße". Das heißt, die Erde sollte mindestens genauso warm sein wie die Umgebungsluft. Optimal sind Temperaturen im Bereich von 20 bis 24 °C! Eine Styroporplatte hält beispielsweise die Kälte von Fensterbrettern ab.

Samen ist nicht gleich Samen

Die meisten Samen sind Dunkelkeimer. Das heißt, sie müssen mit einer dünnen Erdschicht abgedeckt werden. Die Dicke der abdeckenden Erdschicht sollte dabei der Samenkorndicke entsprechen. Ganz feines Saatgut kann man mit Zeitungspapier abdecken; es hält auch feucht, ist undurchsichtig und nicht zu dick. Ob es sich um Dunkel- oder Lichtkeimer – diese werden nur aufgestreut und nicht abgedeckt – handelt, ist immer auf der Samentüte vermerkt. Vergessen Sie nicht das Beschriften der Samenkisten, damit Sie später noch wissen, um welche Art und Sorte es sich handelt.

Pflanzen, von denen man nur wenige benötigt und die gut keimen, können gleich in Töpfchen gesät werden. Hier legt man in den gefüllten Topf jeweils zwei Samen ab, später wird der schwächere der Keimlinge entfernt. Nun mit Erde abdecken, angießen und zwei Wochen stehen lassen – fertig sind die Jungpflanzentöpfchen. Diese Art der Aussaat eignet sich für Gurken und Zucchini besonders gut, da die Samen sehr groß sind und zudem leicht keimen.
Selbst geerntete Samen fallen übrigens meist nicht mehr so aus wie die Elternpflanzen im vergangenen Jahr. Gerade bei eigenen Zucchinisamen sollte man daher Vorsicht walten lassen. Haben sie sich zum Beispiel mit Zierkürbissen gekreuzt, können die Nachkommen bitter schmecken und ungenießbar sein.

Gemüse säen, aber richtig

Die Anzucht eigener Gemüsejungpflanzen für den frühen Anbau im Gewächshaus oder Frühbeet – und ab Ende März auch im Freiland – lohnt sich nach wie vor. Das gilt nicht nur für die bewährten Gartensorten, sondern auch für die vielen attraktiven Neuheiten. Denken Sie aber daran: Hochwertiges Saatgut ist eine der wichtigsten Voraussetzungen für hohe Erträge, gute Qualität und gesunde Pflanzen. Verwenden Sie für die Anzucht nur keimfreie, schwach gedüngte Aussaaterde aus dem Fachhandel. Wenn Sie ihre eigene Anzuchterde herstellen wollen, geben Sie eine Mischung aus je einem Drittel Kompost, Sand und Gartenerde in einen Beutel aus Bratfolie und sterilisieren alles etwa 30 Minuten im Backofen bei 150 °C.

Die ideale Keimtemperatur beträgt für die meisten Gemüsearten 18 bis 20 °C. Ausnahmen: Die bevorzugte Keimtemperatur für Salate liegt zwischen 8 und 15 °C, Paprika, Tomaten und Auberginen brauchen mindestens 22 °C. Decken Sie Saatschalen und Topfplatten nach der Aussaat mit einer durchsichtigen Kunststoffhaube oder lichtdurchlässiger Folie ab.

Für die Anzucht im Frühbeet oder Gewächshaus eignen sich Erbsen, Karotten, Kohlrabi, Zwiebeln, Blatt- und Kopfsalate, Kresse, Petersilie, Radieschen, Rettich, Spinat, Schwarzwurzeln, Knoblauch, Topinambur, Dicke Bohnen, Kohlrabi, verschiedene Kopfkohlarten, Blumenkohl, Porree, Sellerie und Salat.

Fingerspitzengefühl ist gefragt

Nach zwei bis drei Wochen ist es soweit, die Samen sind gekeimt und die Saatkistchen platzen aus allen Nähten. Jetzt ist die Zeit zum Pikieren gekommen! Der Hobbygärtner sollte mit dem Umsetzen warten, bis die Sämlinge einigermaßen kräftig sind. Allerdings gilt grundsätzlich: Je früher pikiert wird, desto besser. Wartet man zu lange, wachsen die Wurzeln der Sämlinge ineinander und das Vereinzeln wird entsprechend immer schwieriger.

Wichtig beim Pikieren ist, dass die zarten Pflänzchen ganz behutsam mit einem Pikierstab aus der Aussaaterde herausgehoben und nicht herausgerissen werden. Die Pflanzen werden dabei nicht am Stiel, sondern an den Blättern angefasst. Greift man den Keimling am Stiel, besteht die Gefahr, dass er gequetscht wird und dann nicht mehr weiterwächst.

Jungpflanzen in Torftöpchen.

Das Wurzelwerk wird nun in das mit dem Pikierstab vorbereitete Loch eingesenkt und leicht angedrückt. Der Bodenschluss ergibt sich erst beim Angießen. Dabei muss sich das Substrat im neuen Gefäß erst ganz vollsaugen. Nach dem Umsetzen sollten die Pflänzchen erst mal etwas schattig stehen. Nach zwei bis drei Tagen haben sie den Umpflanzschock verkraftet und können dann wieder in die Sonne gestellt werden.

Aussäen leicht gemacht

- **In Schalen:** Streuen Sie die Samen aus der Tüte direkt auf die geglättete Anzuchterde und drücken Sie sie leicht an. Befeuchten Sie die Erde. Die Jungpflänzchen müssen später vereinzelt werden.
- **Praktische Saatscheiben:** Im optimalen Abstand sind die Samenkörner vieler Blumen bereits auf Papierscheiben fixiert. Legen Sie diese einfach auf die Erde, dann leicht abdecken und anfeuchten. Vereinzeln ist nicht nötig.
- **Saatbänder für Kästen:** Wie bei den Saatscheiben sind die Samen schon fertig auf den Bändern fixiert. Direkt in die Blumenkästen ausgelegt, angefeuchtet und mit Erde bedeckt, wachsen die Pflänzchen schnell zur vollen Pracht heran.
- **Torfquelltöpfe:** Für größere Samen bieten sich Torfquelltöpfe an. In lauwarmes Wasser gelegt, quellen diese auf. Drücken Sie je einen Samen hinein. Die Töpfchen kommen nach der Keimung in ein mit Erde gefülltes Gefäß.

Ab ins Freiland

Die im Februar angezogenen Jungpflanzen sind jetzt groß genug, um an dem ihnen zugedachten Platz im Freiland ausgesetzt zu werden. Die ersten Schnittsalate sind abgeerntet und die Beete im Gewächshaus werden mit Tomaten, Paprika und Auberginen bepflanzt. Wenn möglich sollte jetzt auch im Kleingewächshaus ein Fruchtwechsel durchgeführt werden. Am besten teilt man den Platz in zwei Hälften und baut dann abwechselnd zum Beispiel Tomaten und Gurken an.

Frühlingsboten wecken Kräfte

Ein Garten, in dem es im Frühjahr nicht grünt und blüht – unvorstellbar. Jeder genießt es, das Frühlingserwachen mit allen Sinnen erleben zu können. Zwar spüren wir in unseren beheizten Wohnungen die Härte des Winters weit weniger als noch unsere Vorfahren, aber die Sehnsucht nach Sonnenlicht und Wärme steckt trotzdem tief in uns. Daher geben uns die Winterblüher, wie zum Beispiel die gelben Winterlinge, die silbernen Weidenkätzchen und das frische Grün der Tulpen, das die dicken Knospen vorerst sorgsam umhüllt, pure Lebensfreude.

Liebenswerte Märzenbecher

Auch der Märzenbecher ist den meisten Menschen ein vertrauter Frühlingsblüher. Mit seinem grüngelben Tupfensaum an den silberweiß geschmückten bauchigen Glocken lugt er zwischen den glänzend grünen Blättern vorwitzig durch den Schnee. Auf manchen feuchten Wiesen, vor allem in Süddeutschland, ist er bestandsbildend und blüht in großen Teppichen. Im Garten gedeiht dieses Zwiebelgewächs am besten an halbschattig bis schattigen kühlen Plätzen, die aber, zumindest im Frühjahr, genügend feucht sein sollten. Die Gattung *Leucojum* umfasst neun Arten, die alle aus Mitteleuropa stammen und auch heute noch im Mittelmeerraum heimisch sind. Nur drei davon sind bei uns winterhart, die anderen eignen sich allerdings recht gut für das Kalthaus. Als Gartenpflanze ist der Märzenbecher bei uns seit 1420 in Kultur. Er gibt sich mit jedem normalen, etwas frischen Gartenboden zufrieden. Sagt dem Märzenbecher ein Platz zu, hält er es sehr lange dort aus. Dann vermehrt er sich rasch, besonders wenn man ihn im Herbst immer wieder aufs Neue mit einer dünnen Decke aus reifem Kompost oder Torf abdeckt. Im Frühjahr kann man die Märzenbecher mit Mehr-Nährstoff-Flüssigdünger versorgen. Pflanzzeit ist im Herbst. Die Zwiebeln sollten 8 bis 10 cm tief gesetzt werden. In der Natur zählt der Märzenbecher übrigens zu den gefährdeten Pflanzen.
Später, im Frühsommer, etwa ab Mai/Juni, blüht eine andere *Leucojum*-Art, nämlich *Leucojum aestivum*, das Sommertürchen. Es kommt in Mitteleuropa, Kleinasien und im Kaukasus vor. Die Pflanze hat eine runde, 4 cm breite Zwiebel, schmaltriebige, etwa 1,5 cm breite

Steckbrief

Märzenbecher
(Leucojum vernum)

Familie:	Amaryllisgewächse (Amaryllidaceae)
Standort:	lichter Schatten, unter Sträuchern
Herkunft:	West- und Südeuropa
Wuchs:	10 bis 30 cm hoch
Blütezeit:	Ab Februar
Boden:	jeder gute Gartenboden
Feuchtigkeit:	frisch
Pflege:	*L. aestivum* und *L. autumnale* sind dankbar für Winterschutz

Blätter und 2 cm lange, weiße Blüten, die in Dolden an unterschiedlich langen Stielen stehen. Das Sommertürchen wird bei uns seit 1588 kultiviert. Im Herbst blüht dann *Leucojum autumnale*. Er stammt aus Portugal, tritt aber auch in Marokko auf. Seine Zwiebeln werden kugelrund. Die Blüten sitzen auf schlanken Schäften, sind weiß, mit einem rötlichen Hauch überzogen, etwa 1 cm lang und gestreckt trichterförmig. Alle drei Arten – *L. vernum, L. aestivum* und *L. autumnale* – eignen sich auch für kleine Sträuße.

Von wundertätigen Blumen

Im Volksglauben werden vielen Frühlingsblumen Zauberkräfte zugeschrieben. Beispielsweise ist es vielerorts verboten, sie zu pflücken. Bricht man beispielsweise trotzdem die Stängel der Frühlings-Küchenschelle ab, hören angeblich die Hühner auf, Eier zu legen. Wer Märzenbecher oder Lerchensporn auch nur anfasst, bekommt – wer's glaubt, wird selig – Sommersprossen und eine wunde Nase. Auch um die Schlüsselblumen rankt sich ein ähnlicher Glaube, wie man im „Heiteren Herbarium" des österreichischen Schriftstellers Heinrich Waggerl (1897–1973) erfährt: „Wenn Gott zum lieben Osterfest die Himmelschlüssel sprießen lässt, für jede arme Seele einen, dann finden aber jene keinen, die schon zu Lebzeit sich erkeckten und welche an die Hüte steckten." Also, am besten bewundert man die frühen Blüher nur mit den Augen – dort, wo sie wachsen.

Frühling kündende Schlüsselblume

Die Blüten der ersten Schlüsselblumen *(Primula veris)*, die zur Familie der Primelgewächse gehören, signalisieren, dass der Winter nun definitiv vorüber ist und der Frühling Einzug hält. Schlüsselblumen lieben lockere, feuchte, etwas lehmige Böden und sind häufig in Laub- und Mischwäldern, auf Wiesen oder im Gebüsch zu finden. Ihre gelben Blüten duften süß, denn sie enthalten ein ätherisches Öl, das beruhigend und entspannend auf das vegetative Nervensystem wirkt. Außerdem wirkt es schleimlösend. Aus den Blüten kann man Tee zubereiten oder sie zu einem feinen Frühlingsdessert verarbeiten. Da Schlüsselblumen zu den im Bestand gefährdeten Pflanzen zählen, sollten sie in freier Natur möglichst nicht gepflückt, auf keinen Fall jedoch „gesammelt" oder ausgegraben werden.

Schlüsselblumen-Parfait

Zutaten:

- *1 Ei*
- *3 Eigelb*
- *Mark von zwei Vanilleschoten*
- *100 g Puderzucker*
- *4 Gelatineblätter*
- *4 Esslöffel Kirschwasser*
- *Schlüsselblumenblüten*
- *2 Esslöffel aufgelöste weiße Schokolade*
- *350 g Schlagsahne*

Zubereitung:

Das Ei, die Eigelbe und den Puderzucker zunächst über einem warmen Wasserbad aufschlagen. Anschließend alles über Eiswasser aufschlagen. In der Zwischenzeit die Gelatineblätter einzeln in kaltes Wasser geben, zwei Minuten quellen lassen und ausdrücken. Die ausgedrückte Gelatine in das Kirschwasser geben und bei geringer Hitze zerlaufen lassen (nicht mehr als 70 °C). Das Kirschwasser samt der aufgelösten Gelatine in die Eischaummasse geben und unter ständigem Rühren die weiße Schokolade zufügen. Nun die geschlagene Sahne vorsichtig unterheben und zum Schluss die Schlüsselblumenblüten unterziehen. Nun wird die Masse in eine kastenförmige, mit Klarsichtfolie ausgelegte Terrine gefüllt. Darauf achten, dass keine Hohlräume entstehen. Das ganze mit Frischhaltefolie abdecken und für zwei bis drei Stunden ins Gefrierfach geben.

Bunter Mix – die Mischkultur

Mischkultur ist große Vielfalt auf kleinem Raum..

Schon vor langer Zeit machten Gärtner die Erfahrung, dass sich die richtige Kombination verschiedener Pflanzen positiv auf deren Wachstum auswirkt. Bei dieser sogenannten Mischkultur werden in bestimmter Zusammenstellung mehrere unterschiedliche Pflanzen, wie Blumen, Kräuter und Gemüse, nebeneinander in ein Beet gepflanzt. Dort schützen, fördern, bestäuben und unterstützen sie sich gegenseitig, was sich nicht nur positiv auf ihr Wachstum, sondern auch auf den Geschmack und das Aroma auswirkt. Die Mischkultur beugt Schädlingen vor und unterstützt das Pflanzenwachstum. Dieses Prinzip funktioniert nicht nur im Garten, sondern auch auf Balkon und Terrasse. Mischkulturen aus Gemüse und Zierpflanzen sind nicht nur ertragreich, sie bringen zudem viel Farbe und Leben in die begrenzten Gartenräume.

Nach dem Vorbild der Natur

Das Geheimnis der Mischkultur ist also, dass sich die Pflanzen sowohl ober- als auch unterirdisch ergänzen. Sie müssen so ausgewählt werden, dass sie sich nicht mit ihren Blättern und Früchten bedrängen und immer genug Raum für Licht und Luft bleibt. Im Wurzelbereich ist eine harmonische Ergänzung besonders wichtig. Die Mischkulturen entnehmen dem Boden unterschiedliche Nährstoffmengen, geben aber auch selbst verschiedene Substanzen aus ihrem Stoffwechsel ans Erdreich ab. So entsteht ein Wechselspiel aus Geben und Nehmen.
Viele Pflanzen lieben die Mischkultur, sie werden dann auch seltener von Schädlingen befallen. Erdbeeren zum Beispiel gedeihen gut in Gemeinschaft mit Borretsch, Buschbohnen, Knoblauch, Kopfsalat, Lauch, Radieschen, Schnittlauch, Spinat und Zwiebeln. Auch Zwiebeln und Knoblauch passen sehr gut zu Erdbeeren – ver-

treiben sie doch mit ihrem Geruch und ihren Wurzelausscheidungen sehr viele Schadorganismen.

Die Mischung macht's

- Schnittsellerie schützt Lauch vor der Lauchmotte.
- Basilikum schützt Gurken vor Mehltau.
- Bohnenkraut schützt Buschbohnen vor Bohnenläusen.
- Zwiebeln schützen Möhren vor der Möhrenfliege.
- Salbei schützt Kohlgewächse vor Kohlweißlingsraupen.

Gute Nachbarschaften

- Salat - Lauch - Buschbohnen
- Möhren - Salat - Schnittlauch
- Buschbohnen - Rote Beete - Bohnenkraut
- Gurken - Dill
- Zuckermais - Kürbis

Wer zweimal auf dasselbe sät ...

Der erfolgreiche Gemüseanbau im Garten ist auf längere Sicht nicht ohne einen Fruchtwechsel von Pflanzenarten aus verschiedenen Pflanzenfamilien möglich. Dieser Wechsel ist eine der wirksamsten, vorbeugenden Pflanzenschutzmaßnahmen gegen viele Krankheitserreger und Schädlinge. Der Hintergrund ist folgender: Viele Gemüsearten können nicht über mehrere Jahre auf einem Beet stehen, da der Boden sonst auslaugt, und im Boden lebende Schädlinge wie Älchen sich umso stärker vermehren, je öfter hintereinander ihre Lieblingspflanzen auf dem Beet stehen. Es muss ein Wechsel stattfinden, um den Pflanzen ein gutes und gesundes Wachstum zu ermöglichen.
Die Fruchtfolge ist die zeitliche Aufeinanderfolge von verschiedenen Kulturpflanzen in ein und demselben Beet während eines Jahres. Dadurch erreicht man, dass die Nährstoffe im Boden optimal genutzt werden, ein einseitiges Auslaugen des Bodens verhindert wird, und somit die Gesundheit des Bodens und der hier wachsenden Pflanzen erhalten und gefördert wird.
Pflanzt man die Gemüsearten von Anfang an in Mischkultur auf ein Beet, findet keine Auslaugung des Bodens statt und die Beete werden bestmöglich genutzt.

Beispiel für einen vierjährigen Fruchtwechsel

Von führenden Instituten wird ein Vierjahresrhythmus empfohlen. In der Praxis sieht es ungefähr so aus: Man unterteilt die Anbaufläche in vier Bereiche, die im Rotationsverfahren bewirtschaftet und bepflanzt werden:

1. Jahr: Gründüngung + Kompost
2. Jahr: stark zehrende Pflanzen (z. B. Kohl, Tomaten und Kürbis)
3. Jahr: mäßig zehrende Pflanzen (z. B. Zwiebeln, Knoblauch, Spinat, Fenchel, Möhren, Paprika)
4. Jahr: schwach zehrende Pflanzen (z. B. Bohnen, Erbsen und Kräuter)

Dann schließt sich der Kreis. Zwischenzeitlich wird mit Kompost gedüngt. Dort, wo nach der Ernte Lücken entstehen, kann gemulcht oder auch Gründünger eingesät werden.

Die Kombination machts.

Der Frühling ist rosa!

Der Winterschneeball blüht zeitig im Jahr.

Der Frühling ist die Zeit der rosafarben blühenden Gehölze. Schon Ende Februar öffnet der zierliche Seidelbast *(Daphne mezereum)* seine attraktiven Blüten. Der kleine Strauch mit den auffallend kräftigen Trieben ist bei uns heimisch und wächst am besten auf kalkhaltigen, nährstoffreichen Lehmböden. Wer kleine Kinder hat, sollte auf die Pflanze im Garten allerdings verzichten: Seine leuchtend roten Steinfrüchte laden im Sommer zum Naschen ein, sind aber sehr giftig. Recht früh dran ist auch der Winter-Schneeball *(Viburnum x bodnantense* 'Dawn'*)*: Nachdem er im November/Dezember die ersten Blüten gezeigt hat, legt er nun eine Winterpause ein. Ab Anfang März läuft der 2 m hohe Strauch zu Hochform auf und hüllt seine Umgebung in einen süßlichen, marzipanähnlichen Duft. Attraktiv sind auch die Blüten des noch kleineren koreanischen Duft-Schneeballs *(Viburnum carlesii* 'Aurora'*)*, die sich Ende März öffnen. Sie sind beim Aufblühen weiß-rosa, verblassen später und duften ebenfalls sehr intensiv.

Duftender Seidelbast

Wenn es nicht zu kalt ist, blüht der Seidelbast *(Daphne mezereum)* schon im Februar. Seine Hauptblütezeit reicht von März bis April. Von den knapp 50 Seidelbastarten gibt es nur fünf in Mitteleuropa, alle übrigen wachsen in Asien. Am besten gedeiht Seidelbast im Strauchbereich von Laubwäldern. Er liebt Schatten und verträgt auch Sonne, sofern der Boden kühl bleibt. Die Blüten des

Seidelbasts bieten großen und kleinen Insekten eine willkommene Vorfrühlingsnahrung. Sein starker, fast berauschender Duft lockt die Tiere an. Seltener, jedoch ebenso wild vorkommend, ist der Weiße Seidelbast *(Daphne mezereum alba)*. Wie die rosa-violette Art, so mag auch er durchlässigen, sandigen, humosen und kalkhaltigen Boden.
Doch Vorsicht beim Umgang mit diesem duftigen Frühjahrsblüher: Er ist stark giftig, und zwar alle Pflanzenteile – Blüten, Blätter, Früchte und Rinde. Aber man muss ja auch nicht davon essen. Wenn es danach ginge, dürfte man an die Hundert oder mehr interessanter Gartenpflanzen nicht anbauen, so viele giftige Sträucher und Stauden gibt es.

Das Fest der Kirschblüten

Der April gehört den Zierkirschen mit ihrer beeindruckenden Blütenfülle. Die Japaner widmen den „Sakura", wie sie die Bäume nennen, sogar eigens ein Fest – das Kirschblütenfest. Auch in europäischen Gärten haben Japanische Zierkirschen ihren festen Platz: Exotische Sortennamen wie 'Amanogawa' (Säulenform, Blüten hellrosa, halb gefüllt), 'Kanzan' (Trichterform, Blüten groß, rosafarben, dicht gefüllt) oder 'Fukubana' (aufrechter Großstrauch, Blüten tiefrosa, halb gefüllt) können ihre Herkunft nicht leugnen. Ein kleiner Wermutstropfen ist die kurze Blütezeit: nach nur 10 bis 14 Tagen ist der Zauber vorbei. Wie Schneeflocken rieseln dann die verblassten Blütenblätter von den Bäumen herab.
Zur Verwandtschaft der Zierkirschen gehören weitere rosafarben blühende Ziergehölze, zum Beispiel die Blutpflaume *(Prunus cerasifera* 'Nigra'*)* mit dunkelrotem Laub, der gefüllt blühende, etwas kälteempfindliche Zierpfirsich *(Prunus persica* 'Klara Meyer'*)* und das bekannte Mandelbäumchen *(Prunus triloba)*. Es blüht an den einjährigen Trieben und wird nach der Blüte bis auf wenige Knospen zurückgeschnitten, um einen starken Austrieb und damit die Bildung vieler neuer Blütenknospen für die nächste Saison zu fördern. Gleichzeitig beugt ein rechtzeitiger Rückschnitt der Spitzendürre (Monilia) vor. Die gefürchtete Pilzerkrankung dringt über die Blüten ins Holz ein und schädigt besonders die jüngeren Triebe der schwächer wachsenden Zierkirschen sowie einiger verwandter Arten.
Ende April bis Anfang Mai haben Zieräpfel ihren Auftritt. Zwar ist hier Weiß der dominante Farbton, aber es gibt auch sehr schöne Sorten mit rosafarbenen Blüten. Eine schorfresistente, hellrosafarbene Züchtung ist die mit 3 bis 4 m Höhe recht kompakte 'Evereste'. Die Blüten öffnen sich etwa ab Mitte Mai und sind sehr gut zur Bestäubung von Obstsorten geeignet. Wie bei den meisten Zieräpfeln verblasst der Rosaton nach einigen Tagen, bis die Blütenblätter fast ganz weiß sind.
Einen kräftigeren Farbton hat die ebenfalls recht späte, 5 bis 6 m hohe 'Prairiefire'. Sie gilt als leicht schorfanfällig. Kolkwitzien und rosafarbene Weigelien wie 'Styriaca' und einige späte Rhododendron-Sorten beenden im Juni den Frühlings-Blütenreigen.

Seidelbast duftet berauschend schön.

Die Tokio-Kirsche blüht nur kurz.

Himbeeren im Garten

Himbeeren dürfen im Naschgarten nicht fehlen.

Wie Brombeeren, so benötigen auch Himbeeren einen kräftigen Rückschnitt. Sie werden am besten in Reihen an einem Drahtgerüst kultiviert, um die Schnittmaßnahmen zu vereinfachen. Dabei gilt es, die sommertragenden Sorten wie beispielsweise 'Schönemann', 'Rubaca' oder 'Meeker' von den herbsttragenden Sorten wie 'Autumn Bliss' und 'Golden Bliss' zu unterscheiden.

Rückschnitt ist unerlässlich

Bei sommertragenden Himbeeren erfolgt der Rückschnitt direkt nach der Ernte im Sommer, indem abgetragene, alte und verwachsene Ruten dicht über dem Boden entfernt werden. Pro laufenden Meter bleiben acht bis zehn kräftige Ruten stehen. Sollten die Triebe im Laufe des Sommers zu lang wachsen, lassen sie sich im Herbst problemlos auf 2 m einkürzen. Einfacher verhält es sich bei herbsttragenden Himbeeren. Im März werden hier alle Ruten einheitlich knapp über dem Boden abgeschnitten, denn diese Sorten bilden ihre Beeren am diesjährigen Holz aus. Besonders angenehm zu handhaben sind die Sorten 'Autumn Bliss', 'Golden Bliss' oder 'Glen Ample', die nur wenige Stacheln ausbilden. Bei den neuen, besonders starkwüchsigen Sorten muss man auch während der Wachstumsperiode etwas beherzter zur Schere greifen, denn unkontrollierte Ausläufer wuchern schnell in alle Richtungen.

Genial und einfach: Drahtgerüste

Um sich das lästige Aufbinden zu ersparen, kann ein auf Holzpflöcken befestigter Wildschutzdraht waagrecht einen Meter über die Pflanzen gespannt werden. So wachsen die jungen Ruten durch das Drahtgeflecht und finden dort stabilen Halt.
Haben die Ruten im Herbst genügend Zeit zum Ausreifen, stellen Himbeeren nur geringe Ansprüche an das Klima. Da sie am natürlichen Standort in luftfeuchten, nicht übermäßig heißen Lagen wachsen, bevorzugen sie auch im Garten einen ähnlichen Platz im Halbschatten. Auf gut durchlüfteten, frischen und humosen Böden mit leicht saurem pH-Wert gedeihen die Pflanzen optimal. Empfindlich zeigen sie sich vor allem gegenüber nassen, verdichteten, tonhaltigen Untergründen, die den Wurzeln zu wenig Luft bieten. Sobald sich die ersten Früchte entwickeln, benötigen Himbeeren ausreichend Wasser. Eine Mulchschicht kann dabei helfen, den Boden nicht austrocknen zu lassen.

Himbeere
(Rubus idaeus)

Familie:	Rosengewächse (Rosaceae)
Herkunft:	Gemäßigte Zonen von Europa, Nordafrika, Vorderasien und Nordamerika
Wuchs:	Aufrecht, Spreizklimmer, bis 1,50 m
Blütezeit:	Mai/Juni, Reifezeit ab Juli bis Oktober
Standort:	Sonnig bis halb schattig, humoser, nicht zu lehmiger Boden
Pflege:	Regelmäßiger Schnitt, gleichmäßig gießen, mulchen
Vermehrung:	Ausläufer, teils Absenker, die abgestochen und neu eingepflanzt werden

Mit Rosen in die neue Saison

Wenn es das Wetter und die Bodenbedingungen erlauben, kann man jetzt auch schon Rosen pflanzen. Für die meisten Gegenden gilt der Spätherbst aber als die bessere Zeit. Sind die Winter jedoch kalt und ohne ausreichende Schneedecke, ist der Vorfrühling sicherer. Dasselbe gilt übrigens auch bei feuchtem, lehmigem Boden, in dem die Wurzeln im Herbst und Winter nur langsam wachsen. Der einzige Nachteil bei einer Rosenpflanzung im Frühjahr: Das Grün und die Wurzeln beginnen fast gleichzeitig zu wachsen. Wird es aber zu Beginn des Frühjahrs ungewöhnlich warm, wachsen die grünen Triebe schneller als die Wurzeln; die Pflanzen müssen dann unbedingt behutsam gegossen werden.

'Princess Alexandra of Kent' hat wunderschöne gefüllte Blüten.

Rosen wollen gepflegt werden

Sobald der Boden auftaut und sich erwärmt, entfernt man den Winterschutz der Rosen, am besten an einem frostfreien Tag bei bewölktem Himmel. Der Vorfrühling ist auch ein idealer Zeitpunkt für die Pflege des Rosengartens. Entfernen Sie alle welken Blätter an den Pflanzen und auf den Beeten. So können Schädlinge und Fäulnispilze erst gar nicht im alten Laub vom Vorjahr überleben. Gründlichkeit lohnt sich dabei also, denn man erspart dem Garten eine unnötige Infektionsquelle. Das hierbei entfernte Material kann ohne Bedenken kompostiert werden.

Der richtige Schnittzeitpunkt

Wenn die Forsythien in der Umgebung aufblühen, ist es Zeit zum Rosenschneiden. Denn jetzt beginnen auch an den kräftigen Rosenzweigen die obersten Knospen zu treiben. Man erreicht damit eine frühe und reiche Blüte, ohne dass man Schäden durch späte Fröste riskieren würde. Ein zu später Rückschnitt ist reine „Energieverschwendung", da die Pflanze dann umsonst ihre Kraft in die Zweige investiert, die geschnitten werden. Auch die Blüte leidet später darunter. Der Rosenschnitt kann eine komplizierte Sache sein, doch im Allgemeinen muss man Rosen nur wie Laub

Rosenbögen zieren jeden Garten, hier die Rose 'St. Swithun'.

Beim Schnitt gilt es einige wenige Regeln zu beachten.

abwerfende Blütensträucher behandeln. Man teilt die Rosen dazu am besten in zwei Hauptgruppen ein:
Die erste Gruppe umfasst alle Wildrosen und deren Hybriden, die historischen Gartenrosen sowie die modernen Strauch- bzw. Parkrosen. Den meisten Rosen dieser Gruppe tut ein regelmäßiger Rückschnitt einmal im Jahr gut. Man muss dazu nur wissen, ob sie am ein- oder erst am zweijährigen Holz blühen. Rosen, die am einjährigen Holz blühen, sollte man jetzt stutzen. Für die meisten Rosen dieser Gruppe genügt es jedoch, sie jedes Jahr nur auszudünnen, auszuputzen und etwas zurückzuschneiden. Dabei sollte man all jene Zweige wegnehmen, welche die Form des Strauchs beeinträchtigen, ebenso die Triebe, die im Jahr zuvor nur schwach gewachsen sind.
Die zweite Gruppe umfasst die Teerosen, Floribundarosen und die Kletterrosen, also alle Rosen, die an den neu ausgetriebenen Zweigen blühen und deshalb ohne Ausnahme einen alljährlichen Rückschnitt benötigen. Früher schnitt man diese Rosen bis zum Boden zurück, um möglichst große Blüten hervorzubringen. Heute will man mit der Schnittmaßnahme eher eine große Anzahl gesunder, schöner Blüten und langlebige Büsche erreichen.

Hungrige Majestäten

Sobald Rosen beginnen auszutreiben, benötigen eingewachsene Rosensträucher Volldünger oder einen speziellen Rosendünger. Geeignet ist nahezu jeder handelsübliche Volldünger, solange er einen ausreichend hohen Anteil an Kalium hat; dies ist vor allem wichtig bei leichten und sandigen Böden. Die im Fachhandel angebotenen Rosendünger sind genau auf die Bedürfnisse der Rosen abgestimmt. Bevor man den meist trockenen Handelsdünger ausbringt, muss geprüft werden, ob die Erde feucht genug ist – denn sonst verbrennen die Wurzeln. Am besten gießt man am Tag zuvor die Rosen kräftig. Vor dem Düngen lockert man den Boden oberflächlich, etwa 2 cm tief, und streut die genau abgemessene Düngermenge gleichmäßig im Wurzelbereich aus. Äste und Zweige dürfen nicht in Berührung mit dem Granulat kommen. Dann wird kräftig gegossen. Auf guten Böden reicht es aus, die Rosen nur einmal im Jahr richtig zu düngen. Ist der Boden nährstoffarm, leicht oder sandig, dann sollte man im Frühsommer nachdüngen.

Spritzen mit Pflanzenschutzmitteln

Treten trotz der beschriebenen Maßnahmen Pilzkrankheiten an Rosen auf, ist es wichtig, sofort bei den ersten Anzeichen zu handeln. Dazu gibt es im Fachhandel spezielle, umweltfreundliche Präparate zu kaufen. Diese sind nicht hochgiftig und schaden Bienen und anderen nützlichen Insekten nicht. Wichtig ist, dass die Pflanzen gleichmäßig benetzt werden: Blattober- und auch -unterseite müssen flächig gespritzt werden.
Als Schutz für die Haut sind Gummihandschuhe und langärmelige Kleidung anzuraten. Auch wenn diese Spritzmittel nicht hochgiftig sind, sollte man doch vorsichtig sein und so wenig wie möglich davon an die Haut kommen lassen. Zudem darf nur an windstillen Tagen gespritzt werden. Damit die Pflanzen gleichmäßig benetzt werden, braucht man eine gute Rückenspritze, die mit hohem Druck feine Tropfen erzeugt.
Oftmals muss man sich solche Geräte nicht extra kaufen, sondern kann sie bei seinem Gartenbauverein oder auch beim Nachbarn ausleihen. Wichtig ist das richtige Ansetzen der Spitzbrühe. Dabei wird erst die Spritze halb mit Wasser gefüllt und das Mittel dann, richtig dosiert, eingemischt. Umrühren und mit Wasser auffüllen, dann ist die Mischung fertig und sollte gleich verwendet werden.

Kübelpflanzen aus dem Winterschlaf wecken

Lange haben wir darauf gewartet, nun ist es wieder so weit: Der Frühling naht unaufhaltsam. Doch wem ist es noch nicht passiert, dass die geliebten Kübelpflanzen den Winter gut überstehen, dann aber der Übergang ins neue Lebensumfeld mit anderen Licht- und Temperaturverhältnissen Probleme macht? Beachtet man die folgenden Tipps, können Ausfälle weitgehend vermieden werden.
Alle überwinterten Kübelpflanzen, die ihr Laub nicht abwerfen, müssen vorsichtig an die neuen Lichtverhältnisse angepasst werden. Stellen Sie Ihre Kübelpflanzen daher das erste Mal an einem wolkenverhangenen Tag ins Freie! Bevor die Pflanzen an ihren endgültigen Sommersonnenplatz auf Balkon und Terrasse gelangen, werden sie zwei bis drei Wochen in den Schatten bzw. Halbschatten gestellt, um Blattschäden durch die ungewohnte UV-Strahlung zu vermeiden. Eine andere Möglichkeit ist das Überspannen mit einem locker gewebten Tuch. Viele Vertreter der Mittelmeerflora bzw. der Subtropen, von dort kommen die meisten Kübelpflanzen, danken ein möglichst frühes Aufstellen im Freien ab Mitte März mit einer frühzeitigen und reichhaltigen Blüte. Das macht natürlich viel Arbeit, weil die Pflanzen bei Frostgefahr die Nacht über wieder hereingeholt oder abgedeckt werden müssen. Zum Abdecken können alte Decken, Vliese, Folien oder Ähnliches verwendet werden.

Kübelpflanzen wollen vorsichtig aus dem Winterschlaf geweckt werden.

Auslichten und Umtopfen

Der günstigste Zeitpunkt für den Rückschnitt von Kübelpflanzen ist das Frühjahr. Dabei werden zu üppige Pflanzen ausgelichtet, in Form gebracht und kranke oder abgestorbene Äste sowie lange und schwache Austriebe entfernt. Läuse, die gern weiche Austriebe besiedeln, können dabei gleich mitbeseitigt werden.
Auch für das von Zeit zu Zeit notwendige Umtopfen ist jetzt die richtige Gelegenheit. Alte kranke Wurzeln, die etwas brüchig und rissig sind, entfernt man dabei. Die neue Pflanzerde sichert in den ersten Wochen nach dem Umtopfen eine ausreichende, kontinuierliche Nährstoffversorgung. Mit dem beginnenden Neuaustrieb verlangen die meisten Kübelpflanzen nach größeren Wassergaben, natürlich aber alles mit Maß. Ab Anfang Mai soll regelmäßig alle ein bis zwei Wochen mit einem Blumendünger gedüngt werden.
Die Pflanzen bedanken sich für ihre Pflege den ganzen Sommer über mit einem wunderschönen Blütenflor und nicht selten mit betörenden Düften.

Frühlingsgefühle auf Balkon und Terrasse

Wenn die ersten warmen Sonnenstrahlen dazu verführen, die Balkontür schon einmal probeweise zu öffnen, lohnt es sich, den frischen Frühlingsduft tief einzuatmen, um ihn dann mit bunten Frühlingsblühern noch zu verstärken. Nie ist die Lust auf Blumen so groß wie zum Winterende! Dieses Bedürfnis lässt sich jetzt beim Gärtner oder Floristen in vollem Umfang befriedigen. Neben den beliebten Tulpen, Narzissen und Hyazinthen finden sich dort viele andere Frühblüher, die uns mit ihren Düften und ihrem Farbreichtum im Nu in Frühlingslaune versetzen. Balkonbesitzer können so der Natur ein paar Wochen voraus sein und ihren Balkon oder die Terrasse frühzeitig in ein buntes Blumenmeer verwandeln.

Der Duft des Frühlings

Seit alters her ist bekannt, dass nicht nur Farben, sondern auch Düfte Einfluss auf Seele und Körper des Menschen haben. Besonders frühlingsduftende Pflanzen wecken positive Emotionen und lassen die Wintertristesse schnell Vergangenheit werden. Die über den Geruchssinn aufgenommenen Reize werden an das Gehirn weitergeleitet und lösen dort eine Reihe von körperlichen und emotionalen Reaktionen aus. Selbst wenn man nach Jahren einem Duft wiederbegegnet, den man mit einem persönlichen Erlebnis verbindet, tauchen spontan Bilder und Erinnerungen aus dem Unterbewusstsein auf. So ist es auch mit dem Frühlingsbeginn – man erinnert sich sofort an den Duft von frischem Grün und Blüten, spürt die Sonne auf der Haut und ein laues Lüftchen ... gleich sieht die Welt ganz anders aus.

Duftige Blütenwolken

Wer sich also Frühlingsdüfte um die Nase wehen lassen möchte, kann Hyazinthen und Duftveilchen *(Viola odorata)* in Kübeln und Töpfen auf dem Balkon oder der Terrasse platzieren. Sie verströmen sowohl für Menschen als auch für Insekten unwiderstehliche Aromen. Wer Balkongeländer mit bunten Frühlingskästen schmücken will, ist mit Stiefmütterchen als Grundbepflanzung gut beraten. Sie sind robust, farbenfroh und blühen bis weit in den Mai hinein. Ein tolles Rezept gegen Wintermüdigkeit sind auch die fröhlich bunten Kissenprimeln. Von Stiefmütterchen und Primeln kommen jedes Jahr neue Sorten in immer neuen Farbtönen in den Handel. Zwischen ihnen machen sich einige Tulpen, Tausendschönchen in Rot und Weiß und ein dicker Busch Vergissmeinnicht gut. Tausendschönchen sind nicht nur in Rosa, sondern auch in reinem Weiß und in Dunkelrot zu haben. Vergissmeinnicht wirken am schönsten in Gruppen gepflanzt, sie bilden dann himmelblaue oder sogar rosafarbene Blütenwolken. Dazu passen hervorragend Krokusse, Zwergiris, Blausternchen und etwas später die ersten Maiglöckchen und Anemonen. Aber auch die selteneren Balkonschönheiten wie Ranunkeln und früh blühendes Alpenveilchen sollten nicht vergessen werden. In größeren Kübeln finden auch früh blühende Sträucher wie Zierkirsche, Mandelbäumchen oder Ginster und Zwerg-Rhododendron einen Platz auf dem Balkon und der Terrasse. Sie blühen nicht nur wunderschön, sondern einige, wie zum Beispiel die Zierkirsche, faszinieren auch durch ihren intensiven Duft.

Gartentipp

Nur keine Hemmungen beim Pflanzen! Frühlingsblumen können ruhig dicht zusammen in Gefäße gepflanzt werden, dann wirken sie besonders üppig. Denn anders als später die Sommerblumen wachsen sie kaum noch weiter und machen sich nicht gegenseitig den Platz streitig.

Der Garten im Erstfrühling

Was jetzt zu tun ist

Allgemeine Gartenarbeiten

- Komposthaufen umsetzen
- Den Gartenboden vorbereiten
- Blumenwiese und Schmetterlingspflanzen säen
- Schutz vor Nachtfrösten nicht vergessen

Nutzgarten

- Aussäen im Haus (oder Frühbeet): Blumenkohl, Brokkoli, Kohlrabi, Kopfsalat, Spätkohl, Gurken, Zucchini, Zuckermais, Rosenkohl, einjährige Küchenkräuter
- Gemüseaussaaten im Freien: Pflücksalat, Möhren, Mangold, Rote Rüben, Erbsen, Radieschen, Chicorée, Spinat, Dill, Borretsch
- Kartoffeln pflanzen
- Auspflanzen von vorgezogenem Gemüse: Kopfsalat, Frühkohl, Kohlrabi, Sommerlauch
- Kräuterbeete leicht mit Kompost düngen
- Grünspargel pflanzen

Ziergarten

- Aussäen von Annuellen im Haus: Sommerastern, Zinnien
- Neuanlage von Zierrasen
- Dahlien, Gladiolen und andere nicht vorgetriebene, sommerblühende Zwiebelblumen gegen Ende des Erstfrühlings pflanzen
- Aussaat im Freien: Mädchenauge, Sonnenblume, Bechermalve, Duftsteinrich, Portulakröschen, Reseda, Kapuzinerkresse, Strohblumen, Tagetes
- Frühjahrsschnitt bei Rosen
- Rasen düngen

Was jetzt zu tun ist

Erstfrühling

Jetzt dominieren Bäume und Sträucher mit weißer Blütenpracht, gelegentlich unterbrochen von rosa- oder pinkfarben blühenden Sträuchern, die dem sonst vielleicht zu kühlen Bild einen warmen Ton verleihen. Solche zarten Farben verlangen jedoch nach einem gewissen Kontrast: Wenn auch der Erstfrühling nicht die Zeit für tiefes Rot oder Orange ist – ein Teppich von gelben, cremefarbenen und blauen Blüten zu Füßen der Sträucher holt die frischen Töne eines sonnigen Bachufers oder einer Wiese voller Narzissen in den Garten.

Die meisten früh blühenden, winterharten Zwiebelblumen eignen sich gut für Blumenbeete unter Sträuchern, aber auch für Blumenwiesen. Der optische Eindruck eines Waldrandes ist leicht nachzuahmen, wenn man Buschwindröschen, Blausterne, Schneestolz und Traubenhyazinthen miteinander kombiniert, zusammen mit Krokussen und Narzissen, Veilchen, Primeln, Christrosen und Lungenkraut. Besonders die im Gras wachsenden Narzisse, Krokus und die etwas düster wirkende Schachblume *Fritillaria meleagris* malen eine Blumenwiese von poetischem Reiz.

Den Boden bereiten

Der Gartenboden soll nur oberflächlich gelockert werden.

Der Nutzgarten liegt zu Beginn des Gartenjahres noch brach; die Bodenbearbeitung und das Anlegen der Beete sind mit die ersten Arbeiten in der neuen Saison. Einerseits harte Arbeit, auf der anderen Seite das elementare Erlebnis mit der Grundlage des erfolgreichen Gärtners – dem Boden. Das Fördern des Bodenlebens sowie ein lockerer, nährstoffreicher Gartenboden sind die Ziele der Bodenbearbeitung im Frühjahr.
Das Schlimmste, was man einem Boden antun kann, ist das Bearbeiten solange er nass ist. Grundsätzlich sollte er einigermaßen abgetrocknet sein, aber noch eine gewisse Restfeuchte enthalten. Ist er zu nass, entstehen in den tieferen Schichten Verdichtungen, die sich nur schwer wieder beheben lassen. Diese Verdichtungen hindern die Pflanzen daran, ihre Wurzeln in die tieferen Bodenschichten zu treiben, zudem staut sich das Wasser nach Regenfällen und macht so den Wurzeln zusätzlich zu schaffen.

Immer locker bleiben

Die Grundbearbeitung des Bodens erfolgt in drei Schritten: Der erste ist das Lockern der Erde und das Einarbeiten des aufgebrachten Kompostes. Der große Vorteil von Kompost ist, dass er ein guter und vor allem preiswerter Dünger ist. Er enthält alle Nährstoffe, die die Pflanzen zum Leben und Gedeihen brauchen. Außerdem liefert er Nahrung für die zahlreichen Mikroorganismen in der Erde. Durch den Komposteinsatz wird der Gartenboden humoser und lockerer.
Nach dem Verteilen des Kompostes wird das Beet mit der Grabgabel von der Mitte zum Rand hin aufgelockert. Das Lockern geht leicht und bringt das Bodenleben nicht zu sehr durcheinander. Das ist wichtig, da in der oberen Erdschicht andere Bakterien leben als in den unteren Schichten. Bringt man die Schichten durcheinander, wie das zum Beispiel beim Umgraben passiert, stört dies die unzähligen Mikroben.

Gartentipp

200 bis 600 Regenwürmer können in einem Quadratmeter Gartenboden leben. Allein durch die Anwesenheit dieser Tierchen wird uns eine tiefe Bodenbearbeitung erspart, da diese Arbeit von den Regenwürmern übernommen wird.

Je feinkrümeliger, desto besser

Im zweiten Schritt wird nun der Boden eingeebnet. Das geradezu ideale Gartengerät dafür ist der Krail.

Gärtnern unter Glas

Er hat klauenartig gebogene Zinken. Zieht man ihn durch das Beet, zerkrümelt er größere Erdbrocken und sorgt so für einen feinkrümeligen Boden. Was der Krail an gröberem, organischem Material oder an Steinen mit nach oben bringt, kann man liegen lassen oder, wenn es stört, wegräumen.
Das letzte Einebnen, beziehungsweise das Vorbereiten des Saatbeetes, erfolgt ebenfalls mit dem Krail. Dies hat den Vorteil, dass beim Verziehen des Erdreichs keine Verdichtungen entstehen. Am Anfang erfordert es etwas mehr Übung, mit dem Krail ein schönes, sauberes und glattes Saatbeet herzustellen – mit der Zeit aber gelingt es. Die Pflanzen danken die gute Vorbereitung mit zügigem und gesundem Wachstum.

Der Krail ist ein klassisches Gartenwerkzeug.

Ein Gewächshaus soll den Bedürfnissen des Gärtners gerecht werden.

Viele Gartenträume beginnen unter Glas: Für die Aussaat, das Ernten von Frühgemüse, die Überwinterung von Balkon- und Kübelpflanzen ist ein Gewächshaus optimal. Doch vor der Anschaffung sollte man sich gründlich über die Bauart und Einrichtung der verschiedenen Gewächshaustypen informieren. Entscheidend für die Wahl ist neben Preis und Aussehen auch die Qualität der Materialien.

Wie ist ein Gewächshaus konstruiert?

Als Unterbau für das Gewächshaus genügen in der Regel Punktfundamente. Es gibt sie z. B. in Form von Schraubdübeln, die einfach 80 cm in die Erde gedreht werden. Diese verleihen der Konstruktion einen recht stabilen Halt.
Das bevorzugte Material der Tragekonstruktion von Gewächshäusern ist Aluminium. Es ist korrosionsbeständig, vergleichsweise leicht und dennoch sehr stabil bei langer Haltbarkeit. Bis zu 20 Jahre Garantie geben einige Hersteller darauf. Manche Konstruktionen sind auch aus verzinktem Stahl gefertigt. Dieser fängt aber auch bei guter Behandlung nach einiger Zeit an zu rosten. Holzmaterial sieht zwar zunächst gut aus, ist aber sehr pflegeaufwendig.
Gewächshäuser sollten sehr lichtdurchlässig sein und über eine gute Wärmedämmung verfügen. Beide

Bei dieser Form der Nutzung zählt jeder Flecken Erde.

Faktoren konkurrieren leider miteinander. Je besser die Lichtdurchlässigkeit, desto schlechter ist die Wärmedämmung und umgekehrt. Man muss daher einen geeigneten Mittelweg finden.
Die Scheiben sollten möglichst durchgängig sein, um einen Licht- und Energieverlust zu vermeiden. Denn durch undichte Stellen entstehen Kältebrücken. Eine entsprechende Isolierung der Fugen mit gut gestalteten Profilen ist daher sehr vorteilhaft.

Gartentipp

Wichtig für die bequeme Nutzung eines Gewächshauses ist die Stabilität und das gute Funktionieren der beweglichen Teile wie Türen und Fenster.

Glas oder Kunststoff?

Für die Abdeckung kann man zwischen Glas, Kunststoffplatten oder Folie wählen. Glas ist dabei das geläufigste Material. Für den Dachbereich wird meist leicht angerautes Glas verwendet. Es sorgt für eine bessere Lichtstreuung und schützt so die Pflanzen vor Verbrennungen. Für den Stehbereich nutzt man dagegen gern blankes Glas, um eine gute Lichtdurchlässigkeit zu erreichen.
Die Alternative zu Glas ist Kunststoff. Beliebt sind Stegdoppelplatten aus Plexiglas oder Polycarbonat. Sie sorgen für eine bessere Wärmedämmung als Glas. Die Platten bestehen aus zwei Kunststoffschichten, die über kleine Stege miteinander verbunden sind. Im Inneren entsteht dadurch ein Luftpolster, das gut isoliert. Im Vergleich zu Glasplatten ist dagegen die Lichtdurchlässigkeit etwas geringer.

Foliengewächshäuser sind eine preiswerte Alternative.

Ob nun Plexiglas oder Polycarbonat – bezüglich der Wärmedämmung und der Lichtdurchlässigkeit unterscheiden sich die beiden Materialien kaum voneinander. Polycarbonat dunkelt jedoch mit der Zeit nach und sollte nach ein paar Jahren erneuert werden.

Foliengewächshäuser

Die einfachste und preiswerteste Lösung sind jedoch Foliengewächshäuser. Sie werden ab 4 m Länge, 3 m Breite und 2 m Höhe angeboten. Die Lichtdurchlässigkeit ist auch bei Folie sehr gut, lässt jedoch mit der Zeit nach. Ein großer Nachteil von Foliengewächshäusern ist allerdings die sehr schlechte Wärmeisolierung. Foliengewächshäuser halten bis zu sechs oder sieben Jahre, die Folie kann dann erneuert werden.

Nützliches Zubehör

Hängeregale erweitern die Nutzfläche im Gewächshaus erheblich. Sinnvoll sind auch kleine Gewächshaustische für Topfpflanzen. Zur Überwachung der Temperatur ist ein Thermometer unbedingt notwendig. Zu empfehlen ist auch ein Frostwarner, der sich bei einer definierten Mindesttemperatur einschaltet. Um die Luftfeuchte zu kontrollieren, kann man auf ein Hygrometer zurückgreifen. Als Faustregel gilt, dass die Luftfeuchte dreimal so hoch sein sollte wie die im Raum herrschende Temperatur.

Wie groß sollte ein Gewächshaus sein?

Je größer der Garten und je rauer das Klima, desto mehr macht sich ein Gewächshaus bezahlt. Bald füllt sich jeder Quadratzentimeter mit Jungpflanzen, mit selbst gezogenen Sommerblumen oder empfindlichen Gemüsen wie Tomaten, Paprika und Auberginen. Damit auch genügend Fläche zur Verfügung steht, sollten Sie die Größe des Gewächshauses gut überdenken. Viel Platz für einen ambitionierten Hobbygärtner bietet ein Glashaus mit einer Grundfläche von 27 m^2 in den Maßen 7,50 m Länge, 3,60 m Breite und einer Firsthöhe von 2,80 m. Hier können auch mehrere Gänge nebeneinander angeordnet werden, sodass Raum für verschiedenste Nutzungsflächen entsteht. Jungpflanzen, Aussaattische, Gemüse und Blumen, sogar für Kübelpflanzen ist Platz.

Im unteren Bereich des Gewächshauses kann Salat und Frühjahrsgemüse angebaut werden. Deckt man den Salat zusätzlich mit Vlies ab, ist bereits im April die Ernte der ersten Köpfe möglich.

Es hat sich als sinnvoll erwiesen, die Beete am Erdboden mit Brettern einzufassen und mit Erde aufzuschütten. Das bedeutet für die Pflanzen ausreichende und lockere Erde, ein tieferer Wurzelraum und somit besseres Wachstum. Platz ist schließlich kostbar im Kleingewächshaus. Auch die Wegfläche wird so schmal wie möglich gehalten, um Platz zu sparen.

Erste Hilfe für den Rasen

Damit ein Rasen ein Rasen bleibt, ist rechtzeitige Pflege notwendig.

Im zeitigen Frühjahr sollten die Blumenwiese und der Rasen nach Möglichkeit nicht betreten werden, zumindest nicht, solange der Boden noch gefroren oder nass ist. Merken Sie sich auf jeden Fall die Stellen, an denen das Wasser steht oder die besonders nass sind – das deutet auf eine Bodenverdichtung und schlechten Wasserabzug hin. Hier müssen Sie auf jeden Fall etwas unternehmen. In den meisten Fällen reicht es glücklicherweise aus, die mangelnde Drainage auf einfache Weise zu beheben, und zwar durch das Aufreißen des Rasenfilzes mit einem Aerifiziergerät. Auf die aufgerissene Fläche bringt man Split oder scharfen Sand aus. Lockern Sie auf keinen Fall den verdichteten Boden mit einer Gabel, wie es oft empfohlen wird – allzu leicht erreicht man dadurch das Gegenteil, weil sich an den Einstichstellen der Boden noch stärker verdichtet.

Für den Notfall – Drainage

Reicht auch ein Aerifiziergerät nicht aus, um die Bodenverdichtung zu beseitigen, gräbt man am besten ein oder mehrere Drainagelöcher. Diese müssen so tief sein, dass die wasserundurchlässige Schicht durchstoßen wird. Eine typische Lochdrainage ist 60 bis 90 cm tief, wobei man die unteren 30 cm mit Kies oder großen Steinen auffüllt. Darüber kommt eine 15 cm starke Schicht aus grobem Sand, hierauf dann noch mal 15 cm gute Gartenerde.

Die Verjüngung von Rasen oder Wiesen, das Reparieren von Kahlstellen, die Rasenbelüftung, das Entfernen von Moos und Filz, aber auch die Bodenverbesserung sind normalerweise Arbeiten für den Herbst – doch ist es durchaus möglich, diese auch im Vorfrühling durchzuführen, sofern Sie nicht vor Einbruch des Winters damit fertig geworden sind. Maulwurfshügel und vom Frost hochgehobene Rasenstellen müssen auf jeden Fall repariert und gewalzt werden, bevor man mit dem Mähen beginnt.

„Frühlingslifting"

Der Rasen ist oft durchsetzt mit abgestorbenen Pflanzenteilen, Moos und Blättern. Durch Vertikutieren bekommt er, noch bevor die Vegetationsperiode richtig beginnt, den idealen Wachstumsimpuls. Dabei wird schädlicher Rasenfilz entfernt und der Luftaustausch im Boden gefördert. Bliebe der Rasenfilz erhalten, würde er nur unnötig Wasser und Nährstoffe binden. Diese fehlen dann für die Versorgung der Gräser. Eine gute Belüftung hemmt Moose und Schadpilze und beugt so kümmerlichem Rasenwuchs vor. Gleichzeitig werden die Nährstoffreserven des Bodens aktiviert.
Warten Sie aber mit dem Vertikutieren, bis der Boden gut abgetrocknet ist. Wenn der Boden zu nass ist, würden zu viele Grasbüschel herausgerissen. Nach dem Vertikutieren sieht der Rasen trotzdem oft lädiert aus. Doch keine Sorge, kleinere Lücken schließen sich schnell. Sind nur noch gesunde Gräser vorhanden, breiten sich diese umso schneller wieder aus.

Gartentipp

Der Vertikutierer sollte so eingestellt sein, dass der Boden nicht verletzt, die Grasnarbe nicht geschädigt und Messer und Motor des Gerätes geschont werden. Die Rasenflächen werden lückenlos und in einer Richtung bearbeitet.

Düngen – die Menge machts

Je nach Bodenart und Nutzung sehen manche Rasenflächen auch ohne zusätzliche Düngung sehr gut und gepflegt aus. Der vorhandene Nährstoffvorrat reicht ihnen völlig aus. Ein mit Humus versorgter, lebendiger und nicht verdichteter Boden ist dabei die beste Grundlage für einen gesunden und vitalen Rasen. Ist man unsicher, wie es um den eigenen Rasen bestellt ist, empfehlen wir, eine Bodenprobe für eine genaue Analyse zu ziehen. Ist die Konzentration bestimmter Nährstoffe zu niedrig, kann gezielt nachgedüngt werden. Verwenden Sie dazu möglichst einen Langzeitdünger mit dem Verhältnis N:P:K = 3:1:2,5. Um diesen optimal auszubringen, ist ein Düngewagen hilfreich, der in Gartenfachmärkten auch ausgeliehen werden kann. Hier lässt sich genau einstellen, wie viel Gramm pro Quadratmeter ausgebracht werden sollen. Die Dosierung richtet sich nach dem jeweiligen Produkt und ist auf der Verpackung genau angegeben. Halten Sie sich unbedingt an diese Angaben, denn Überdüngung schadet dem Rasen ebenso wie der Umwelt und Ihrem Geldbeutel. Die Düngung selbst erfolgt an einem trüben und regnerischen Tag. Dadurch werden Verbrennungen vermieden und die Nährstoffe gelangen mit dem Wasser direkt an die Wurzeln.

Lästiges Muss: Rasenschnitt

Nur ein regelmäßiger Schnitt garantiert einen dichten grünen Rasen. Die Schnitthäufigkeit hängt dabei von Rasenart, Gräsermischung, Nutzung und Entwicklung ab. Je besser die Wachstumsbedingungen, wie Temperatur, Feuchtigkeit und Nährstoffversorgung, desto häufiger muss geschnitten werden. Die Schnitthöhe wirkt sich unmittelbar auf die Vitalität und Strapazierfähigkeit des Rasens aus. Sie sollte beim klassischen Zierrasen 20 bis 30 mm betragen. Wird die Rasenfläche sportlich genutzt, ist eine Schnitthöhe von 30 bis 45 mm sinnvoll. Lassen Sie den Rasen bis zum nächsten Schnitt höchstens doppelt so hoch wachsen. Wer selten und zu tief mäht, begünstigt Kahlstellen und damit die Moosbildung und Verunkrautung.

Duftveilchen – romantische Schönheiten

Duftveilchen zählen mit zu den robustesten Gartenpflanzen, erobern sich im Nu ihren Platz und bilden duftende Blütenteppiche.

„Ach", denkt das Veilchen, „wär´ ich nur die schönste Blume der Natur": Diese Untertreibung legte Johann Wolfgang von Goethe der kleinen violett-blauen Blume in den Mund, die der Gärtner als Duftveilchen *(Viola odorata)* kennt. Denn bei genauerer Betrachtung zeigt sich, dass das Veilchen keinen Grund hat, sich vor seinen Konkurrentinnen im Garten zu verstecken.
Als Frühlingsboten für die heimliche, zarte Liebe bildete der Künstler Albrecht Dürer ein Sträußchen violetter Veilchenblüten, umschlossen vom eigenen sattgrünen Laub, ab. Diese Art, Veilchen zu binden, hat seitdem eine feste Tradition unter den Floristen und ist wohl auch eine der schönsten. So darf man sich auch die Grüße vorstellen, die der große Dichter Goethe Frau von Stein täglich zuschicken ließ.

Bescheidenes Blümchen auf dem Vormarsch

Trotz seines Rufs, Demut und Bescheidenheit zu verkörpern, erweist sich das Veilchen als ein äußerst robuster und zäher Gartengenosse, der sich seinen Platz im Nu erobert. Einen nicht unbeträchtlichen Aneil an der raschen Verbreitung leisten dabei Ameisen, die die Samen in einem Radius von bis zu 50 m verschleppen. Aber auch ohne die fleißigen Helfer breiten sich die Ausläufer der zarten Pflänzchen unbeirrbar aus. Somit eignen sie sich besonders gut zur flächendeckenden Unterpflanzung von Gehölzen oder Waldrändern.
Wer an Veilchen denkt, stellt sich meist in erster Linie das violette Duftveilchen vor, welches ab März/April oft auf lehmigen, nährstoffreichen Böden anzutreffen ist. Seine Blüten entfalten sich im Laufe des März und April, aber nur bei Temperaturen bis maximal 8 °C, alles was darüberliegt ist ihnen zu warm.

Steckbrief

Duftveilchen
(Viola odorata)

Familie: Veilchengewächse (Violaceae)
Herkunft: West- und Südeuropa
Wuchs: aufrecht, horstig, bis 10 cm
Blütezeit: März/April, bei niedrigen Temperaturen ab - 8 °C fällt die Blütenbildung aus
Standort: lehmiger, nährstoffreicher Boden, sonnig bis schattig
Pflege: um starke Aussaat zu verhindern, Rückschnitt nach der Blüte
Vermehrung: Ausläuferteilung nach der Blüte oder Aussaat

Nicht nur Veilchenblau

Das purpurfarbene, fast kreisrunde Laub des Labradorveilchens *(Viola labradorica)* ist ein echtes Unikat. Im Halbschatten fühlt es sich so richtig wohl, samt sich rasch aus und erweist sich als besonders genügsam und anspruchslos. Beim Kauf sollten Sie allerdings beherzigen, dass auch die rosa blühende Zierlaubform *Viola riviniana* 'Purpurea' als Labradorveilchen deklariert wird, dessen Blätter sind aber nicht völlig rund.
Eine echte Ausnahme unter den Veilchen bildet das Pfingstveilchen *(Viola sororia)*, das zwar nicht duftet, dafür aber mit weiß-violett gesprenkelten Blütenblättern aufwarten kann. An einem warmen Platz mit Winterschutz bilden sich bald dicke Teppiche. Besonders in Kombination mit

wilden Alpenveilchen *(Cyclamen purpurascens)* oder Anemonen verzaubern die zarten Blümchen jede Gartenecke. Die Sorte 'Albiflora' ist eine der wenigen Sorten, die keine Ausläufer bildet und sich besonders für eine Mischpflanzung mit konkurrenzschwächeren Partnern eignet.

Farben, Formen, Düfte

Gut sortierte Gärtnereien bieten auch gefüllte Veilchensorten an, so das Parma-Veilchen *(Viola suavis)* mit seinen herrlich duftenden, kompakten Blüten. Leider erweisen sie sich in feuchtkalten Wintern als fäulnisanfällig, was sie allerdings durch rasches und üppiges Wachstum wieder wettmachen.
Mit einem besonders abwechslungsreichen Farbenspektrum haben die Hornveilchen *(Viola cornuta)* Einzug in Beete und Balkonkästen gehalten. Als Sonnenkinder freuen sie sich über einen freien, lichten Platz am Beetrand, von dem uns ihre bunten Köpfchen bis in den November hinein entgegenblicken. Ebenso vielfältig einsetzbar sind die großen Schwestern der Hornveilchen: die Stiefmütterchen, die aus der gelb-weiß-violett gefärbten Wildform *Viola tricolor* hervorgegangen sind. Diese ist zwar kurzlebig und ohne Duft, samt sich dafür aber umso stärker aus. Einer Legende nach verlor das Stiefmütterchen seinen Duft auf eigenen Wunsch, da die Menschen, die seinen zarten Geruch erschnuppern wollten, das Getreide ringsherum zertraten. Darum bat die kleine Blume ihren Schöpfer, ihr den Duft zu nehmen, damit die wertvollen Ähren stehen blieben. Doch auch geruchlos erfreut sich das Stiefmütterchen gleichbleibender Beliebtheit, was nicht zuletzt an seinen vielfältigen Farbkombinationen liegt.

Tipps zu Aussaat und Pflege

Das Duftveilchen ist ein Kaltkeimer. Zunächst sollten die Samen für zwei bis vier Wochen feucht und warm (15 bis 20 °C) gehalten, danach für vier bis sechs Wochen Temperaturen zwischen -4 und + 4 °C ausgesetzt werden. Am besten lassen sich diese Bedingungen bei der Herbstaussaat im Freiland oder in Saatschalen erreichen, da hier keine extremen Temperaturschwankungen auftreten.

Steckbrief

Hornveilchen
(Viola cornuta)

Familie:	Veilchengewächse (Violaceae)
Herkunft:	Pyrenäen, Nordspanien
Wuchs:	Höhe 25 cm, aufrecht bis leicht kriechend wachsend
Blütezeit:	April bis in den Sommer, je nach Temperatur
Standort:	humusreich, feucht und wasserdurchlässig, halbschattig bis sonnig
Pflege:	immer leicht feucht halten, Rückschnitt fördert erneutes Blühen im Herbst

Der Wasserverbrauch der kleinen Pflänzchen ist relativ gering, und als Ackerunkraut erweisen sich Veilchen generell als ziemlich robust. Sie tolerieren sowohl nasse als auch trockene Perioden problemlos, trotzdem danken sie es uns, wenn das Substrat stets gleichmäßig feucht gehalten wird. Auch hinsichtlich der Nährstoffversorgung stellen Veilchen kaum Ansprüche. In der Regel reichen die bereits im Substrat vorhandenen Nährstoffe aus und machen zusätzliche Düngergaben überflüssig. Sind die Pflänzchen im Frühjahr erst gut herangewachsen, können sie im Garten ausgepflanzt werden. Wie in der Natur, so steht auch das Veilchen im Garten gern an halbschattigen, humosen Plätzen.

Essenzen und Pastillen

Schon Hippokrates wusste um die heilende Wirkung des Veilchens *(Viola odorata)*. Mit den Auszügen aus Blüte und Wurzel behandelte er Sehstörungen, Melancholie und Kopfschmerzen. Auch heute macht sich die Naturheilkunde dieses Wissen zunutze, wobei die Wirkstoffe – Saponine und ätherische Öle – vorwiegend zur Behandlung von Atemwegsbeschwerden eingesetzt werden. Der Aufguss aus getrockneten Blütenblättern lindert Bronchitis und wirkt gleichzeitig schweißtreibend bei Fieber. Veilchensirup gilt als probates Mittel bei Verschleimung und Husten, Veilchenpastillen finden sich in fast jeder Apotheke oder Drogerie.

QUER BEET

Knoblauchersatz für Verliebte

Die knoblauch-würzigen Blätter des Knobi-Flirt können ganzjährig geerntet werden.

Knobi-Flirt *(Tulbaghia violacea)* – ein origineller Name für ein vielleicht noch originelleres Gewächs. Vielfältiger kann der Nutzen einer Pflanze wohl kaum sein: Klein gehackt gilt sie in z. B. Salaten, Tsatsiki oder anderen Soßen als fantastischer Knoblauchersatz. Eine Blüte ist dabei so scharf wie eine echte Knoblauchzehe, aber nach dem Verzehr ist kaum Mundgeruch wahrzunehmen! Desweiteren ist Knobi-Flirt im Garten ein Allroundmittel gegen Wühlmäuse und Maulwürfe. Die Wirkung der Pflanze beruht auf den ätherischen Ölen, die sich besonders in den dicken fleischigen Wurzeln befinden. Diesen Geruch mögen die gewieften Tunnelbauer überhaupt nicht und suchen daher schnell wieder das Weite.

Die Pflege der gestreiften Schönheit

Im Sommer wächst und gedeiht der Knoblauchersatz am besten an einem sonnigen bis halbschattigen Platz. Im Schatten wächst er nicht ganz so gut, und der Geschmack lässt ebenfalls etwas nach. Die Pflanze sollte regelmäßig gegossen und gedüngt werden. Als Dünger eignet sich ein Flüssigdünger, der dem Gießwasser beigemischt wird, aber auch ein Langzeitdünger. Es empfiehlt sich, Knobi-Flirt alle zwei Jahre umzutopfen oder zu teilen, damit er wüchsig wird und gesund bleibt. Beim Teilen wird der Topfballen einfach mit einem Messer in der Mitte durchgeschnitten und die beiden Teile wieder in frischen Boden eingesetzt. Als Substrat kann eine Mischung aus jeweils einem Drittel Gartenboden, Pflanzerde und Sand verwendet werden.

Ganzjährige Ernte im Winterquartier

Leider ist der Knobi-Flirt nicht winterhart und muss deshalb im Haus überwintert werden. Allerdings ist die Pflanze auch hier äußerst pflegeleicht. Am wohlsten fühlt sie sich in einem hellen Zimmer bei 15 bis 18 °C. Niedrigere Temperaturen sind kein Problem, allerdings sollte es nicht wärmer sein. Passt der Standort, bringt sie den ganzen Winter über viele Blüten und neue Blätter hervor. Es kann also ganzjährig geerntet werden.

Vielseitiger Zimmerknoblauch

Knobi-Flirt ist sehr vielseitig verwendbar. Die Pflanze eignet sich wunderbar für Kräuterbutter und Frischkäseaufstriche. Schneidet man die Blätter klein, können sie unter Salate gemischt werden und verleihen diesem einen guten würzigen Geschmack. Die Blüten sind ebenfalls essbar und werden als Dekoration für Gerichte und Salate verwendet. Auch als Würzmittel für Suppen und andere Gerichte kann Knobi-Flirt eingesetzt werden.

Steckbrief

Knobi-Flirt
(Tulbaghia violacea)

Familie:	Lauchgewächse (Alliaceae)
Herkunft:	Südafrika
Wuchs:	bis 50 cm hoch, mit schlanken Blättern
Blütezeit:	ganzjährig, je nach Lichtverhältnissen, die Blüten sind hellviolett
Standort:	hell und sonnig im Sommer, kühl und hell im Winter
Pflege:	trocken halten, verträgt keine Staunässe, Rückschnitt fördert das Durchtreiben
Vermehrung:	durch Teilung oder auch Aussaat

Voll im Trend: Bärlauch

Bärlauch ist geradezu zu einer Modepflanze geworden.

Oft riecht man ihn schon, bevor man ihn zu sehen bekommt – den sogenannten Wilden Knoblauch oder Bärlauch *(Allium ursinum)*. Seit Jahren erlebt er einen kulinarischen Boom. In einigen Bundesländern muss er deswegen schon beinahe wieder geschützt werden – Hobbyköche plündern förmlich die Bestände. Da bietet es sich doch an, ihn einfach neben der eigenen Küche anzubauen. Seine Blüte ist schließlich eine Zierde für jeden Garten und sein Grün ein wertvolles Aroma für den Kochtopf.

So gedeiht Bärlauch im Garten

Bärlauch wächst in der Natur in lichten Wäldern und an Waldrändern. Er besiedelt den Raum in dichten Beständen, die sich rasch vergrößern können. Auch mag er einen humosen, leicht feuchten Boden, im Halbschatten unter den Bäumen. Seine rasche Ausbreitung ist insbesondere auf Ameisen zurückzuführen, sie verbreiten den Samen in alle Richtungen. Im Garten ist deshalb auch Vorsicht geboten: Fühlt der Bärlauch sich erst einmal heimisch, hat er einen enormen Ausbreitungsdrang. Dieser kann nur durch rechtzeitiges Zupfen und Jäten im Zaum gehalten werden. Wie in der Natur, so steht der Bärlauch auch im Garten gern unter Bäumen und Sträuchern. Zwei bis drei kräftige Pflanzen reichen aus, um ihn dauerhaft in den Garten zu holen.

Am Duft sollst du ihn erkennen

Die beste Zeit für die Ernte der Blätter ist vor der Blüte. Dann sind sie noch

weich und wohlschmeckend. Während der Blüte verlieren sie langsam an Aroma. Bei der Ernte sollte man darauf achten, ihn nicht zu sehr zurückzuschneiden. Ungefähr eine knappe Handbreit darf noch stehen bleiben. Wer beim Ernten zu fleißig war, kann den Bärlauch auch ohne Weiteres einfrieren: Nur kurz waschen, gut abtropfen lassen und dann in kleinen Portionenins Eisfach geben. Eine weitere Aufbewahrungsvariante ist das Einlegen in Öl – verarbeitet als Pesto.
Beim Ernten in freier Natur sollte man etwas vorsichtiger zu Werke gehen. Die Blätter von Maiglöckchen und Bärlauch sehen sich nämlich verblüffend ähnlich. Neben den feineren Unterschieden in Blatt und Blütenform gibt es aber ein entscheidendes Merkmal, an dem man den Bärlauch schnell erkennt: Schneidet man die Blätter ab und zerreibt sie etwas zwischen den Fingern, sollte der Knoblauchduft eindeutig zu riechen sein. Ist das nicht der Fall, dürfen die Pflanzen nicht geerntet werden, denn Maiglöckchen sind stark giftig!

Darum ist Bärlauch so gesund!

Mit seinen wertvollen Inhaltsstoffen ist Bärlauch ein idealer Begleiter für jede Art von Frühjahrskur. Seine Blätter enthalten wertvolle Inhaltsstoffe wie Lauchöl, Vitamin C und Flavonoide, die eine Krebs hemmende Wirkung haben. Außerdem ist Bärlauch blutdrucksenkend, fördert die Durchblutung und kann zur Vorbeugung von Arteriosklerose eingesetzt werden. Er ist nicht nur sehr gesund, sondern schmeckt auch hervorragend. Seine Verwendung in der Küche ist dabei äußerst vielseitig. Man kann ihn in Form von Suppe, Kräuteraufstrich, Salat oder auch Pesto genießen.

Steckbrief

Bärlauch
(Allium ursinum)

Familie:	Lauchgewächse (Alliaceae)
Herkunft:	Europa und Nordasien
Wuchs:	bis 20 cm hoch, Zwiebelpflanze, Laub zieht im Sommer wieder ein
Blütezeit:	ab Mai bis Juni
Standort:	halbschattig bis schattig; humoser, leicht feuchter Boden
Pflege:	Ernte nur bis Blühbeginn, übermäßiges Ausbreiten im Garten unterbinden
Vermehrung:	die Samen müssen eine Frostperiode durchlebt haben (Kaltkeimer)

Bärlauchmousse mit Räucherlachs

Zutaten (für 4 Personen):

- *frische Bärlauchblätter*
- *kalt gepresstes Olivenöl*
- *2 Esslöffel Pinienkerne*
- *2 Esslöffel Pecorino-Käse*
- *3 Esslöffel klein geschnittene Schalotten*
- *½ Sellerieknolle, in Stücke geschnitten*
- *3 bis 4 mittelgroße Kartoffeln, in Stücke geschnitten*
- *Salz*
- *Cayenne-Pfeffer*
- *Sahne*
- *8 bis 10 Blatt Gelatine*
- *3 bis 4 Esslöffel Portwein*
- *Räucherlachs in Scheiben*
- *Tomaten*
- *Eier, gekocht*
- *Dill zum Dekorieren*

Zubereitung:
Das Grundrezept
Die Grundmasse der Mousse aus Kartoffeln und Sellerie sollte als erstes – eventuell bereits am Vortag – zubereitet werden, da sie zur Weiterverarbeitung vollständig ausgekühlt sein muss. Dazu die klein geschnittenen Schalotten in heißem Öl leicht anbräunen lassen, den gewürfelten Knollensellerie dazugeben und nach kurzer Zeit auch die Kartoffelwürfel. Das Gemüse mit Wasser aufgießen, bis alles knapp bedeckt ist. Mit etwas Salz und Cayenne-Pfeffer für eine Grundwürze sorgen, dann in 25 bis 30 Minuten das Gemüse weich kochen lassen. Am Schluss pürieren und kalt stellen.

Feines Bärlauchpesto
Inzwischen die Bärlauchblätter fein hacken und mit dem Olivenöl (eventuell auch mit Pinienkernen und Käse) pürieren.
Die inzwischen kalte Kartoffel-Sellerie-Grundmasse in einer großzügigen Schüssel behutsam mit dem Bärlauch-Pesto verrühren bis alles eine gleichmäßige hellgrüne Farbe hat. Nun wird die Gelatine eingeweicht. Als Faustregel gilt: vier bis fünf Blatt pro Liter Flüssigkeit. Die ausgedrückte Gelatine in ein Töpfchen geben und mit etwas Wasser erwärmen, aber Vorsicht: Wird die Gelatine zu heiß, geliert sie nicht. Wenn sie sich langsam aufgelöst hat, unter die grüne Masse geben und dabei kräftig rühren. Am Schluss etwas Sahne unterheben und die Mischung rasch in kleine Förmchen füllen, aber nicht ganz bis zum Rand, damit das Portwein-Gelee noch Platz hat.

Die Bärlauchmousse
Für den dritten Teil des Rezepts – das Portwein-Gelee –vier bis fünf Blatt Gelatine einweichen, ausdrücken und in ein Töpfchen geben. In etwas Portwein bei niedriger Temperatur schmelzen, aber nicht zu warm werden lassen. Dann die Förmchen mit dem Gelee auffüllen und damit das Mousse abschließen. Angerichtet werden die fest gewordenen und auf den Teller gestülpten Mousse-Portionen mit Räucherlachs, einem Tomaten-Bärlauch-Salat, Ei und etwas Dill.

Bunte Salatvielfalt das ganze Jahr

Unzählige Salatsorten und Neuzüchtungen bereichern unseren Speisezettel.

Der Gesundheitswert von Salat ist unbestritten, und am besten isst man ihn möglichst frisch, denn dann ist der Vitamingehalt am höchsten. Neueste Forschungen haben ergeben, dass einige Salate Stoffe enthalten, die eine vorbeugende und heilende Wirkung bei Krebserkrankungen besitzen. Vor allem Salatsorten, die rote Farbstoffe (Anthocyane) enthalten, sollen präventiv gegen Darmkrebs wirken. Beispiele hierfür sind 'Red Salad Bowl' oder roter Eichblattsalat. Salate gibt es in unzähligen Formen und Farbnuancen, im Geschäft ebenso wie im Saatguthandel, zum Selbstanziehen im Gewächshaus und für den Garten. Wurde Ende März gesät, können bald die ersten Frühlingssorten geerntet werden. Außerdem gibt es spezielle Sommersalat-Züchtungen, die bei Hitze nicht so schnell schießen. Kopfsalat-Frühlingssorten sind z. B. 'Maikönig', 'Maiwunder' und 'Viktoria'. Kopfsalat-Sommersorten sind 'Attraktion', 'Kagraner Sommer', 'Neckarriesen', 'Hild's Merkur', 'Dolly', 'Brauner Trotzkopf', 'Pirat', 'Rotkäppchen' und 'Barbarossa'.

Was Salat zum Gedeihen braucht

Salat braucht lockeren Boden. Beim Nachpflanzen macht man das Loch etwas größer und füllt es beim Einsetzen der Pflänzchen wieder mit Kompost auf. Dieser muss gut abgelagert sein, damit die Wurzeln nicht beschädigt werden. Grundsätzlich ist es immer gut, bei jeder Ernte etwas Kompost auszubringen. Komposterde ist nicht nur ein Bodenverbesserer, sondern auch ein klassischer biologischer Dünger, in dem die wichtigsten Nährstoffe und Spurenelemente in ausgeglichenem Verhältnis vorhanden sind.

Schnitt- und Pflücksalat

Pflück- und Schnittsalate eignen sich gut als Vorkultur im Kleingewächshaus. Sie bilden keine Köpfe – die Blätter werden gepflückt oder geschnitten. Empfehlenswerte Schnittsalat-Sorten sind 'Hohlblättriger Butter', 'Krauser Gelber', bei den Pflücksalaten die Sorten 'Amerikanischer Brauner', 'Australischer Gelber', 'Sperlings Salli', 'Lollo rosso', 'Lollo bionda', 'Salad Bowl' oder die Sorte 'Red Salad Bowl'.

Ausgesät werden sie alle in Reihen, und das relativ dicht. Nach ca. drei Wochen sind die Pflanzen gekeimt und nach bereits fünf Wochen kann mit der Ernte begonnen werden. Schnitt- und Pflücksalate können übrigens gut als Beeteinfassung verwendet werden.

Aber auch andere Spezialitäten gedeihen im Gewächshaus als Vorkultur, so Spinat, diverse Asiasalate, Rucola und Erdbeerspinat. Sie kennen Erdbeerspinat nicht? Er gehört zu den Gänsefußgewächsen und eignet sich besonders gut als Vorkultur für Rettich, Aubergine und Paprika. Seine Blätter werden wie Spinat zubereitet und schmecken auch so. Auch die roten Früchte eignen sich zum Verzehr.

Salanova-Salate

Eine neue Züchtung sind die sogenannten Salanova-Salate. Sie zeichnen sich durch einfache Verarbeitung und gute Wuchseigenschaften aus. Mit einem Schnitt lässt sich der Strunk abschneiden und der Salat zerfällt dabei in seine einzelnen Blätter. Kurz noch gewaschen, und schon ist der Salat küchenfertig. Ein weiterer Vorteil der Salanova-Typen ist die lange Haltbarkeit im Kühlschrank. Im Gemüsefach hält er sich doppelt so lange wie herkömmliche Salatsorten. Empfehlenswert sind die Sorten 'Lagon' (rot) und 'Virtuose' (grün).

Gartentipp

Kopfsalat braucht kein eigenes Beet, er kann als Nebenkultur und in Lücken gepflanzt werden. Gute Nachbarn sind: Bohnen, Erdbeeren, Kohl, Kohlrabi, Radieschen, Spinat, Tomaten, Zwiebeln; ein ausgesprochen ungünstiger Nachbar ist Petersilie.

Selbst im Balkonkasten ist Platz für ein paar Salate.

Erdbeeren – die süße Verführung

Genuss pur – Erdbeeren aus dem eigenen Garten, hier die Sorte 'Polka'.

Rote, reife und süße Erdbeeren – ein echter Sommergenuss. Am besten natürlich direkt aus dem eigenen Garten. Mit der Wahl der richtigen Sorte ist das kein Problem, denn bei dem breit gefächerten Angebot ist für jeden etwas dabei. Waren vor einigen Jahren noch besonders große Früchte gefragt, so geht der Trend inzwischen hin zu kleineren, dafür aber aromatischeren Erdbeeren. Auch Gesundheit und Widerstandsfähigkeit stehen ganz oben auf der Wunschliste der Züchter. Besonders beliebt ist die Sorte 'Honeoye', deren aromatische Früchte schon früh reifen. Auch hinsichtlich Gesundheit und Geschmack gehört sie zu den Favoriten. Zusammen mit 'Malling Pandora', einer spät reifenden Sorte, lässt sich die Ernteperiode auf mehrere Monate ausdehnen. Ein großer Vorteil der Erdbeerkultur im eigenen Garten ist, dass die Früchte bis zur Vollreife an der Pflanze belassen werden und so ihr Aroma optimal entfalten können. Eine besonders festfleischige Sorte ist 'Starselect'. Erdbeeren gedeihen in reiner Kultur, noch besser aber in der Mischkultur.

Die richtigen Nachbarn

Eine wohlüberlegte Mischkultur verschiedener Gewächse auf einem Beet soll sich sowohl über als auch unter der Erdoberfläche ergänzen. Erdbeeren fühlen sich wohl in Gemeinschaft mit Borretsch, Buschbohnen, Radieschen, Sauerampfer und Spinat. Aber auch Zwiebeln, Lauch und Knoblauch passen besonders gut zu ihnen, vertreiben sie doch mit ihrem Geruch und ihren Wurzelausscheidungen sehr viele Schadorganismen. Ähnliches gilt auch für den Schnittlauch. Er hat sich in Kombination mit Erdbeeren bei Mischkulturversuchen im Nutzgarten gut bewährt. Ein weiterer idealer Kombipartner für Erdbeerpflanzen ist Salat. Dieser bedeckt offene Stellen des Bodens und nutzt vorhandene Nährstoffe im Erdreich. Dieser ökologisch sinnvolle Mix ist eine von vielen Möglichkeiten,

Erdbeerbeete vor und nach der Erdbeerzeit zusätzlich zu nutzen. Das ist durchaus wirtschaftlich und empfiehlt sich vor allem dort, wo nicht viel Fläche zur Verfügung steht.

Auf Stroh gebettet

Erdbeeren mögen einen lockeren, humosen Boden mit Mulchdecke. Ideal ist es daher, im Frühjahr etwas Kompost einzuarbeiten. Der liefert viel Humus und setzt nach und nach die wichtigsten Nährstoffe frei. Trockene Blätter und abgestorbene Pflanzenteile sollten immer sorgfältig ausgeputzt werden, um Krankheiten zu vermeiden.
Der richtige Zeitpunkt zum Mulchen ist gekommen, wenn sich die ersten Blüten zeigen. Stroh ist ein ausgezeichnetes Mulchmaterial, es hält die Feuchtigkeit im Boden und fördert so das Wachstum der jungen Früchte. Eine Bodenabdeckung schützt die Wurzeln und hält die Früchte sauber und trocken. Vor allem lässt sich durch die Strohunterlage der Infektionskreislauf von Grauschimmelpilzen unterbrechen, die ihre Sporen sonst vom Erdboden direkt auf die Frucht übertragen. Neben Stroh eignen sich auch Vliese für die Abdeckung des Bodens. Sie verhindern zudem, dass Unkraut aufkommen kann. Ansonsten ist regelmäßiges Jäten leider unvermeidbar.

Gartentipp

Die zahlreichen Erdbeerausläufer bewurzeln am besten, wenn man sie mit Erde abdeckt. So wachsen bis zum Herbst richtig kräftige Pflänzchen heran, die sich gut versetzen lassen.

Eine Strohunterlage hält die Früchte gesund.

Erdbeeren gesund halten

Da ältere Erdbeerpflanzen häufig von Wurzelkrankheiten befallen werden, ist es sinnvoll, alle zwei Jahre neu zu pflanzen. Nur junge Exemplare mit kräftigen Wurzeln versprechen eine reiche Ernte. Darum sollten schwache und kranke aussortiert werden. Der richtige Pflanztermin ist im September, später können keine Blütenknospen mehr angelegt werden und die Ernte im ersten Jahr fällt aus.
Die jungen Erdbeerpflanzen dürfen nicht zu tief in die Erde gesetzt werden, da sie sonst kränkeln oder faulen. Bleibt das Herz über dem Boden und wird es nicht mit Erde bedeckt, fühlen sich die Pflänzchen richtig wohl.
In einer Mischkultur gehören Erdbeeren immer in die äußeren Reihen, da sie dort mehr Licht bekommen und schneller abtrocknen, so haben Pilzerkrankungen keine Chance. Ebenso leicht lassen sie sich im Balkonkasten halten. Wählt man häufiger tragende Sorten, kann man den ganzen Sommer über davon naschen.

Erdbeeren im Hochbeet

Erdbeeren fühlen sich in einem luftigen Hochbeet sehr wohl. Tiefgründiger Boden und viel Platz lassen die Pflanzen vor Vitalität strahlen. In die erste Reihe gesetzt, stören sie im Jahresablauf nicht, und das Beet kann im Herbst trotzdem bearbeitet werden. Die Früchte können über den Rand wachsen und sind so in luftiger Höhe auch vor Schnecken sicher.

Erdbeeren auf kleinstem Raum

Wer wenig Platz hat, kann sogar auf dem Balkon eine kleine Erdbeerkultur anlegen – zum Beispiel zusammen mit Schnittlauch. Einfach einen Kasten mit Erde füllen und die Erdbeer- und Schnittlauchpflanzen einsetzen. Gepflanzt wird etwas enger als im Gartenbeet, was bedeutet, dass mehr Nährstoffnachschub vonnöten ist. Während der Wachstumsphase muss praktisch wöchentlich etwas nachgedüngt werden.
Wenn alle Pflanzen eingesetzt sind, sollte man darauf achten, dass keine Hohlräume verbleiben. Also die Erde gut andrücken und am Schluss den Kasten aufstoßen, damit sich alles noch mal setzt. Sollte der Schnittlauch schon etwas ausgefranst aussehen, schneidet man ihn besser zurück. das fördert den Neuaustrieb. Besonders geeignet für diese Art der Bepflanzung sind übrigens Kästen mit Bewässerungssystem. Optimal sind solche Systeme, bei denen der Wasserstandsanzeiger nicht direkt im Substrat steckt, sondern separat in einer Ecke untergebracht ist. So können Sie stets die Feuchtigkeit im Wurzelbereich kontrollieren.

Erdbeeren pflücken und lagern

Frische, vollreife Erdbeeren lassen sich leider nur kurze Zeit aufbewahren – ganz im Gegensatz zur Importware, die bereits im März bei uns erhältlich ist. Diese werden noch unreif geerntet, also zu einem Zeitpunkt, wenn die Frucht noch relativ hart und somit weniger druckempfindlich ist. Leider reifen Erdbeeren nicht nach, so wie beispielsweise Bananen, und sie bleiben deshalb wenig aromatisch. Außerdem weisen Importe aus Spanien, Marokko oder Ägypten oft hohe Rückstände an Pestiziden auf.
Darum sollten Erdbeerliebhaber sich besser gedulden, bis die Ernte im eigenen Garten beginnen kann.
Wie aber werden die empfindlichen Früchte am schonendsten geerntet – mit oder ohne Stiel? Der Diplom-Gärtner Hermann Schimmelpfeng empfiehlt, die Stiele mit Daumen und Mittelfinger abzuzwicken, ohne die Beere zwischen die Finger zu nehmen. Dabei würden kaum sichtbare Schäden entstehen, die den Verderb beschleunigen. Wenn man maximal zwei bis drei Früchte auf einmal in die Hand nimmt und möglichst sofort kühl lagert, kann nichts schiefgehen. Außerdem dürfen die Früchte bei der Ernte nicht nass sein. Am besten erst am späten Nachmittag pflücken, wenn der Morgentau abgetrocknet ist. Noch besser ist es, am kühleren Abend zu pflücken, dann halten die leckeren Sommerfrüchte am längsten. Natürlich können Erdbeeren auch eingefroren werden. So bleibt ihr volles Aroma erhalten, und im Winter, wenn uns die Sehnsucht nach warmen Sommertagen überfällt, versüßen sie die Wartezeit auf die nächste Erdbeersaison.

Sorten wie 'Camara' gedeihen auch in einer Hängeampel.

Steckbrief

Erdbeere
(Fragaria x ananassa)

Familie:	Rosengewächse (Rosaceae)
Herkunft:	Europa und Amerika
Wuchs:	aufrecht, bis 30 cm hoch
Blüte:	kleine weiße oder rosa Blüten, die Früchte sind botanisch gesehen Nüsse
Standort:	humoser Standort, im Halbschatten oder in der Sonne
Pflege:	regelmäßiges Wässern fördert die Früchte, geringer Nährstoffbedarf
Vermehrung:	durch Ausläufer, die wieder Wurzeln bilden

Die Farbe des Frühlings

Die Farbe des Frühlings ist Gelb. Werden die zarten Blüten des Kornelkirschenstrauches auch nicht immer wahrgenommen, so merkt jeder spätestens beim Einsetzen der Forsythienblüte, dass der Winter endgültig vorbei ist.

Der Fingerstrauch ist ein dankbarer Blüher.

Auffallende Blüher

Magnolien stammen aus Ostasien und Amerika. Sie bestechen durch ihre großen, auffallenden Blüten, meist weiß oder rosafarben. Seit mehreren Jahren sind aber auch gelb blühende Sorten wie 'Elisabeth' oder 'Yellow Bird' erhältlich.

Gelbe Blütenwunder

Die dicht wüchsige Pontische Azalee *(Rhododendron luteum)* besticht im Mai nicht nur mit großen, bis zu 12 cm dicken goldgelben Blütendolden, sie sorgt auch für einen besonderen Frühlingsduft. Der Strauch wird bis zu 2 m hoch und beeindruckt mit einer prachtvollen Herbstfärbung. Durch züchterischen Fleiß sind vom gelb blühenden Rhododendron in den letzten Jahren viele neue Sorten entstanden. Einige davon finden auch in kleineren Gärten Platz, wie zum Beispiel 'Goldbukett', 'Goldkrone' oder 'Goldika'. Der immergrüne Rhododendron wächst eher langsam und besticht durch die Vielfalt gelber Nuancen. Gelbe Blüten hat auch der Fingerstrauch *(Potentilla)*. Der deutsche Name rührt von der Blattform der Pflanze her, die sich durch kompakten Wuchs und eine lang andauernde Blüte auszeichnet. Eine moderne Züchtung ist die Sorte 'Goldteppich'. Wie die Sorte 'Klondike' blüht sie bereits ab Mai. Die Größe variiert von einem halben bis etwa anderthalb Meter.

Rosige Frühstarter

Im Jahr 1899 brachte Pater Hugo vom Orden der Jesuiten eine Rose aus China nach Großbritannien mit. Die nach ihm benannte gelb blühende *Rosa hugonis* ist eine der frühesten Strauchrosen im Jahr. Sie bevorzugt sonnige, magere Böden und kann bis zu 2,50 m hoch werden.

Die gelb blühende Frühlingsrose 'Maigold' ist ebenfalls ein Frühstarter: Sie blüht schon im Mai und ist trotz ihrer Anmut sehr robust. Die großen, goldgelb leuchtenden Blüten wirken wie kleine Kunstwerke, die einen lieblichen Duft verströmen. Die Rose remontiert, das heißt, sie blüht im Herbst ein zweites Mal, allerdings schwächer. 'Maigold' ist eine etwa 2 m hohe Strauchrose mit langen, gebogenen Trieben.

Blütengehölze im Erstfrühling

Zierapfel
Die ersten Zierapfelbäume beginnen Ende April aufzublühen. Die Sorte 'Profusion' bringt jedes Jahr zuverlässig eine überreiche Blüte hervor.

Japanischer Blumenhartriegel
Er hat weiß leuchtende Hochblätter, sogenannte Brakteen. Die eigentlichen Blüten befinden sich in der Mitte.

Ginster
Schätzt im Garten einen warmen trockenen Standort.

Duftschneeball
Günstig ist ein Standort nahe am Haus, wo es eher halbschattig und kühl ist. Er duftet angenehm und blüht lange.

Schneeglöckchenbaum
Dieses Blütengehölz stammt aus dem östlichen Nordamerika. Der kleine Baum wirkt am besten, wenn er einzeln steht.

Flieder
Pflanzzeit ist von Spätherbst bis zum Frühjahr, spätestens zum Blattaustrieb.

Pflanzschalen für das ganze Jahr

Ein Arrangement in Rosa für den Halbschatten.

Üppiger Blumenschmuck auf Balkon und Terrasse ist nicht nur im Sommer, sondern das ganze Jahr über eine Zierde. In schmucken Keramik- und Terrakottatöpfen grüßen jetzt die ersten Frühlingsboten in Kombination mit ausdauernden Stauden. Geschickt bepflanzt, bieten diese Gefäße über einen langen Zeitraum einen bezaubernden Anblick.
Besonders wichtig bei solchen Arrangements ist die Auswahl der passenden Pflanzen, und natürlich eine gute Erde. Mit einem strukturstabilen und speicherfähigen Substrat schafft man die besten Voraussetzungen für eine erfolgreiche Dauerkultur. Grundsätzlich sind hochwertige, torfarme Erden am besten. Die Gefäße können bereits Ende März bepflanzt werden. Dazu wird eine Drainage in den Topf gelegt, um einen guten Wasserabzug zu gewährleisten. Als Material eignet sich Blähton oder Splitt; beide leiten überschüssiges Wasser gut und sicher ab. In ein Gefäß mit 50 cm Durchmesser können sieben bis zehn Pflanzen eingesetzt werden. Mehr sollten es nicht sein, um der einzelnen Pflanze genügend Wurzelraum zu lassen.

Die richtigen Pflanzen

Die ausdauernden Pflanzen sollten mit Bedacht gewählt werden, da sie ja mehrere Jahre im Gefäß verbleiben sollen. Geeignet sind alle Pflanzen, die attraktives Laub haben und vom Frühjahr bis in den Herbst hinein ein schönes Bild abgeben. Sehr bekannt und beliebt ist der Efeu. Er eignet sich ausgezeichnet für die Trogbepflanzung und bietet das ganze Jahr über einen angenehmen Anblick. Weitere Stauden sind zum Beispiel das Lungenkraut *(Pulmonaria)*, die Schaumblüte *(Tiarella)*, der Thymian *(Thymus)* und natürlich auch verschiedene Gräser. Diese verleihen bepflanzten Gefäßen Struktur und lassen sie im Winter lebendig wirken. Auch das Currykraut *(Helichrysum)* und ver- schiedene Wolfsmilchgewächse *(Euphorbia)* eignen sich hervorragend für diese Art der Dauerbepflanzung.

Stauden für den Schattenbalkon

Auch für den Schatten gibt es attraktive Stauden. Als Erstes ist hier die Funkie *(Hosta)* zu nennen, sie besitzt schönes, kräftiges Laub und im Sommer eine nicht minder attraktive Blüte. Von ihr gibt es unendlich viele Sorten – von buntlaubig, hellgrün und blaugrün, von kleinen bis zu großen Blättern reicht die Vielfalt. Auch Bergenien und Elfenblumen lassen sich schön integrieren. Die Stauden werden im Gefäß verteilt und der verbleibende Platz mit Saisonblumen gefüllt.

Saisonblumen als Lückenfüller

Die Vielfalt der zur Auswahl stehenden Saisonblumen ist groß. Üppig bunt oder Ton in Ton ist jetzt die Frage. Für jeden Geschmack ist etwas dabei! Bei den Frühjahrsblühern stehen an erster Stelle Stiefmütterchen und Primeln. Das Sortiment ist aber weitaus größer: Schleifenblume, Blaukissen, Narzissen, Hyazinthen, Küchenschelle, Steinbrechgewächse und viele weitere bunte Schönheiten warten auf ihren Einsatz. Nur einpflanzen, Erde auffüllen, angießen – und schon kann die Frühlingslandschaft an ihren Platz gestellt werden. Wer Lust hat, kann dem Miniaturgarten noch mit dekorativen Elementen wie Zweigen, Moosen und schönen Steinen aus der Natur den letzten Schliff verleihen.

Mit der Jahreszeit gehen

Wie in der Natur, so wechseln sich auch in der Gefäßbepflanzung im Lauf der Jahreszeiten die blühenden Pflanzen gegenseitig ab. Ab Anfang Mai können die Frühlingsblumen herausgenommen und durch Sommerflor ersetzt werden. Geht man dabei vorsichtig zu Werke, ist dieser Wechsel für die verbleibenden Stauden kein Problem, sie wachsen einfach weiter. Im Herbst können dann Geranien und Co. durch attraktive Herbstzauberpflanzen ersetzt werden. Diese bieten selbst im Winter noch einen schönen Anblick, der schon die Lust auf das nächste Frühjahr weckt.

Der attraktive Zitronenthymian gedeiht in Steingärten und Pflanzschalen.

Der Garten im Vollfrühling

Was jetzt zu tun ist

Allgemeine Gartenarbeiten

- Beete mulchen, wenn die Erde warm genug ist
- Biologische Pflanzenpräparate ansetzen
- Mit der Schneckenbekämpfung beginnen

Nutzgarten

- Obstbäume nach der Blüte düngen
- Aussaaten im Freien: Lagermöhren, Rote Rüben, Salate, Chicorée, Radieschen und Rettich, Gewürzkräuter, Zuckermais, Mangold und nach den Eisheiligen: Bohnen, Gurken, Kürbis
- Vorgezogene Gemüsepflanzen auspflanzen: Kohl, Salate, Sommerlauch, Gewürzkräuter und nach den Eisheiligen: Tomaten, Paprika, Auberginen, Zucchini, Artischocken
- Kopfdüngung der Gemüsekulturen
- Erdbeerbeete mit Stroh mulchen

Ziergarten

- Sommerblumen aussäen: Tagetes, Schmuckkörbchen, Zierkürbis
- Pflanzzeit für Seerosen und andere Wasserpflanzen
- Auspflanzen der vorgezogenen Sommerblumen, empfindliche Arten erst nach den Eisheiligen
- Verblühte Blumenzwiebeln düngen, Samenkapseln entfernen
- Vorgetriebene, sommerblühende Zwiebelblumen auspflanzen, nach den Eisheiligen: Dahlien, Knollenbegonien, Gladiolen
- Herbstblühende Zwiebelblumen pflanzen: u. a. Krokusse, Herbstzeitlose, Sternbergien
- Gehölze düngen

Zeit der Blüten und Düfte

Vollfrühling – das ist die Zeit der Apfelblüte, des blühenden Flieders, der Holunderblüte und der Kastanie. Aber auch sonst blüht und duftet es unglaublich üppig im Garten: Der Goldregen entfaltet nach und nach seine langen Blütenstände, Akelei, Trollblumen und Margeriten setzen farbige Akzente in den Wiesen, der Wiesensalbei blüht und wo man sie irgendwann einmal gepflanzt hat, verströmen die weißen Dichternarzissen ihren Frühlingsduft. Selbst in den Wäldern beginnen Fichten und Tannen zu blühen. Von ihrer Blüte merkt man erst etwas, wenn sich die Straßen und Dächer durch ihren Blütenstaub gelb färben.

Hochbeete für mehr Freude

Hochbeete ermöglichen ein Arbeiten ohne Bücken und sind vielseitig nutzbar.

Wer schon einmal stundenlang in gebückter Haltung Unkraut gejätet hat, weiß, wie wenig unser Rücken solche Arbeiten schätzt. Ein Hoch- oder Hügelbeet bietet da eine rückenfreundliche Alternative, die darüber hinaus auch den Pflanzen etwas Gutes tut. Durch den lockeren und tiefen Boden wachsen die Pflanzen besonders schnell und üppig. Reiche Ernte kann man von diesen Beeten erwarten.
Hochbeete sollten höchstens 1,50 m breit und mindestens 4 m lang sein, damit sich der Arbeitsaufwand beim Bauen lohnt. Breitere Beete lassen sich nur schlecht bearbeiten, schmalere trocknen zu schnell aus. Die Beete können aus den verschiedensten Materialien gebaut werden. Es eignen sich Kunststoffprofile, Holz, Weiden und Steine. Die Seitenwände werden innen mit einer Kunststofffolie ausgekleidet, der Boden bleibt natürlich frei. So wird eine unnötige Verdunstung eingeschränkt, und Konstruktionen aus Holz verrotten nicht so schnell. Aufgestellt wird ein Hochbeet am besten in Nord-Süd-Ausrichtung, da hier die Sonne im Tageslauf am besten genutzt wird.

Ein Hochbeet bauen

Die beste Zeit, um ein Hochbeet anzulegen, ist der Herbst. Dazu wird zunächst der Boden auf der geplanten Fläche abgetragen und tiefgründig gelockert, anschließend die Beetumrahmung verankert. Den Bodenraum legt man nach unten mit einem Hasendraht aus, um Wühlmäuse und andere unerwünschte Nager fernzuhalten.
Die Höhe des Beetes hängt von der Größe seiner Besitzer ab. Es sollte

Hügelbeete bieten viele Vorteile. Sie versprechen über mehrere Jahre einen guten Ertrag und nutzen den zur Verfügung stehenden Platz optimal aus.

so hoch sein, dass man sich beim Bearbeiten nicht bücken muss. Ist die Konstruktion fertig, beginnt man mit dem Auffüllen. Auf den Grund kommt eine Schicht Mutterboden, anschließend grobe Gartenabfälle und Gehölzschnitt. Je weiter man das Beet füllt, desto feiner werden die Bestandteile. Auf das Gehölzschnittgut kommt Staudenschnitt, dann gut verrotteter Gartenkompost und am Schluss wieder Mutterboden. Die Schichten sollten gut angedrückt und verdichtet werden, damit sie sich später nicht mehr zu stark absetzen.

Alle Vorteile auf einen Blick

Neben einer entspannten Arbeitshaltung, die vor allem für Senioren sehr von Vorteil ist, bietet das Hochbeet einen weiteren entscheidenden Vorteil: Der Boden erwärmt sich aufgrund der isolierenden Seitenwände und der Rottevorgänge im Inneren. Dadurch keimen Samen im Frühling schneller als im „normalen" Beet. Und auch bei einem ungeeigneten Gartenboden kann ein Hochbeet Abhilfe schaffen, denn der schichtweise Aufbau macht es unabhängig vom ursprünglichen Untergrund. Bioabfälle, Kompost, Schnittgut und vieles mehr kann auf diese Weise wunderbar verarbeitet werden. Durch den langsamen Rottevorgang werden kontinuierlich Nährstoffe frei, die dann den Pflanzen zur Verfügung stehen. Während der ersten beiden Jahre reicht eine Startdüngung im Frühjahr daher aus, um die Pflanzen optimal zu versorgen.

QUER BEET

Gartentipp

Der Schichtaufbau beim Hügelbeet ist mit dem des Hochbeetes zu vergleichen und kann in derselben Art erfolgen. Allerdings benötigt diese Variante aufgrund der Krümmung etwa ein Drittel mehr Platz. Dadurch gewinnt man aber auch Kulturfläche. Hügelbeete haben nur einen Nachteil: Sie trocknen sehr schnell aus und bei starkem Regen wird das Erdreich teilweise weggeschwemmt.

Zarte Blüten in Herzform

Filigrane Meisterwerke sind die Blüten des Tränenden Herzens.

Besonders schön ist eine traditionelle Bauerngartenpflanze, das Tränende Herz, welches im Vollfrühling blüht. An den überhängenden Stielen erscheinen etliche Blüten, die an kleine Herzen erinnern und denen die Pflanze ihren Namen verdankt.
Es gibt rosa oder weiß blühende Sorten, die weißen Blüten leuchten besonders schön.
Am wohlsten fühlen sich diese Stauden auf gleichmäßig feuchten, humosen Böden im Halbschatten, bei ausreichender Wasserversorgung aber auch in der vollen Sonne. Außer kurz nach der Pflanzung benötigt das Tränende Herz keine zusätzlichen Düngergaben. Eine jährliche Kompostgabe reicht zur Nährstoffversorgung völlig aus.

Dankbar sind die Stauden für eine Abdeckung aus Rindenmulch, diese fördert eine gleichbleibende Bodentemperatur und die Feuchtigkeit hält sich im Boden länger. Neben der bekannten *Dicentra spectabilis*, die bis zu 100 cm hoch wächst, gibt es auch Zwergformen wie *Dicentra eximia* und *Dicentra formosa*, die eine Höhe von maximal 30 cm erreichen.
Bei der Gestaltung der Rabatte muss berücksichtigt werden, dass das Tränende Herz im August sein Laub verliert und danach komplett einzieht. Deshalb sollte es nicht in die erste Reihe des Beets, sondern etwas weiter nach hinten gepflanzt werden. Herbstblühende Stauden und Gräser verdecken so die entstehende Lücke.

Steckbrief

Tränendes Herz
(Dicentra spectabilis)

Familie:	Erdrauchgewächse (Fumariaceae)
Herkunft:	Ostasien, Nordamerika
Wuchs:	30 bis 100 cm, aufrecht
Blütezeit:	Mai bis Juli
Standort:	sonnig bis halbschattig, feucht, humos
Pflege:	nach dem Winter vertrocknete Blätter und alte Blütenstände abschneiden
Vermehrung:	Teilung, Stecklinge, Aussaat im Herbst oder Spätwinter

Pfingstrosen – barocke Schönheiten

Wie viele andere Pflanzen aus den früheren Kloster- und Bauerngärten findet man auch die Pfingstrose (*Päonie*) zunehmend in modern gestalteten Hausgärten. Ihren deutschen Namen hat sie wegen der Blütezeit und wegen der Ähnlichkeit mit Rosenblüten; der lateinische Name *Paeonia* leitet sich von der altmakedonischen Landschaft „Paionia" her, ihrer ursprünglichen Heimat. Sie ist eine krautige, strauchige Pflanze mit großen Rhizomen und großen Blüten.

Pfingstrosen sind die Aristokratinnen unter den Bauerngartenpflanzen.

Blüten über Blüten

Die Bauern-Pfingstrose *(Paeonia officinalis)* zeigt ihre gefüllten roten, rosafarbenen und weißen Formen im letzten Drittel des Monats Mai. Übertroffen an Schönheit wird sie nur noch von der Edel-Pfingstrose *(Paeonia lactiflora).*
Man nennt sie wegen ihres herrlichen Duftes auch Edelpaeonie. Sie blüht meist im Juni. Je nach Sorte bekommt sie nach dem Austrieb über einen Meter hohe, kräftige Blütenstiele mit mehreren Blütenknospen, die sich nacheinander entfalten. Im Herbst färbt sich ihr Laub braunrot. Die Asiatin ist allerdings leicht frostempfindlich und sollte deshalb jedes Jahr im Herbst gut mit Fichtenreisig oder Laub abgedeckt werden.

Bitte nicht stören

Die beste Pflanzzeit für Pfingstrosen ist in der zweiten Septemberhälfte. Will eine Pfingstrose auch nach Jahren noch nicht blühen, ist sie mit hoher Wahrscheinlichkeit falsch gepflanzt worden! Eigentlich ist die Pfingstrose eine recht robuste und auch anspruchslose Pflanze, doch zu tiefes Pflanzen bekommt ihr nicht. So tief wie sie beim Kauf im Topf steht, so sollte sie auch gepflanzt werden. Sitzt sie zu tief in der Erde, treibt sie viele Blätter, kommt aber nicht zur Blüte. Deshalb lieber etwas höher pflanzen und nur leicht mit Mulchmaterial umgeben – dann blüht die Pflanze sicher jedes Jahr. Pfingstrosen brauchen jedoch einige Jahre, bis sie sich richtig entwickeln und die typischen großen Blüten zeigen. Ist die Pfingstrose gepflanzt, möchte sie in Ruhe gelassen werden: Hacken oder andere Erdarbeiten nahe den Wurzeln sind zu vermeiden. Im ersten Winter nach der Pflanzung ist eine Abdeckung mit Fichtenreisig empfehlenswert, um ein Hochfrieren zu vermeiden.

Wo Pfingstrosen sich wohl fühlen

Vollsonnig bis halbschattig darf der Standort der Pfingstrose sein. Im Halbschatten verlängert sich die Blütenhaltbarkeit um etwa eine Woche. Der Boden sollte humos, locker und nährstoffreich sein. Eine dünne Mulchschicht schützt die Knospen und fördert das Wachstum; ist die Mulchschicht zu dick, kann

QUER BEET

die Blütenbildung gehemmt werden. Düngen kann man die Staude mit Kompost und gut verrottetem Mist, allerdings in Maßen. Wird zu viel Dünger gegeben, leidet die Gesundheit und die Blütenstiele knicken schneller ein. Für eine Stütze ist die Pfingstrose immer dankbar, da die Blütenstiele das Gewicht, der stark gefüllten Blüten, meist nicht halten können.

Wenn Pfingstrosen in die Jahre kommen

Bei alten Pflanzen, die in der Blühleistung nachlassen, empfiehlt sich eine Verjüngungskur: Anfang September, wenn die Pflanze schon fast eingezogen ist, gräbt man dazu den Wurzelstock aus, sticht ihn von der Seite her ab, lockert ihn mit der Grabgabel von unten und nimmt ihn heraus. Dann wird geteilt: Mit zwei Grabgabeln – Rücken an Rücken – das Wurzelwerk entflechten. Dies zwei- bis dreimal wiederholen, bis der alte Ballen sich in mehrere Stücke zerteilen lässt. Eine neue Pflanze braucht fünf bis sechs kräftige Triebe, um gesund weiterwachsen zu können. Dann die Jungpflanze in das vorbereitete Loch setzen, das mit einer Mischung aus gewachsenem Boden, Kompost, etwas Sand und Lehm aufgefüllt ist. Rütteln, leicht andrücken und gießen – fertig ist die Verjüngungs- und Umpflanzaktion. Wenn möglich, sollten die geteilten Pflanzen nicht wieder an genau die gleiche Stelle gesetzt werden, lieber einen neuen Standort wählen.

Steckbrief

Pfingstrose
(Paeonia officinalis)

Familie:	Pfingstrosengewächse (Paeoniaceae)
Herkunft:	Europa
Wuchs:	aufrecht, bis 1 m hoch, horstförmig
Blüte:	rosa, weiß, pink und zweifarbig, gefüllt und einfach blühend
Standort:	sonnig und luftig, humoser, nährstoffreicher Boden
Pflege:	gleichmäßig feucht halten, rechtzeitig stützen
Vermehrung:	über die Teilung des Wurzelstockes

Steckbrief

Edelpfingstrose
(Paeonia lactifolia)

Familie:	Pfingstrosengewächse (Paeoniaceae)
Herkunft:	China, Tibet, Korea
Wuchs:	aufrecht, bis 1 m hoch, verholzender Trieb
Blüte:	rosa, weiß, pink, gefüllt und einfach blühend, stark duftend
Standort:	sonnig und luftig, humoser, nährstoffreicher Boden
Pflege:	gleichmäßig feucht halten, rechtzeitig stützen
Vermehrung:	über die Teilung des Wurzelstockes

Paprika in reicher Vielfalt

Paprika ist kein exotisches Gemüse und lässt sich sogar auf dem Balkon ziehen.

Nahezu unendlich ist die Vielfalt an Formen und Farben in der großen Gruppe der Paprikagewächse. Die Übergänge zwischen Nutz- und Zierformen sind dabei fließend. Ursprünglich stammt Paprika aus den Tropen Süd- und Mittelamerikas. Spanische Eroberer brachten ihn von dort im 16. Jahrhundert nach Europa, wo er zunächst allein als Zierpflanze angebaut und erst später als Gemüse entdeckt wurde. Heute gibt es unzählige Formen, Farben und Geschmacksrichtungen, wobei die Farbe keinen Hinweis auf die Schärfe gibt. Egal ob rot, gelb, grün, violett oder orange - es gibt immer milde und sehr scharfe Sorten. Übrigens: Alle Paprika sind erst grün, bevor sie gelb, lila oder rot werden! Vollreife Früchte haben jedoch ein besseres Aroma und die schönere Farbe.

Frisch, pikant und gesund

Paprika liegen voll im Trend. Immer mehr Menschen kommen auf den Geschmack des frischen, pikanten und äußerst gesunden Gemüses. Zu den schärfsten Sorten zählt Rosenpaprika. Er ist so scharf, dass man während und nach der Ernte aufpassen muss, nicht mit den Fingern in die Nähe der Augen zu geraten. Etwas milder ist dagegen die Sorte 'Lombardo'. Besonders für die Topfkultur auf Balkon und Terrasse eignet sich der ungarische Tomatenpaprika 'Tommy' mit seinen runden, dunkelroten, tomatenförmigen Früchten. Sorten wie 'Topepo rosso', süß und angenehm im Geschmack und tomatenähnlich in der Form,

Echt scharf!

Viele der kleinen Zierschoten sind nicht nur schön anzusehen, sondern auch genießbar. Doch Vorsicht! Beim Verzehr der kleinen Zierformen sind deutliche Unterschiede bemerkbar. Auch wenn sie sich äußerlich noch so sehr ähneln, wird so mancher, der unvorsichtig ein Stückchen nascht, eine böse Überraschung erleben. Ein Teil der Zierpaprikasorten eignet sich wunderbar zum Herstellen von feurig scharfem Tabasco, aber nicht zum puren Genuss.

Paprika-Jungpflanzen können gut im Frühbeet vorgezogen werden.

sind ebenfalls sehr beliebt. Oder die spitzkegligen Früchte von 'Feher', einer Sorte, die schon im zeitigen Frühjahr ausgesät werden kann und im Sommer rasch Früchte bringt. Am frühesten reift in unserem Querbeet-Garten die Paprikasorte 'Jingle Bells'. Sie hat schöne, kleine, rote Früchte und eignet sich durch den kompakten Wuchs ebenfalls für die Balkon- und Terrassenbepflanzung. Die kleinen, dekorativen Früchte lassen sich gut einmachen oder frisch als Salat verarbeiten.
Alles in allem sind Zier- und Nutzpaprika aber sehr dankbar für ein bisschen Aufmerksamkeit und bringen von Mai bis in den Herbst hinein viele Früchte.

Paprika im Garten

Paprika kann man ab Mitte Mai ins Freie pflanzen oder in größeren Gefäßen kultivieren. Ideal ist ein Hochbeet unter Folie, das sich aus vorgefertigten Bausätzen schnell und einfach zusammenbauen lässt. Wichtig sind außerdem lockere Erde, etwas Vorratsdünger und ein geschützter Platz an der Sonne, denn Paprika ist sehr empfindlich gegen Zugluft. Unter guten Bedingungen wächst er schnell und kräftig und entwickelt zahlreiche, sehr attraktive Blüten. Die Ernte beginnt meist Anfang Juli mit den noch grünen saftigen Schoten und geht bis zu den ersten Frösten. Erntet man ihn im roten, gelben oder orangefarbenen Zustand, ist Paprika etwas süßer als im grünen Stadium. In der Küche wird Paprika vor allem wegen seines angenehm würzigen Geschmacks und seines hohen Gehaltes an Vitamin C geschätzt.

Steckbrief

Paprika
(Capsicum annum)

Familie:	Nachtschattengewächse (Solanaceae)
Herkunft:	Süd- und Mittelamerika
Wuchs:	aufrecht bis 2 m Höhe
Blütezeit:	ab Mai, je nach Aussaatzeitpunkt
Standort:	offener, nährstoffreicher Boden, vollsonnige Lage, Gewächshausanbau
Pflege:	regelmäßiges Düngen fördert gutes Fruchtwachstum

Auberginen im Topf

Auberginen sind etwas anspruchsvoll die Temperatur betreffend, im Gewächshaus gedeihen sie aber gut.

Auberginen aus dem eigenen Garten sind etwas ganz Besonderes. Sie sind allerdings noch wärmebedürftiger als Paprika und Tomaten. Auberginen gehören, wie auch Tomaten und Kartoffeln, zur Familie der Nachtschattengewächse. Unreife Früchte und die Blätter sind daher ungenießbar und sogar leicht giftig, deshalb sollten die Früchte erst geerntet werden, wenn sie vollreif sind. Das Reifestadium erkennt man an der Druckfestigkeit der Frucht. Gibt die Aubergine auf Druck leicht nach, ist sie reif und kann und bedenkenlos verzehrt werden.

Anbau im Garten

Man kann Auberginen ab März selbst anziehen oder im Mai in Fachgeschäften als junge Pflanzen kaufen. Züchter versuchen, mit veredelten Auberginen kältetolerantere und wüchsigere Pflanzen zu entwickeln, bisher aber nur mit mäßigem Erfolg. Veredelt werden die Auberginen auf Wildtomaten. Mit einem Tomatenveredelungsset kann man dies auch selbst machen – es braucht allerdings etwas Zeit und Geduld.
In Kleingewächshäusern fühlen sich die Südländer besonders wohl, die hier herrschenden gleichmäßigen Temperaturen und ausreichend Wärme beschleunigen das Wachstum.

Steckbrief

Aubergine
(Solanum melongena)

Familie:	Nachtschattengewächse (Solanaceae)
Herkunft:	Asien
Wuchs:	krautig, einjährig, bis zu 2 m
Blütezeit:	Juni bis Juli, weiße bis violette Blüten
Standort:	vollsonniger und geschützter Standort, humoser, durchlässiger Boden
Pflege:	regelmäßig gießen und düngen, Triebe ausgeizen, um Fruchtansatz zu fördern
Vermehrung:	Aussaat im Frühjahr in Töpfchen

Gerade als junge Pflanzen sind die Auberginen allerdings sehr empfindlich. Schon das Gießen mit zu kaltem Wasser kann den Sensibelchen schaden. Deshalb sollten Auberginen auch erst ab Ende Mai ins Freie gebracht werden. Doch nicht nur im Garten können Auberginen mit großem Erfolg gezogen werden. Auf Balkon und Terrasse benötigen die Pflanzen lediglich einen ausreichend großen Kübel und einen sonnigen, windgeschützten Standort. Gießt man sie wöchentlich mit einem Flüssigdünger, wachsen die Pflanzen rasch heran, und ab Juli gibt es eine reiche Ernte. An einem Platz nahe der Hauswand gedeihen die Pflanzen besonders gut.
Da Auberginenpflanzen oft bis zu 2 m hoch werden können, muss man sie windsicher anbinden. Für die Fruchtbildung reichen drei bis vier Triebe aus, die man wie bei Tomaten ausgeizt. Das heißt, dass alle Seitentriebe, die aus den Blattachseln austreiben, entfernt werden müssen. Während der Wachstumszeit sollten Auberginen regelmäßig mit Wasser und Flüssigdünger versorgt werden. Die ersten Früchte erscheinen im Juni oder Juli.

Gefüllte Auberginen

Zutaten:
Füllmenge für zwei mittelgroße Auberginen:
- *200 g Mozzarella*
- *300 g Tomaten*
- *100 g Oliven*
- *frischer Oregano und Basilikum*
- *Olivenöl,*
- *Salz, Pfeffer*
- *Zitrone*

Zubereitung:
Auberginen halbieren und aushöhlen, sodass ein Rand von ca. $^1/_2$ cm bleibt. Auberginenfleisch würfeln und in eine Schüssel geben. Dazu gibt man gewürfelten Mozzarella, gewürfelte Tomaten (nicht zu klein schneiden), in Scheiben geschnittene Oliven, einige Blättchen Oregano, ein paar Blätter klein geschnittenes Basilikum.
Alles vermengen, mit Salz, Pfeffer, Saft einer halben Zitrone und Olivenöl würzen, dann 10 bis 15 Minuten bei 220 Grad ins Backrohr geben.

Auberginensorten

Bei uns finden sich meist keulenförmige, violette Sorten im Handel, aber es gibt auch weiße Sorten, wie zum Beispiel ‘Mohican’, oder auch gurkenförmige, längliche, kugelige und schlangenförmige Früchte. Das Farbspektrum reicht von Weiß über Gelb, Grün, Orangerot bis Violett.

Rhododendren – Blütenwunder im Moorbeet

Rhododendren blühen in vielen Farben, hier eine fliederfarbene Sorte.

Rhododendren gehören zu den schönsten blühenden Sträuchern im Garten, ihr Farbspektrum und ihre Leuchtkraft sind nahezu unerreicht. Ursprünglich bildeten lichte Wälder ihren natürlichen Lebensraum. Auch im Garten brauchen sie ähnliche Standorte wie in der Natur, nur dann fühlen sie sich wohl und wachsen üppig und gesund. Dabei haben alle Arten etwa die gleichen Ansprüche: beschattete Wurzeln, besonnte Blätter und eine hohe Luftfeuchtigkeit. Mit zunehmender Feuchtigkeit vertragen sie auch mehr Sonne, wobei alpine Arten wie *Catawbiense-* und *Ponticum-*Hybriden generell heller stehen dürfen. Die Nähe zu einem Teich oder Bachlauf kann helfen, die Luftfeuchtigkeit zu erhöhen, ebenso eine etwa 5 cm dicke Mulchschicht aus Eichenlaub, Kiefernnadeln, Rindenmulch oder Rasenschnitt. Lichter Schatten von tief wurzelnden Bäumen wie z. B. Eiche, Ginkgo, Kiefer oder Lärche ist ideal, denn er bietet ausreichend Schutz gegen die Wintersonne und austrocknende Winde. Flach wurzelnde Bäume sind dagegen Wasser- und Nährstoffkonkurrenten, denn auch Rhododendren wurzeln flach und holen sich ihre Nährstoffe fast ausschließlich aus den oberen 20 cm. Allerdings müssen die Baumnachbarn hoch aufgeastet sein, damit sich die Rhododendren gut entfalten können und ausreichend Licht bekommen, sonst erweisen sie sich als blühfaul.

Saure Böden sorgen für gesunden Wuchs

Die meisten Rhododendren gedeihen nur in sauren, durchlässigen Böden. Den pH-Wert des Bodens kann man beispielsweise mit Rindenkompost, Holzfasern, Sand, kalkfreiem Gesteinsmehl, verrottetem Rindermist, Hornspänen, Eichenlaub und Fichtennadelkompost den Bedürfnissen der Rhododendren anpassen. Sie können aber auch spezielle käufliche Rhododendronerde in die Pflanzgrube füllen oder die Sträucher in Hochbeeten oder ausreichend großen Kübeln ziehen.
Als Dünger eignen sich Kompost, verrotteter Rindermist oder Hornspäne; schnell wirkende und chloridhaltige Dünger vertragen die salzempfindlichen Pflanzen überhaupt nicht. Besonders die großlaubigen Sorten haben einen hohen Nährstoffbedarf und sollten während der Wachstumsphase regelmäßig aber wohldosiert mit Dünger versorgt werden.

Rhododendren pflanzen und pflegen

Pflanzzeit für Rhododendren ist bis Ende Mai. Die Pflanzgrube soll etwa viermal so groß und doppelt so tief wie der Ballen sein. Den Aushub kann man mit Rhododendronerde mischen und so viel in das Loch füllen, dass die Pflanze ein wenig über den Boden ragt. Wichtig ist eine gute Drainage, beigemischte Grobstoffe helfen im Bedarfsfall Staunässe zu vermeiden. Yakushimanum- und Insigne-Züchtungen können auch in einem Sand-Erde-Gemisch gezogen werden. Da Rhododendren über kein weitverzweigtes Wurzelsystem verfügen, muss das Gießwasser in der Nähe des Stamms ausgebracht werden. Erst nach ca. einem Jahr, wenn die Pflanze fest eingewachsen ist, erfolgt die erste Düngung.

Schnitt mit Gefühl

Damit Rhododendren kompakt wachsen, sollten im Juni die schlanken Endknospen der Triebe ausgebrochen werden. Somit stoppt das Längenwachstum und vorhandene Nebenknospen treiben durch. Achten Sie darauf, keine rundlichen, dicken Triebknospen zu entfernen, da sich aus ihnen eine Blüte entwickelt. Während der Blütezeit lassen sich zu lange Triebe über dem Astring abschneiden. Werden bei jungen Pflanzen die Spindeln sofort nach dem Abfallen der Blütenblätter angeknipst, bilden sich neue Knospen aus. Noch buschiger und blütenreicher wachsen Rhododendren, wenn der Blütentrieb bis kurz vor der Stelle heruntergeschnitten wird, an der die Blätter vom Vorjahr sitzen. So treiben dort die in den Blattachseln schlafenden Augen aus und bilden mehrere Triebe, die eine ebenmäßige Blattkrone bilden.

Gartentipp

Bei der Bodenbearbeitung im Umfeld von Rhododendren muss unbedingt das flache Wurzelsystem berücksichtigt werden. Ziehen Sie Unkräuter darum möglichst vorsichtig heraus und vermeiden Sie tiefgründiges Hacken.

Steckbrief

Rhododendron
(Rhododendron)

Familie:	Heidekrautgewächse (Ericaceae)
Herkunft:	Asien und Nordamerika, Europa
Wuchs:	immergrüne Sträucher, unterschiedlichste Wuchshöhen
Blütezeit:	April bis Mai
Standort:	saure Böden, durchlässige Böden, Schatten bis Halbschatten
Pflege:	gut wässern, auch an frostfreien Tagen im Winter, Erdarbeiten in Pflanzennähe vermeiden.

Kleiner Exkurs: Rhododendron oder Azalee?

Rhododendren sind eine Gattung aus der Familie der Heidekrautgewächse. Es gibt eine Vielzahl an Sortengruppen und nahezu unendlich viele Sorten. Die bekanntesten Sortengruppen sind:

- die immergrünen, großblütigen *Catawbiense*-Hybriden,
- die sonnenverträglichen *Yakushimanum*-Hybriden,
- die kompakten Insigne-Hybriden,
- die niedrig und langsam wachsenden *Repens*-Hybriden,
- die intensiv grün belaubten *Wardii*-Hybriden,
- INKARHO®- Rhododendren, die eine relativ hohe Kalktoleranz bis pH 6,0 aufweisen.

Azaleen sind kleinwüchsige Arten der Gattung Rhododendron. Man unterscheidet Zimmer- und Gartenazaleen. Die als Zimmerpflanze gezogenen Arten stammen aus China und Japan und blühen von September bis April. Das Farbenspektrum ihrer gefüllten oder ungefüllten Blüten reicht von Weiß bis Rot, dazwischen sind alle Schattierungen möglich. Rhododendren wie z. B. *Rhododendron molle* bzw. *Rhododendron flavum*, die im Winter ihr Laub abwerfen, werden auch Gartenazaleen genannt.

Hängeampeln und Pflanztaschen

Hanging Baskets verleihen auch kleinen Balkonen eine neue Dimension.

Triste Ecken im Garten, unter der Treppe oder auf Balkon und Terrasse lassen sich mithilfe von hängenden Gefäßen schmücken und verzieren. Ein Haken in der Wand, ein Balkongeländer – es gibt viele Möglichkeiten, die hängenden Gärten zu befestigen. Eine gute, strukturstabile Erde ist eine Grundvoraussetzung für gutes Wachstum auf begrenztem Raum. Hochwertige Erden versorgen die Pflanzen mit dem richtigen Luft-Wasser-Mix und fördern ein kräftiges Wurzelwachstum. Splitt, Ton oder Perlite sorgen dafür, dass die Erde nicht zusammenfällt und ausreichend Luft an die Wurzeln lässt. Für den Anfang enthalten diese Substrate genügend Nährstoffe, nach sechs bis acht Wochen muss dann allerdings nachgedüngt werden. Dazu kann man Flüssigdünger oder einen Langzeitdünger verwenden. Flüssigdünger werden wöchentlich dem Gießwasser zugegeben und versorgen so die Pflanzen kontinuierlich mit allem, was sie brauchen. Diese Form der Düngung ist für Balkonkästen und Hängeampeln ideal, da große Nährstoffschwankungen auf diese Art verhindert werden.

Ampelpflanzen – reiche Auswahl

Geeignet zur Bepflanzung von Blumenampeln sind Pflanzen, die in der Natur flach wachsen, so wie Clownsgesicht oder Männertreu. Auch hängende Formen von Geranien, Petunien, Löwenmäulchen und Fuchsien eignen sich. Für alle Standortbedingungen gibt es gute und lange blühende Pflanzen, die bei ein wenig Pflege viel Freude schenken. Aber nicht das Düngen vergessen! Setzt man viele Pflanzen auf sehr engen Wurzelraum, ist eine konstante und gleichmäßige Nährstoffnachlieferung erforderlich. Bei Hängeampeln und Hanging Baskets ist es vorteilhaft, Flüssigdünger zu wählen. Dieser wird bei jedem Gießen dem Gießwasser zugegeben; das sichert den Pflanzen einen guten Wuchs und eine schöne Blüte.

Hanging Baskets

Hanging Baskets, oder Hängekörbe, haben ein grobes, Form gebendes Drahtgestell. In dieses Gestell wird ein Innenkorb gelegt, in den später die Erde gefüllt wird. Der Innenkorb kann aus Papier, Kokosfasern, Hanffasern oder auch Moos bestehen,

wobei die beiden Letztgenannten am umweltfreundlichsten sind. Der Vorteil dieser Gefäße ist, dass auch an den Seiten und unten Pflanzen herauswachsen können, so entsteht ein einziger Blütenball. Der Innenkorb speichert, je nach Material, etwas Wasser und durch die umlaufende Bepflanzung wird die Verdunstung verringert. Bepflanzt werden Hanging Baskets am einfachsten mit sehr jungen Pflanzen. Diese lassen sich leicht von der Seite in den Wurzelraum pflanzen und wachsen schnell an.

Einkaufstaschen zweckentfremdet

Sehr ungewöhnliche Arrangements kann man mit stabilen, bunten Einkaufstaschen erreichen, die an Seilen oder Gestellen festgeknotet werden. Die Taschen haben meistens keine Löcher, daher sollten sie nur an Standorten befestigt werden, die keinen Niederschlag abbekommen. Sie sollten nicht zu feucht gehalten werden, damit die Pflanzen gut einwachsen können. Verschiedene Firmen bieten auch Taschensysteme an, die man einzeln oder als mehrstufiges Gestell verwenden kann. Diese Taschen sind UV- beständig und können mehrere Jahre genutzt werden.

Die Klassiker – Petunien

Petunien sind schlichtweg die Klassiker unter den Balkonblumen, seit Jahrzehnten bringen sie Farbe in Kästen, Ampeln und Schalen. Ihre ursprüngliche Heimat ist Brasilien. Die in der Natur eher unscheinbaren Pflanzen haben im Lauf der Zeit zu eine ungeheure Sortenvielfalt entwickelt, es gibt sie in nahezu allen Farbnuancen bis hin zu gelb blühenden Sorten. Die Blüten können sternförmig, geadert oder gerändert, manchmal auch gefüllt sein. Hängepetunien, auch unter den Marken-namen Surfinia, Sylvana, Cascadias oder Futura bekannt, sind ideale Ampelpflanzen.
Die Blütezeit der Petunien reicht von Mai bis Oktober. Ein windgeschützter Standort in voller Sonne bis Halbschatten sorgt für üppigen Flor. Empfindlich sind sie nur gegen Trockenheit, aber auch gegen lang anhaltenden Regen. Das Ausputzen verblühter Blumen fördert die Nachblüte. Petunien sind inzwischen auch als Beetpflanzen erhältlich – sie bilden flache Polster und blühen lange.

Gauchheil und Pfennigkraut

Sowohl der Gauchheil *(Anagallis)* als auch Pfennigkraut *(Lysimachia)* gehören zu den Primelgewächsen. Gauchheil ist ein Verwandter des Acker-Gauchheils. Seine königsblauen Blüten öffnen sich nur bei Sonne. Die zarten, überhängenden Triebe erreichen eine Länge von 40 cm; Blütezeit ist von Juni bis September. Gauchheil wächst am besten im Halbschatten bei viel Licht und reichlich Wasser.
Das Pfennigkraut ist ein naher Verwandter unseres heimischen Felberichs. Die gelben Blüten erscheinen vor allem in den Frühsommermonaten, bei gleichmäßiger Pflege aber auch darüber hinaus. Pfennigkraut hat ähnliche Bedürfnisse wie die Petunie.

Petunien bieten für jeden Geschmack eine passende Lösung.

Blau – die Farbe der Romantik

Blau ist die Farbe der Sehnsucht und der Romantik – auch im Garten. Mit blauen Blumen beweist man Sinn für das Schöne, deshalb lieben Maler-Maler und Schriftsteller sie. Blaue Blumen wirken raffiniert; während Weiß im Garten für eine elegante Note sorgt, umgibt blaue Blumen eine Aura von Geheimnis und Magie. Goethe notierte in seiner Farbenlehre: „Das Blaue gibt uns ein Gefühl von Kälte.“ Die Farbe der Treue ist auch die der Melancholie. Dennoch, oder gerade deshalb, ist Blau beliebt im Garten. Hortensien in allen Abstufungen, Gedenkemein, Katzenminze, Schmucklilie, Prärielilie, Ehrenpreis, Blaues Halskraut, Sumpfsalbei, Aster gehören in die Palette; Lupine und die ihr ähnelnde Färberhülse, Lavendel, die Kräuter Ysop, Rosmarin und Borretsch bestechen mit Blüten, so blau wie die Grotte von Capri. Unverzichtbar für Blau-Liebhaber ist der Blauregen. Die schnell wachsende Rankpflanze verwandelt mit ihrem fein gefiederten Blattwerk und den langen blauen Blütenrispen die tristeste Laube in ein Refugium. Am spektakulärsten wirkt Blauregen, wenn er über Pergolen fällt und an Mauern rankt. Ähnliches gilt für die blauen Verwandten der Clematis.

Ein Balkon in Blau

Inspiriert von einem Beet in London haben wir ausprobiert, unseren kleinen Balkon ganz in Blau zu gestalten.

Das Gerüst bilden zwei Clematispflanzen, die vor Jahren gepflanzt wurden und mit ihrer Blüte zufälligerweise gut ins Farbschema passen. Mitte April haben wir den Blauen Hibiskus *(Alyogyne huegelii)* in der Ecke platziert.
Verstärkt wird der blaue Touch mit *Brachycome*, landläufig auch Blaues Gänseblümchen genannt. Dann ein kräftiger, unermüdlicher Blüher: Petunien der Sorte ‘Plum Madness’, zwar kein reines Blau, aber gut zu den blauen Farben der anderen Einjährigen passend.
Um den Lichtraum des Balkons besser zu nutzen, haben wir zusätzlich zwei Ampelpflanzen aufgehängt. Neu im Balkonblumensortiment: *Torenia fournieri*, eine rasch wachsende Einjährige, und schon länger auf dem Markt: eine buschig wachsende Form von Männertreu *(Lobelia)*.

Blütenbesucher

Nicotiana sanderae, der Ziertabak, gehört zu den Pflanzen auf unserem Balkon, die durchgehend von Mai bis kurz vor dem Frost blühen. Eingestreut zwischen die etwas kräftigeren Blaublühenden ist die etwas zarter blühende, nicht alltägliche Balkonblume *Isotoma*, besser bekannt unter der alten Bezeichnung *Laurentia*, ein ausdauernd blühendes Glockenblumenge- wächs.Bei der Vielfalt von Blüten ist es kein Wunder, dass sich in kurzer Zeit Hummeln und andere Insekten einfinden. Wichtig ist darauf zu achten, dass die Blütezeiten der verschiedenen Einjährigen gestaffelt sind, um dann, wenn die einen verblühen, andere ihren Platz einnehmen.

Der Garten im Frühsommer

Allgemeine Gartenarbeiten

- Gründünger aussäen, z. B. Phacelia
- Stecklinge schneiden: Eiben, Buchsbaum, Liguster, Hartriegel, Holunder etc.
- Jäten und mulchen, um Unkraut zu unterdrücken und Wasser zu sparen
- Gehölze nur bis Mitte Juni mit Stickstoff düngen

Nutzgarten

- Gemüseaussaat: Bohnen, Sommerradieschen, Radicchio, Salate, Zuckerhut
- Lückenfüller laufend heranziehen
- Sommerschnitt der Obstbäume
- Erdbeeren nach der Ernte düngen
- Gut tragende Erdbeerpflanzen kennzeichnen und vermehren
- Spargel- und Rhabarberernte bis Johanni (24. Juni) beenden
- Jungpflanzen von Spätkohlsorten, Brokkoli, Grünkohl, Rosenkohl etc. auspflanzen

Ziergarten

- Zweijährige Blumen aussäen: Stockrosen, Maßliebchen, Goldlack, Fingerhut, Stiefmütterchen, Marienglockenblumen, Bartnelken, Vergissmeinnicht, Islandmohn, Wolfsmilch, Königskerzen, Eselsdisteln
- Rittersporn nach der Blüte zurückschneiden, welke Blätter der Stauden laufend ausputzen
- Bartiris nach der Blüte teilen und umpflanzen
- Heckenschnitt, nachdem die Jungvögel flügge sind

Was jetzt zu tun ist

Der Sommer kann beginnen

Drei Gehölze sind es, die den Beginn dieser ersten sommerlichen Vegetationsphase – den Frühsommer – mit ihrem Aufblühen einläuten: die Robinie, der Holunder und die Schneebeere. Der Robinie, auch Pseudoakazie genannt, sollte man im Garten getrost einen höheren Stellenwert einräumen. Sie ist zum einen ein sehr anspruchsloses Gehölz und zum anderen wirkt sie auf viele Insekten, insbesondere auf Honigbienen, als Anziehungspunkt. Sie liefert diesen Nützlingen auch große Mengen an Nektar- und Pollennahrung.

QUER BEET

Einige Bemerkungen zum Thema „Unkraut“

Fast jedes Kind kennt das Gänseblümchen.

Die Schafgarbe hilft bei zahlreichen Leiden.

Unkraut ist eigentlich ein Unwort, ein unlogischer, wenn nicht sogar unheilvoller Begriff. Warum? Das Wort Unkraut entzweit die Vegetation, teilt die Pflanzen in gut und böse ein, in nützlich und unnütz, in Pflanzen, die es zu bekämpfen gilt. Am rigorosesten ist die intensive Landwirtschaft in der Vergangenheit mit dem Unkraut umgegangen, mit den Begleitpflanzen der Kulturpflanzen. Aber die Landwirtschaft ist gerade am Umdenken, was ihr Verhältnis zu den Unkräutern – besser zu den Beikräutern – anbelangt.

Der Altmeister eines intelligenten, überlegten und naturgemäßen „Garten- und Ackerbaus“, Alwin Seifert, schrieb im Jahre 1970 in seinem Buch „Gärtnern, Ackern – ohne Gift“: „Man darf das Unkraut nicht in alter Denkweise als ein Geschöpf des Teufels ansehen, dazu bestimmt, dem Bauern und Gärtner das Leben sauer zu machen. Massenauftreten bestimmter Unkräuter ist immer ein Zeichen dafür, dass der Boden nicht in Ordnung, dass er einseitig beansprucht oder überhaupt krank ist. Unkraut ist das Heilmittel, mit dem die Natur ein gestörtes Gleichgewicht wiederherzustellen sucht. Selten lässt ihr der Mensch dazu Zeit und Möglichkeit.“

Warum ist „Unkraut“ so hartnäckig?

Bei- oder Unkräuter können sich zwischen Kulturpflanzen nur deshalb so gut behaupten, weil sie hervorragende Überlebenseigenschaften besitzen, durch die sie den Kulturpflanzen überlegen wären, würde der Mensch nicht in die Konkurrenzsituation eingreifen. Sie sind an das Umgraben beziehungsweise das Pflügen angepasst, überdauern also entweder als Samen oder ihre Wurzeln, Rhizome oder Ausläufer, stecken so tief im

Boden, dass sie nicht erfasst werden. Die einjährigen Kräuter gelangen sehr rasch zur Fruchtreife, oft so schnell, dass sie dem Hacken und der Beschattung durch die Kulturpflanzen entgehen, oder aber sie ertragen die Beschattung und winden oder ranken sich so schnell in die Höhe, dass sie rechtzeitig genügend Licht bekommen. Bei vielen Unkrautarten keimen überdies die Samen nicht gleichzeitig, sodass immer ein Teil der Nachkommen günstigere Bedingungen antrifft. Dies und die Fähigkeit, bei Schädigung neu auszutreiben, sind auch wirksame Mittel, um sogar der chemischen Bekämpfung zu widerstehen.

Die positiven Eigenschaften

Unkräuter können den Absichten des Menschen und seinen Bemühungen um die Förderung von Kulturpflanzen im Wege stehen und durchaus recht lästig sein. Auf der anderen Seite besitzen sie auch eine ganze Reihe von positiven Eigenschaften. Sie durchwurzeln und beschatten den Boden zwischen den Kulturpflanzenreihen und fördern Mikroorganismen und Tiere und die durch diese bewirkte Krümelstruktur des Bodens. Ebenfalls fördern sie die Bodengare, die letztlich mitentscheidend ist für eine gute Fruchtbarkeit. Unkräuter erfüllen, ganz gleich, wie lästig sie sein können, alle Aufgaben, die auch die Gründüngung im Garten erfüllt. Die Kräuter lockern den Boden, ihre Wurzeln nehmen den aufgelösten Stickstoff auf, binden ihn, halten das Erdreich beschattet und liefern eine ganze Menge von wertvollen Substanzen, die man sonst nur mit Maßnahmen der Bodenverbesserung und der Düngung dem Boden zuführen kann.

Nützliche Helfer

Einen wesentlichen Aspekt bilden die Unkräuter als Helfer in der biologischen Schädlingsbekämpfung. Nützliche Insekten wie Schlupfwespen, Raupenfliegen und andere Insektengruppen, deren Larven als Parasiten in Eiern von Kulturpflanzenschädlingen leben, brauchen die Unkräuter, um überleben zu können, um den Generationszyklus schließen zu können. Die meisten Schädlinge der Kulturpflanzen bilden mehrere Generationen im Jahr und benötigen deshalb langfristig Wirte. Von jeder einzelnen Wirtsart stehen jedoch nur über kurze Zeit Eier zur Parasitierung zur Verfügung.
Wenn keine Eier von Schädlingen an Kulturpflanzen belegt werden können, muss ein Ausweichen der Schädlinge an Wildpflanzen möglich sein, wenn die Parasitenart, sprich die Nützlinge, erhalten bleiben sollen. Die Unkräuter dienen also als Zwischenwirt für Nützlinge und werden so zu wesentlichen Gliedern in der Gemeinschaft von Agro-Ökosystemen.

Was tun?

Die beste Methode der Unkrautbekämpfung besteht darin, die nicht erwünschten Beipflanzen oder Nebenpflanzen mit ihren eigenen Waffen zu schlagen. Das geschieht dadurch, dass man die Nutzpflanzen oder auch die bewusst angebauten Zierpflanzen so dicht sät, pflanzt und auch so dicht stehen lässt, dass die Unkräuter keine Chance zum Aufkommen haben. Je enger man die Reihen in den Nutzbeeten anlegt, je schneller man die Kulturen zum Wachsen bringt, und je rascher man abgeerntete Zwischenräume wieder mit neuem Pflanzenwuchs schließt, umso weniger Chancen hat das Unkraut, aufzukommen und sich zu entfalten. Unkraut im Garten zu bekämpfen heißt also, den Boden möglichst immer bedeckt zu halten. Die grüne Pflanzendecke im Sommer, das Laub und das Abdeckmaterial im Winter machen es ihnen schwer. Durch die ganzjährige Abdeckung sind außerdem die Luft-, Feuchtigkeits- und Wärmebedingungen im Erdreich ziemlich ausgeglichen.

Wilde Malven wachsen an Wegrändern und auf Schuttplätzen.

Wunschtraum schneckenfreier Garten

Alptraum Nacktschnecke, hier ist Geduld gefragt.

Selbst ausgesprochen friedliche Zeitgenossen verlieren bei diesem Anblick die Fassung: Wo gestern noch liebevoll angezogene Salatpflanzen wuchsen, herrscht am Morgen gähnende Leere. Doch die Diebe haben eine deutliche Fährte hinterlassen: Schleimige Spuren führen vom Gemüsebeet in den feuchten dichten Bereich der Hecken- und Staudenpflanzung. Was tun? Es gibt viele Strategien, die gegen Schnecken helfen sollen, aber leider kein Patentrezept. Eine Mischung aus vielen Maßnahmen ist die beste Bekämpfung.

Spanische Eroberer

Viele der rund 50 bei uns heimischen Schneckenarten vergreifen sich gar nicht an jungen Salatpflänzchen und Stauden, sondern ernähren sich vorwiegend von abgestorbenen Pflanzenteilen. Vor über 20 Jahren jedoch kam eine andere Schneckenart zu uns. Damals, so vermuten die Experten, wurden Eier der Spanischen Wegschnecke in Gemüsekisten von der Iberischen Halbinsel nach Deutschland eingeschleppt. Seitdem tritt die gefräßige Wegschnecke ihren persönlichen Siegeszug an. Sie verdrängt nach und nach sogar die einheimischen Schnecken aus den Gärten. Mit 200 bis 400 Eiern pro Saison ist der Einwanderer nicht nur besonders vermehrungsfreudig – sondern auch ein richtiger Gourmet! Nur junge, frische Blätter und Triebe gelangen in den Magen der kleinen braunen Tierchen, diese aber dafür in rauen Mengen.

Bekämpfung

Bierfalle, Schneckenzaun, Schneckenkorn oder Absammeln? Alle diese Maßnahmen haben ihren Sinn, wenn sie richtig eingesetzt werden. Wichtig ist der zeitige Beginn der Bekämpfungsmaßnahmen! Bereits im März, wenn der Schnee getaut ist und die ersten warmen Tage kommen, muss man auf der Hut sein. Jetzt ist die richtige Zeit, um Schneckengelege zu zerstören. Schnecken legen ihre Eier mit Vorliebe unter Brettern, großen Steinen, in Komposthaufen und unter Laubhaufen ab. Ein Kontrollgang im zeitigen Frühjahr kann die Schneckenplage eindämmen. Dazu sollte man alle möglichen Verstecke absuchen und die gefundenen Schneckeneier zerdrücken. Meist umfasst ein Gelege 200 bis 300 kleine, etwa einen halben Zentimeter große, weiße Eier.

Von Zäunen und Fallen

Gemüsebeete lassen sich sehr einfach und sicher vor Schnecken schützen, indem man einen Schneckenzaun um die Beete zieht. Die richtige Zeit zum Anbringen eines Schneckenzaunes ist im zeitigen Frühjahr. Vom Hochsicherheitstrakt mit Strom und gefährlichen Metallzacken bis hin zu einfachen Plastikstreifen gibt es viele verschiedene Varianten – funktionieren tun sie fast alle. Schneckenzäune mit einer umgebogenen Kante können von Schnecken nicht überwunden werden, sie fallen auf den Boden zurück. Die Bleche des Schneckenzaunes müssen aber sauber gehalten werden, damit Gräser oder Zweige nicht als Kletterhilfen dienen. Das Absam-

meln entlang des Zauns ist jedoch bei allen Varianten unerlässlich, sonst wandern die kleinen Vielfraße einfach in die nächste schmackhafte Gartenecke. Zudem darf sich im Inneren des abgezäunten Gebiets keine Schnecke verstecken.
Hier kommt die Bierfalle zum Einsatz: ein Einmachglas, halb mit Bier gefüllt und in den Boden eingegraben, lockt die Schnecken in dem eingegrenzten Gebiet hervor und in die Falle. Auch ausgelegte Bretter werden gerne als Schlafplatz von den Schnecken angenommen: Einfach während des Tages kontrollieren und die Schnecken absammeln.

Schneckenkorn: Pro und Kontra

Zugelassene Schneckenkornsorten können drei unterschiedliche Wirkstoffe enthalten: Präparate mit Methiocarb, einem Nervengift, wirken sehr schnell – allerdings auch gegen Vögel, Igel und andere Gartentiere. Es ist deshalb nicht zu empfehlen, auf diese Mittel zurückzugreifen. Der gängigste Wirkstoff ist Metaldehyd, das laut verschiedener Tests unschädlich für andere Tiere sein soll. Metaldehyd ist auch für ökologisch wirtschaftende Gärtnereien zugelassen; doch Vorsicht: Bei Hunden kann das Mittel ernsthafte Gesundheitsschäden hervorrufen. Ebenfalls recht harmlos ist Eisen-III-Phosphat. Es schädigt den Darm von Schnecken, die dann nach wenigen Tagen aufhören zu fressen und sterben. Der Nachteil bei diesen Mitteln: Man muss regelmäßig nachstreuen.
Auch Schneckenkorn will gekonnt angewendet werden, sonst ist die Wirkung nicht gegeben. Man sollte es flächig streuen und nicht häufchenweise ausbringen. Bei der ersten Anwendung ist es am leichtesten, die richtige Menge abzuwiegen oder abzuzählen und sich eine Dosierungshilfe zu basteln. Ein durchsichtiger Joghurtbecher – mit einer Markierung versehen – eignet sich hierfür hervorragend.

Schneckenzäune halten die Plagegeister aus den Beeten fern.

Guten Appetit

Schnecken sind Feinschmecker! Einige Pflanzen mögen sie gar nicht und machen um diese herum einen großen Bogen. Zu jenen Stauden, die den Schnecken nicht schmecken, zählen z. B. die aparte Fetthenne *(Sedum)*, der hübsche Frauenmantel *(Alchemilla)*, die ästige Graslilie *(Anthericum)* und die edle Christrose *(Helleborus)*. Warum genau sie von Schnecken verschont bleiben, ist noch nicht erforscht. Sie werden einfach von ihnen gemieden. Mittlerweile gibt es einschlägige Listen von Anti-Schnecken-Pflanzen. Die verschiedenen Ziergräser stehen dabei ganz oben auf der Liste, wie z. B. der Blauschwingel. Auch Herbstanemonen, Lavendel, Blauer Storchschnabel und die rote und gelbe Schafgarbe munden den Tieren nicht. Von Saatgutherstellern und Staudenzüchtern werden bereits spezielle Anti-Schnecken- Pakete angeboten.

Sich mit den Feinden verbünden

Wer kein Schneckenkorn streuen, sich nicht den Gemüsegarten eingittern oder Bierfallen aufstellen will, kann noch eine andere Maßnahme ergreifen. Denn auch das Prinzip fressen und gefressen werden funktioniert bei den gefräßigen Tieren. Wichtig ist nur, ihre natürlichen Fressfeinde zu fördern. Leider finden die natürlichen Feinde der Nacktschnecken wie Igel, Spitzmaus, Erdkröte, Lauf- und Leuchtkäfer heute in den Gärten nur noch selten geeignete Rückzugsmöglichkeiten für den Winterschlaf und die anschließende Vermehrung. Fördert man jedoch diese Nützlinge, wird die Schneckenplage von ganz allein reduziert. Leider scheint die Spanische Wegschnecke den nützlichen Tierchen wie Igel & Co. nicht so gut zu munden wie die relativ harmlosen und einheimischen Schnecken. Nur bei Indischen Laufenten stehen sie regelmäßig auf dem Speiseplan.

Prächtige Staudenbeete

Stauden teilt man nach der Blüte.

Viele Stauden danken uns schon ein Minimum an Aufmerksamkeit mit üppiger Blütenpracht – und das den ganzen Sommer! Wichtig ist jedoch, die Pflanzen optimal zu versorgen und bei der Planung den Blütenzeitraum möglichst lange auszudehnen. Das heißt, möglichst viele verschiedene Stauden so zu kombinieren, dass immer etwas blüht.

Anhaltender Blütenreigen

Damit das Staudenbeet nicht nur zu Beginn der Saison alle Blicke auf sich zieht, sollte es durch später im Jahr blühende Stauden ergänzt werden. Besonders beliebt ist dafür beispielsweise das Mädchenauge (Coreopsis), eine Gattung, die einhundert verschiedene Arten umfasst.

Coreopsis verticillata bildet im Laufe der Zeit dichte Blütenteppiche im Staudenbeet. Diese robuste Dauerblüherin kommt mit ziemlich jedem Standort zurecht, je sonniger desto lieber ist es ihr aber. Auch Trockenheit steckt das Mädchenauge locker weg, was es besonders attraktiv für Problemzonen wie Südhänge macht. Neuzüchtungen des kleinblütigen Mädchenauges eignen sich auch für die Bepflanzung von Trögen oder Balkonkästen. Als besonders blühfreudig und absolut winterhart erweist sich eine neuere Züchtung aus Großbritannien: 'Creme Brulee', mit ihren zahlreichen goldgelben Blüten, die von Juni bis Oktober den Balkonkasten zieren. Viele weitere Stauden lassen sich mit diesen Pflanzen vergesellschaften. Unter anderen die Sonnenbraut, Rittersporn, Frauenmantel, Goldrute, Astern, Sedum und auch verschiedene Gräser.

Staudenbeete pflegen

Wenn Rittersporn & Co. nicht mehr ganz so vital sind und in der Blühfreudigkeit nachlassen, sollte man eine Verjüngungskur vornehmen. Der günstigste Zeitpunkt dafür ist unmittelbar nach der Blüte. Dazu den Wurzelballen mit dem Spaten herausnehmen und mit zwei Grabgabeln teilen, das heißt die Gabeln Rücken an Rücken in den Ballen stechen und beide Teile vorsichtig auseinanderdrücken. Den Boden an der ursprünglichen Pflanzstelle bessert man mit Kompost auf. Die verjüngten Wurzelstöcke dürfen nicht tiefer gesetzt werden, da Rittersporn ein Flachwurzler ist. Wird er etwas höher gesetzt, erleichtert ihm dies das Anwachsen.

„Deadheading" – Stauden schneiden

Viele Stauden bieten nach dem Abblühen keinen schönen Anblick mehr. Samenstände ragen über die Blätter hinaus und erste Vergilbungen treten auf. Nun ist es an der Zeit, die Pflanzen kräftig zurückzuschneiden. Der Rückschnitt fördert den Wiederaustrieb und bei manchen Pflanzen einen zweiten Blütenflor. Zudem verhindert der zeitige Schnitt, dass die Pflanzen sich selbst aussäen.

Fest für den (Duft-)Sinn

Die Mexikanische Orangenblume duftet nach Apfelsinen.

Bei duftenden Pflanzen denkt wohl jeder zuerst an Kräuter, die unsere Speisen mit ihren typischen Aromen verfeinern. Es gibt unter ihnen manche, die so verführerisch duften, dass man direkt hineinbeißen möchte. Kennen Sie beispielsweise die Bananen-Minze *(Mentha arvensis* 'Banana'*)*? Ihre zarten Blätter verströmen intensiven Bananenduft. Im Juli und August blüht sie rosa. Die schwachwüchsige, bis 50 cm hohe Sorte mag feuchte Standorte und erträgt leichten Frost.
Ebenso überraschen uns die Blätter der Basilikum-Sorten 'Anis-Basilikum' mit feinem Anisduft und 'Zimt-Basilikum' mit würziger Zimtnote. Beide werden etwa 30 bis 70 cm hoch und bevorzugen einen sonnigen Standort mit nährstoffreichem, lockerem Boden. Das Laub des Pfirsich-Salbeis *(Salvia greggii* 'Peach'*)* duftet fruchtig, und seine Blüten erscheinen in einem zarten Pfirsichton.
Auch der Thymian, das „Duftholz", ist unentbehrlich im Duftgarten: er duftet bei Berührung sogar im Winter. Empfehlenswert ist die aromatische Sorte *Thymus* 'Compactus', weil der immergrüne Busch auch während des Winters kleinere Ernten erlaubt.
Die Römische Kamille *(Chamaemelum nobile* 'Treneague'*)* wird passenderweise auch Laufkamille genannt. Sie hat nichts von der Wirkung der Kamille verloren, bei ihr duften nur zusätzlich auch die Blätter! Sie bildet eine dichte wintergrüne, trittfeste, rasenähnliche Fläche und auch bei winterlichen Temperaturen ist, wenn Sonnenstrahlen diese Pflanzen treffen, das „Darüberlaufen" – oder Streicheln – ein duftiges Erlebnis.

Feierabend-Dufter

Viele Duftpflanzen haben ihren eigenen Tagesrhythmus: Die Schokoladenblume *(Berlandiera lyriata)* verströmt ihren Duft nur so lange, wie die roten Staubblüten zu sehen sind. Sie verblüht am Nachmittag, und erst, wenn sich am nächsten Tag neue Blüten öffnen, kann der süße Duft wieder geschnuppert werden. Das nach Honig duftende Geißblatt (Lonicera) entfaltet erst abends sein Parfüm. Die ideale Pflanze für einen entspannten Feierabend auf der Terrasse.

Die besten Wohlgerüche

Süßes Vanilleparfüm entfalten die lilablauen Blüten der Vanilleblume *(Heliotropium arborescens)*.

Eine zarte Versuchung ist die Schokoladenblume *(Berlandiera lyriata)*. Sie liebt einen sonnigen Platz. Ihre Blüten verströmen von Mai bis November einen leckeren Schokoduft.

Platz nehmen und genießen: Das immergrüne Laub der Mexikanischen Orangenblume *(Choisya ternata)* duftet nach Apfelsinen.

Die Blätter der Apfel-Pelargonie *(Pelargonium odoratissimum)* setzen bereits bei einem leichten Windhauch einen feinen Apfelduft frei. Die Pflanze eignet sich sehr gut für Hängeampeln.

Tropisch fruchtig duftet das Laub des Ananas-Salbeis *(Salvia elegans* 'Scarlet Pineapple'*)*. Im Herbst erscheinen die leuchtend roten Blüten.

Die Tagetes-Sorte 'Orange Gem' *(Tagetes tenuifolia)* mit ihren unzähligen Blüten heißt nicht umsonst Mandarinen-Tagetes.

Unverwechselbarer Doublemint-Geruch entströmt den hellgrünen, leicht runzeligen Blättern der Kaugummi-Minze *(Mentha spicata)*.

Die ins Schokobraune spielende Blattzeichnung war namengebend für die rosa blühende, nach feiner Minze duftende Pelargonie 'Chocolate Peppermint'.

Beim Zerreiben riechen die gelben Kugelblüten der Gummibärchenblume *(Cephalophora aromatica)* nach Fruchtgummi.

Nach Zimt riechen die Blätter der Basilikum-Sorte 'Zimt-Basilikum' *(Ocimum basilicum)*.

Mandel-Honig-Duft verströmt das Mädesüß *(Filipendula ulmaria)*. Es bevorzugt sonnige, feuchte Standorte.

Diese dunkelrote Schönheit duftet verführerisch nach Zartbitterschokolade. Sie heißt Schokoladen-Kosmee *(Cosmos atrosanguineus)* und wird bis 60 cm hoch.

Rote Rüben – vielseitig und gesund

Rote Rüben schmecken gekocht und in Butter gedünstet.

Rote Rübe
(Beta vulgaris)

Steckbrief

Familie:	Gänsefußgewächse (Chenopodiaceae)
Herkunft:	Südeuropa, Nordafrika
Wuchs:	zweijährig, Blütenstand über 1 m hoch, Blätter als Rosette
Standort:	locker, nährstoffreicher Gartenboden
Pflege:	Aussaat ab April, empfindlich gegen Spätfröste

Die Rote Rübe *(Beta vulgaris)* stammt aus den Küstenlandschaften des östlichen Mittelmeers und den Steppen Asiens. Sie verträgt unser Klima gut und eignet sich zum Anbau im Garten. Die Haupterntezeit ist September bis Oktober. Wenn man sie gut mit Stroh oder Laub abdeckt, hält sie auch problemlos leichte Fröste aus.
Das beste Werkzeug zur Ernte ist die Grabgabel. Je länger die Rote Rübe draußen stehen bleibt, umso ausgereifter ist sie und umso besser lässt sie sich lagern. Die Ernte sollte jedoch vor dem Zufrieren des Bodens beendet sein. Im Mai kann man auch die jungen, kleinen Knollen ernten. Beim Ausgraben dürfen sie jedoch nicht verletzt werden, weil sie beim Lagern sonst faulen.

Empfehlenswerte Sorten

Der Eigenanbau der Roten Rübe hat den Vorteil, dass man verschiedene Sorten ausprobieren kann:
'Chioggia' ist eine alte Sorte, außen rosa und innen rot-weiß gestreift.
'Boltardy' ist eine rote Züchtung aus England, die etwas heller als unsere Sorten ausfällt.
Die 'Rote Kugel' ist die in Deutschland wohl populärste Sorte mit dem typischen Rote-Rüben-Aroma, außen und innen intensiv rot. 'Albina Vereduna' ist eine alte Sorte, die bei uns neu auf dem Markt ist.

Gesund und schmackhaft

Rote Rüben lassen sich zu Saft verarbeiten, pur oder in Kombination mit Äpfeln, Zitronen und Ingwer; man kann sie auch raspeln und als Rohkost servieren, den typischen Geschmack erhalten sie aber durchs Kochen. Rote Rüben enthalten die Vitamine C und B6, Folsäure, Niacin sowie Kalium, Magnesium, Eisen und Phosphor. Sie haben – wie auch der Spinat – die Eigenschaft, Nitrat aus dem Boden zu speichern. Diese etwas ungünstige Begleiterscheinung kann man durch Kochen abmildern oder dadurch, dass man sie in Kombination mit Vitamin-C-haltigen Lebensmitteln verwendet, wie etwa Rote-Rüben-Saft mit Apfel- und Zitronensaft.

Fenchel – aromatisch und schmackhaft

Fenchel
(Foeniculum vulgare)

Steckbrief

Familie:	Doldenblütler (Apiaceae)
Herkunft:	Mittelmeerraum
Wuchs:	aufrecht, eine Speicherzwiebel mit Speicherblättern, Blüte bis 1,50 m hoch
Blütezeit:	Im Juli und August, im zweiten Jahr nach der Aussaat
Standort:	sonnig und warm, durchlässiger und humoser Boden mit ausreichend Nährstoffen
Pflege:	feucht halten nach dem Pflanzen, Austrocknen verhindern
Vermehrung:	durch Aussaat, schosserfeste Sorten bevorzugen

Fenchel wurde bereits von den alten Griechen, Römern, Ägyptern, Chinesen und Indern geschätzt. Man verwendete ihn nicht nur wegen seines anisartigen Geschmacks, sondern auch wegen seiner Heilkräfte. Plinius sagte über den Fenchel: „Die Schlange bekommt im Winter eine neue Haut und streift die alte mithilfe des Fenchels ab. Den Menschen dient der Fenchel als Gewürz, auch wird er zur Stärkung schwacher Augen gebraucht (...)"

Was Fenchel zum Gedeihen braucht

Fenchel ist eine zweijährige Pflanze, die im ersten Jahr eine Knolle (botanisch korrekt eine Speicherzwiebel mit Speicherblättern) ausbildet und im folgenden Jahr einen Blütenstand austreibt. Für ein zügiges Wachstum braucht er einen durchlässigen Boden und möglichst gleichbleibende Wärme. Vor dem Pflanzen sollte der Boden mit Kompost und Hornspänen aufgedüngt werden, damit der Fenchel genügend Nährstoffe hat. Nach dem Pflanzen ist es wichtig, ihn gleichmäßig feucht zu halten, denn bei schwankender Feuchte ist die Gefahr des Schossens sehr hoch. Die neuen Fenchelsorten sind zunehmend schosserfest und somit leich-

ter zu kultivieren. Erntet man nicht alle Pflanzen im ersten Jahr, blüht er und bildet reichlich Samen. Diese können zum Kochen verwendet werden oder für die Anzucht neuer Pflanzen.

Reiche und gesunde Inhaltsstoffe

Fenchelsamen sind reich an ätherischen Ölen, deren Hauptbestandteil Anethol ist. Hinzu kommen Zucker, Stärke, Eiweiß, Mineralstoffe, Fette und Öle. Fencheltee mit Honig ist ein altbewährtes mildes Hustenmittel, ungesüßt wird er gegen „Bauchweh" bei Säuglingen und Kleinkindern verwendet. Umschläge mit Fenchelwasser lindern bei Entzündungen am äußeren Auge. Fenchel wirkt krampflösend, weshalb er oft bei Babys und Kleinkindern gegen Blähungen eingesetzt wird. Damit seine wertvollen Inhaltsstoffe erhalten bleiben, sollte man ihn schonend verarbeiten: am besten roh essen, ansonsten dünsten oder leicht braten. Fenchel wirkt aufgrund der ätherischen Öle schleimlösend, entkrampfend und harntreibend.

Bringt Glück und hilft gegen böse Geister

Wer am 24. Juni, dem Tag des heiligen Johannes, Fenchelsträuße an Tür und Fenster aufhängt, der kann böse Geister vertreiben. Neuvermählten streut man auch heute noch Fenchelsamen auf den Weg; diese sollen für ihr Glück sorgen. Im Mittelalter wurde Wein mit Fenchelsamen angeboten, er sollte Liebe bringen.

Fenchel mit Bratkartoffeln

Zutaten:

- *Fenchelknollen*
- *frisch gekochte neue Kartoffeln in der Schale*
- *geschnittene und gewürfelte Schalotten*
- *etwas Butter*
- *Rapsöl*
- *Fenchelsamen, Cayennepfeffer, Kümmel, Salz, Pfeffer*
- *frischer Schnittlauch*

Zubereitung:

Die Kartoffeln in der Schale kochen und gut abkühlen lassen, am besten über Nacht. Dann halbieren und in etwas Rapsöl anbraten, bis sie kross sind. Die klein gewürfelten Schalotten darüber geben, kurz anbraten. In der Zwischenzeit die geputzten Fenchelknollen in feine Streifen hobeln, dazugeben und mitschwitzen lassen. Fenchelsamen, Cayennepfeffer, frisch gemahlenen Kümmel, Salz und Pfeffer dazugeben. Einige Butterstücke darauf verteilen und alles schmoren, bis der Fenchel weich ist. Zum Schluss mit fein geschnittenem Schnittlauch bestreuen.

Dream-Team: Kletterrosen und Clematis

Rosen und Clematis harmonieren in punkto Standort, Düngung und Schädlingen

Kletterrosen und Clematis harmonieren miteinander wie kaum ein anderes Pflanzenpaar. Das Kommen und Gehen der Blüten währt den ganzen Sommer über und dauert bis weit in den Herbst hinein. Als Kletterpflanzen eignen sie sich auch gut für kleine Gärten und Innenhöfe. Die Standortansprüche von Rosen und großblumigen Clematis-Hybriden sind ähnlich: Sonne bis Halbschatten und gute Nährstoff- und Wasserversorgung des Bodens. Die Clematis-Wildarten (z. B. *Clematis viticella* und *Clematis alpina*) kommen auch mit geringeren Bodenansprüchen zurecht.

Die besten Kombinationen

Die Frage der richtigen Partnerwahl bei Kletterrosen und Clematis haben Experten der Bayerischen Landesanstalt für Weinbau und Gartenbau in Veitshöchheim bearbeitet. Aus ihren Beobachtungen entstanden folgende Empfehlungen für verschiedene Farbzusammenstellungen.

Rosafarbene Kletterrosen wie 'Eden Rose 85', 'Rosarium Uetersen', 'Kir Royal', 'Lawinia', 'New Dawn' oder 'Compassion' harmonieren gut mit blau-violetten und hellviolette Clematissorten. Dunkleres Violett tragen die Clematis-viticella-Sorten 'Romantika', 'Blue Belle' oder 'Viola'. Mit zartem Hellviolett begeistern Sorten wie 'Emilia Plater' oder 'Blue Angel'.

Rot blühende Rosen wie 'Sympathie', 'Flammentanz' oder 'Rotfassade' sind in der Farbwirkung so dominant, dass sie mit dezenten Begleitern am besten zur Geltung kommen. Weiß blühende Clematis wie 'Huldine' oder 'Alba Luxurians' setzen die roten Schönheiten glanzvoll in Szene.

Gelben Kletterrosen wie 'Morgensonne 88' oder 'Goldstern' können

Clematis und Kletterrosen

Zarte Kombination
Die großblumige Kletterrose 'Lawinia' bezaubert mit Duft und passt zu der hellvioletten Clematis-viticella-Sorte 'Emilia Plater.'

In Weiß-Blau
Die hellblauen Blüten von 'Prince Charles' passen besonders gut zu den cremeweißen Rosenblüten von 'Ilse Krohn Superior'.

Starker Kontrast
'Rosarium Uetersen' darf in keinem Rosengarten fehlen. Edel wirkt die Kletterrose in Kombination mit der Clematis 'Blue Belle'.

Wie Samt und Seide
Die Ramblerrose 'Kiftsgate' gibt den dunkelroten Blüten der Clematis 'Royal Velours' einen hellen, dezenten Hintergrund.

Sympathisch
Die Leuchtkraft roter Rosen, zum Beispiel 'Sympathie', wird durch weiß blühende Waldreben wie 'Huldine' unterstrichen.

Gelb mit Romantik
Gelb blühende Kletterrosen wie 'Morgensonne 88' vertragen sich mit der gefüllt blühenden Clematis 'Purpurea Plena Elegans'.

Sie dunkelviolette oder purpurfarbene Clematis zur Seite stellen; hier passen 'Etoile Violette', 'Kaaru' oder die gefüllte 'Purpurea Plena Elegans'. Bei weiß blühenden Kletterrosen ist die Frage nach den passenden Clematissorten kurz und knapp zu beantworten: Alle! Egal, welche Clematissorte Sie wählen, sei es die hellblaue 'Prince Charles', die rosafarbene 'Entel' oder die dunkelviolette 'Durandii' – mit Weiß harmonieren einfach alle Farbtöne.

Gemeinsam sind sie stark

Rosen und Clematis haben die gleichen Standortansprüche, das macht ihr Zusammenleben problemlos. Sie bevorzugen beide einen sonnigen bis leicht halbschattigen Standort mit durchlässigem bis nährstoffreichem Boden. Schützen Sie den Boden mit einer Mulchschicht, zum Beispiel aus Laub, vor Austrocknung. Am Fuß der Waldreben sollten Sie zusätzlich ein paar Stauden als Schattenspender setzen.
Damit die Pflanzen optimal mit Nahrung versorgt werden, düngen Sie sie im Frühjahr und im Juni mit Langzeitdünger. Der richtige Schnitt ist ein weiterer wichtiger Aspekt beim Zusammenleben von Kletterrosen und Waldreben. Bei öfter blühenden Kletterrosen werden im Frühjahr ein paar alte Triebe und einige Seitentriebe eingekürzt. Ein Rückschnitt der verblühten Triebe auf drei bis fünf Augen nach der ersten Blüte regt einen zweiten Blütenflor im Spätsommer an. Waldreben werden anders behandelt: Im Herbst, nach der Blütezeit, werden sommer- und spätsommerblühende Clematissorten stark eingekürzt. Schneiden Sie die Pflanzen 30 bis 50 cm über dem Erdboden ab. Im nächsten Frühjahr treiben die Kletterstars dann wieder neu aus.

Pflanz-Tipps von Clematis-Experten

Friedrich Manfred Westphal von der Clematis-Gärtnerei Westphal weiß, was beim Pflanzen von Clematis und Kletterrosen zu beachten ist: „Lassen Sie eine Kletterrose zunächst ein bis zwei Jahre ohne die Begleitung einer Waldrebe wachsen. Ist die Rose gut eingewurzelt, können Sie im August oder September die Clematis dazugesellen. Wichtig ist, dass die Clematis ca. eine Handbreit tiefer in den Boden gesetzt wird, als sie vorher im Topf stand. Halten Sie einen Pflanzabstand von 30 bis 50 cm zur Rose ein. Eine Handvoll Kompost und reichliches Wässern erleichtern der Waldrebe das Anwachsen. Jetzt müssen Sie sich allerdings noch zwei bis drei Jahre gedulden, bis das Kletterpflanzenpaar seine ganze Blütenpracht entfaltet. Wenn Sie einer Kletterrose, die bereits etliche Jahre im Garten wächst, eine Waldrebe zur Seite stellen möchten, sollten Sie den Wurzelraum der Clematis vor den Rosenwurzeln schützen. Ein aufgeschnittener Plastiktopf kann zum Beispiel als Wurzelsperre dienen."

Einjährige Kletterwunder

Die großen zarten Blüten der Prachtwinde bringen Farbe auf den Balkon

Einjährige Kletterpflanzen vollbringen in ihrer kurzen Vegetationszeit eine erstaunliche Wuchsleistung. Doch damit nicht genug, die meisten besitzen zusätzlich wunderschöne Blüten oder bizarre Früchte. Mit einjährigen Kletterpflanzen lassen sich Zäune, Terrassen, Balkone oder Pergolen jedes Jahr anders gestalten und schnell begrünen.

Viele Arten gedeihen auch sehr gut in Kübeln. Die Pflanzen brauchen aber eine Kletterhilfe, das kann ein Gerüst aus Holz oder Bambus sein, aber auch ein Zaun oder einfach ein paar gespannte Schnüre oder einfach Drähte.

Viele einjährige Kletterpflanzen kommen aus den Tropen. Sie müssen vorkultiviert werden, sind wärmebedürftig, brauchen viel Licht und wachsen sehr schnell. Selber vorziehen ist nur dann sinnvoll, wenn man ein kleines Gewächshaus oder einen beheizbaren Frühbeetkasten hat.

Die Anzuchtgefäße und später die Pflanzgefäße sollten stets großzügig gewählt werden, da angesichts des üppigen Wachstums viel Wurzelmasse vonnöten ist. Ins Freie pflanzen kann man sie ab Mitte Mai, nach den Eisheiligen.

Ranker und Winder

Die Prachtwinde *(Ipomea tricolor)* wird aufgrund ihrer auffälligen Blüten auch Prunkwinde genannt. Die Blüten schließen sich bei Regen oder bei zu viel Mittagssonne. Blütezeit ist von Juli bis September. Die Prachtwinde liebt einen sonnigen und windgeschützten Standort und regelmäßige Düngergaben. Neue Sorten, die sich durch eine interessante Farbgebung auszeichnen, sind zum Beispiel 'Milky Way' mit weißen, lila gestreiften Blüten oder die rosafarben blühende 'Split Personality'.

Eine Verwandte der Prachtwinde ist die Gelappte Sternwinde *(Ipomoea lobata)*, die eine Höhe von 6 bis 8 m erreichen kann.
Die Kanarienkresse *(Tropaeolum peregrinum)* ist eine nahe Verwandte der Kapuzinerkresse *(T. majus)*, hat aber zierlichere Blätter und Blüten, die nach oben gefranst sind. Sie ist eine der wenigen einjährigen Kletterpflanzen, die sich auch im Halbschatten wohlfühlen. Kanarienkresse kann ebenso gut hängen wie klettern und eignet sich hervorragend zum Beranken von Gartenlauben und Balkongeländern.
Die Schönranke *(Eccremocarpus scaber)* ist ein filigranes Gewächs und zeichnet sich durch farbenprächtigen, lang währenden Blütenflor und dekorative Blätter aus. Sie liebt einen besonders warmen sonnigen Standort.
Die Schwarzäugige Susanne *(Thunbergia alata)* zählt zu den Klassikern unter den einjährigen Kletterpflanzen. Ihr „Markenzeichen" ist das schwarze Auge in den leuchtend orangefarbenen Blüten. Sie ist ein attraktiver Blickfang für Garten, Balkon und Terrasse, mag es dabei gern windgeschützt und meidet zu nasse Böden.
Von allen einjährigen Kletterpflanzen ist die Duftwicke *(Lathyrus odoratus)* am buntesten: Es gibt sie in Blau, Violett, Weiß, Rosa und Rot. Die Duftwicke behält ihren Blütenflor bis in den Herbst hinein, sofern alles Verblühte laufend abgeschnitten wird. Die Zwerg- und Buschformen werden je nach Sorte 20 bis 40 cm hoch; die Sorte Royal sogar bis zu 1,50 m.

Wunderbare Duftpelargonien

Pelargonien *(Pelargonium)*, kommen fast ausschließlich aus Südafrika. Wegen des Nektargehalts ihrer Blüten sind sie bei Bienen und Hummeln sehr beliebt. Für Gärtner, die auch gern an ihren Pflanzen schnuppern, sind die etwa 300 Duftpelargonien-Arten eine schier unerschöpfliche Duftquelle.
In ihrer südafrikanischen Heimat ist der Duft für die Pelargonien aber eine reine Überlebensstrategie: Die in den Blättern enthaltenen ätherischen Öle tragen durch Verdunstungskälte zur Kühlung der Pflanzen bei und schrecken mögliche Fressfeinde durch ihren scharfen Geschmack ab. Pelargonien können nach allen möglichen Obstsorten, Gewürzen, nach Kräutern und auch nach Seife riechen. Die Sorte 'Lady Plymouth' duftet beispielsweise nach Menthol und ist eine der vielen, in England gezüchteten Pelargonien. In der ersten Hälfte des 19. Jahrhunderts erlebten Duftpelargonien dort wegen des Aufkommens der Wintergärten ihren ersten großen Boom. Im Sommer mögen es die Pflanzen hell und sonnig, im Winter kühl und hell. Im Sommer sollten sie regelmäßig gedüngt und von braunen Blättern befreit werden. Nicht zu viel gießen – als Pflanze aus trockenen Gefilden kommt die Duftpelargonie eher mit Trockenheit als mit zu viel Nässe zurecht. Sandiger und kalkhaltiger Boden ist optimal.

Aromen über Aromen

Duftpelargonien eignen sich am besten als Balkon-, Terrassen-, Ampel- oder Zimmerpflanzen und brauchen ein frostfreies Winterquartier. Neben Minze-, Frucht- und Zitrusaromen bieten sie absolut erstaunliche Geruchserlebnisse. So machen Zimt-Pelargonie (*P.* 'Cinnamon'), Marzipan-Pelargonie (*P.* gibbosum) und Cola-Pelargonie (*P.* 'Torento') ihren Namen tatsächlich alle Ehre!

Der Garten im Hochsommer

Was jetzt zu tun ist

Was jetzt zu tun ist

Allgemeine Gartenarbeiten

- Gründünger auf brachliegende Beete säen
- Garten auf den Urlaub vorbereiten, Wasserversorgung der Pflanzen gewährleisten
- Wühlmäuse bekämpfen

Nutzgarten

- Gewürzkräuter ernten und konservieren
- Gemüseaussaat (Folgekulturen): Knollenfenchel, Pak Choi, Chinakohl, Radicchio, Winterrettich, Endivie, Zuckerhut, Salat, Winterlauch
- Neue Erdbeerbeete anlegen
- Erdbeerbeete nach der Ernte auslichten und mit Kompost und Hornspänen düngen
- Boden weiter lockern, jäten, hacken und mit Mulch bedecken

Ziergarten

- Stauden nach der Blüte teilen: Margeriten, Strandnelke, Gemswurz, Blaukissen
- Rasen etwas länger schneiden
- Stauden aussäen: u. a. Alant, Lerchensporn, Tränendes Herz, Glockenblumen, Lupinen
- Bartiris pflanzen
- Welke Blüten laufend ausputzen

Der Hochsommer zieht ein

Im Juli werden die blühenden Gehölze etwas spärlicher. Die wichtigste Signalpflanze für den Beginn der eigentlichen Sommerzeit – des Hochsommers – ist die Blüte der Winterlinde *(Tilia cordata)*. Zusammen mit der Winterlindenblüte reifen Kirschen und Johannisbeeren. Die biologische Jahreszeit des Hochsommers ist eine der wenigen Phasen im Jahreskalender, die einigermaßen identisch ist mit einem Kalendermonat, in unserem Falle mit dem Juli.

Die mittlere Tageslufttemperatur erreicht im Laufe des Hochsommers die höchsten Werte, die tägliche Wärmemenge aus der Sonneneinstrahlung nimmt jedoch ab, und die Niederschlagsmenge ist in dieser Jahreszeit am höchsten. Alles, was im Herbst im Garten geerntet werden soll, muss im Juli genügend Wärme bekommen, ganz gleich, ob es sich um die Wärme liebenden Gemüse und Salate handelt oder um Obstbäume, Haselnüsse oder Walnüsse.

Intelligent wässern

Bei der scheinbar simplen Tätigkeit des Gießens kann man einiges falsch machen.

Wasser ist eine rare Ressource. In der heißen Jahreszeit benötigen die geschätzten und gehüteten Gartenpflanzen in der Tat viel von dem Leben spendenden Nass. Doch bitte nicht einfach planlos drauflosgießen! Nirgends werden so viele Fehler gemacht, wie bei dieser scheinbar simplen Tätigkeit. Frei nach dem Motto: „Viel hilft viel“, wird oft munter der Wassersprenger eingeschaltet, teilweise um die Mittagsstunden. Dies schadet nicht nur den Trinkwasserreserven, sondern auch den Pflanzen! Hier gilt es also, intelligent zu wässern.

Wer braucht wie viel?

Einmal gut eingewachsene Pflanzen, Gehölze, mehrjährige Stauden, aber auch Rosen, Clematis und sonstige Kletterpflanzen halten eine lange Durststrecke aus. Bei beginnender Trockenheit entwickeln sie Abwehrkräfte und die Wurzeln werden zum Wachstum angeregt, sie schicken ihre Ausläufer in tiefere, noch feuchte Schichten. Gießt man sie zu häufig, werden sie faul, weil sich die Wurzeln dann auf den Feuchtigkeitsnachschub in den oberen Bodenschichten konzentrieren. Bleibt dann das Wasser aus, erleiden sie rasch Trockenschäden. Pflanzen, die im letzten Herbst oder erst vor Kurzem, im Frühjahr gepflanzt worden sind, müssen bei fehlendem Regen auf jeden Fall gegossen werden. Aber hier gilt: Nicht tröpfeln, sondern lieber einmal pro Woche kräftig und durchdringend wässern. Gleiches gilt für bereits ausgepflanzte Sämlinge oder Jungpflanzen im Blumen- und Gemüsebeet. Rasen hält ebenfalls weit mehr aus, als gemeinhin angenommen wird. Man kann ihn ruhig etwas leiden lassen. Auch wenn sich die Gräser an der Oberfläche etwas gelb und braun verfärben: Die Wurzeln sind zäh und treiben beim nächsten Regen wieder aus.

Gartentipp

Bei anhaltender Trockenheit ist es äußerst schädlich, den Rasen zu düngen, ohne regelmäßig zu wässern. Dies würde zu Verbrennungen führen.

Kleine Gießkunde

Wenn die Sonne brennt und die Temperaturen stark ansteigen, verbrauchen Pflanzen auch mehr Wasser. In dieser heißen Zeit tagsüber zu gießen, wäre jedoch falsch! Kommt kaltes Wasser auf die Blätter, erleidet die Pflanze einen Schock und nimmt dabei Schaden. Außerdem bleiben bei stark kalkhaltigem Leitungswasser Kalkflecken auf den Blättern zurück.

Weiterhin ist zu beachten, dass das Wasser, bis es den Boden erreicht und versickern kann, an heißen Tagen bereits zum Teil verdunstet und damit für die Pflanzen nicht mehr verfügbar ist. Grundsätzlich sollte auch nicht großflächig gewässert werden, sondern nur ganz gezielt der Wurzelbereich der einzelnen Pflanzen. Ein großzügiger Gießrand erleichtert die Arbeit.

Gießen mit der Kanne

Für die meisten ist das Gießen mit der Gießkanne die beste Möglichkeit, Kübelpflanzen und Balkonkästen zu wässern. Auch das Angießen von frisch gesetzten Gemüsepflanzen wird häufig mit der Kanne erledigt. Das Wässern mit der Gießkanne hat zudem den Vorteil, dass nur bestimmte Pflanzen Wasser bekommen und nicht der ganze Boden unnötig befeuchtet wird. Das flächige Gießen hat nämlich auch zur Folge, dass Unkräuter zwischen den Pflanzen teils schneller gedeihen als die Kulturpflanzen. Zudem kann dem Gießwasser in der Kanne gleich Flüssigdünger zugesetzt werden. Gießkannen gibt es aus Plastik und aus verzinktem Blech, beide erfüllen gleichermaßen ihren Zweck, die Kannen aus Kunststoff sind jedoch um einiges leichter.

Wasser gehört dort hin, wo es gebraucht wird: an den Wurzelbereich.

Wasser marsch mit dem Gartenschlauch

Mit dem Gartenschlauch entfällt das lästige Kannenschleppen und der Rücken muss nicht so viel leiden. Das Auf- und Abrollen des Schlauches wird mithilfe von Schlauchtrommeln vereinfacht und kostet nicht viel Zeit. Wer jedoch mit dem Gartenschlauch gießt, weiß häufig nicht, wie viel Wasser die Pflanze wirklich bekommt.
Häufiges, kurzes Sprühen mit dem Schlauch tut den Pflanzen ebenfalls nicht gut, da die Wurzeln dann eher nach oben wachsen. Wird das Wässern mal vergessen, leiden die Pflanzen und können absterben. Besser ist es, mit dem Schlauch einmal in der Woche kräftig zu wässern, und zwar 20 l auf den Quadratmeter. Dann ist der Boden auch in den tieferen Schichten nass und die Feuchtigkeit hält einige Tage an.

Gartentipp

Um ein Gefühl für den Wasserdurchfluss zu bekommen, kann man die Sekunden zählen, bis ein 10 l-Eimer mit Wasser voll ist. Dieser Wert gedoppelt ergibt die Bewässerungsdauer für einen Quadratmeter.

Sprinkler und andere Flächen-Beregner

Beregner sind für große Rasenflächen gedacht, die gleichmäßig bewässert werden sollen. Für Staudenpflanzungen und Gemüsekulturen ist diese Art der Beregnung jedoch nicht geeignet, da Pilzkrankheiten begünstigt werden. Das großflächige Sprengen von Rasen sollte nur in den frühen Morgenstunden oder spät am Abend erfolgen, da sonst zu viel kostbares Wasser verdunstet. Auch hier gilt: Lieber einmal richtig wässern, als jeden Tag nur ein paar Tropfen versprühen. Empfehlenswert ist es, den Rasen ein- bis zweimal in der Woche mit 15 bis 20 l pro Quadratmeter zu versorgen. Außerdem darf der Rasen bei Trockenheit nicht zu kurz gemäht werden, damit der Boden beschattet bleibt und weniger Wasser verdunstet.

Wenn wässern, dann richtig. Einfaches anfeuchten ist Wasserverschwendung.

Bewässerungs-systeme

Für Balkon und Terrasse gibt es preiswerte und gute Bewässerungssysteme. Das einfachste sind Tropfer, die täglich eine vorher eingestellte Wassermenge abgeben. Der Wasserdurchfluss wird nach dem Wasserbedarf der Pflanze eingestellt. Die Schläuche müssen regelmäßig kontrolliert werden, damit man beschädigte und verstopfte rechtzeitig austauschen kann. Im Herbst werden sie entleert und frostfrei überwintert.

Was tun im Urlaub?

Was tun, wenn kein Nachbar aushelfen kann und niemand zum Gießen da ist? Graben Sie Ihre Kübelpflanzen bis über den Rand in einem schattigen, feuchten Beet ein; eine Mulchschicht aus angefeuchtetem Rindenmulch oder Erdsubstrat aus dem Sack hält die Feuchtigkeit. Kleine Topfpflanzen stellen Sie in große Übertöpfe, die Sie mit feuchtem Sand oder Hydrokultur-Substrat, wie Blähton oder feinem Vulkanriesel, gefüllt haben.

Eleganter Storchschnabel

Eher zart und filigran wirken die Blüten der Storchschnabelgewächse.

Die Vertreter der Gattung *Geranium*, zu Deutsch Storchschnabelgewächse, sind Stauden, die wild in der Natur vorkommen und von denen es zahlreiche Gartenformen gibt. Ihr Hauptmerkmal sind grazile Blüten in ausdrucksstarken Farben von Weiß über Blau bis Rot sowie rosa getönt. Bei einigen Arten verfärben sich im Herbst die Blätter. Gemeinsam ist allen *Geranium*-Arten, dass sie vom Laub her vollflächig wirken und dass ihr olivgrünes bis blaugrünes Blattwerk mit vielen anderen Blumen, Formen und Farben gut harmoniert. Die meisten *Geranium*-Arten bevorzugen einen sonnigen Standort; einige gedeihen im Schatten besser. Allesamt sind sie jedoch robust und pflegeleicht.

Feucht und schattig

Unser einheimischer Storchschnabel *(Geranium robertianum)* wächst am liebsten in feuchten Wiesen mit humosen und frischen Böden. Auch die Züchtungen und Kultursorten gedeihen in humosen, leicht feuchten Böden sehr gut; sie kommen allerdings auch mit trockeneren Standorten zurecht. Wichtig ist im Pflanzjahr das regelmäßige Wässern, um ein gutes Anwachsen zu erreichen. Einige Storchschnabelarten gedeihen auch gut im Schatten unter Bäumen.

Pflanzpartner für alle Fälle

Mit welchen anderen Pflanzen Storchschnabelarten kombiniert werden können, hängt von der jeweiligen Sorte ab. Die Blütenfarben sind als blaustichig oder „kalt" einzuordnen. Sie sollten deshalb mit solchen Pflanzen kombiniert werden, deren Blütenfarbe ebenfalls in diese Kategorie einzuordnen ist. Sehr gut passen Edelrosen zu Storchschnabelgewächsen. Letztere harmonieren außerdem sehr gut mit Pfingstrosen, Frauenmantel und Phlox. Das zarte Gelbgrün des Frauenmantels ist Gelbgrün des Frauenmantels ist eine gute Ergänzung zum Geranium.

Sortenvielfalt

Geraniumsorten gibt es in Gartencentern und Staudengärtnereien in großer Auswahl. Hier einige Beispiele:

- Kaukasus-Storchschnabel *(Geranium renardii)*: zarte weiße Blüten, blüht von Mai bis August, und ist sehr robust.
- Cambridge-Storchschnabel *(G. cantabrigiense)*, Felsen-Storch schnabel *(G. macrorrhizum)*: Die Blätter verfärben sich im Herbst gelb, rot und orange.
- Sibirischer Storchschnabel *(G. wlassovianum)*, Brauner Storchschnabel *(G. phaeum* Samobor*)*: sind durch die Musterung ihres Blattwerks ganzjährig attraktiv.
- Rosa Storchschnabel *(G. endressii)*, Blauer Himalaja-Storchschnabel *(G. himalayense)* und Weißer Schnee-Storchschnabel *(G. sanuineum* 'Album'*)*: gut geeignet für eine Kombination in Storchschnabelrabatten.
- Pyrenäen-Storchschnabel *(G. pyrenaicum)*: Bodendecker, Wuchshöhe 10 bis 30 cm.
- Wald-Storchschnabel *(G. sylvaticum)*: Wuchshöhe bis 60 cm
- Prachtstorchschnabel *(G. magnificum)*: Die Sorte 'Rosemoor' hat pinkfarbene Blüten. Nach der Blüte im Juni zurückgeschnitten, blüht sie im Spätsommer noch einmal.
- *Geranium* 'Patricia', eine neue Züchtung mit roten Blüten wurde von der Internationalen Stauden-Union zur Staude des Jahres 2004 gewählt.

QUER BEET

Eine alte Heilpflanze

Auf den Wiesen blüht im Hochsommer das Ruprechtskraut *(Geranium robertianum)*, auch Stinkender Storchschnabel genannt. Hildegard von Bingen erwähnt, ebenso wie Paracelsus, das Ruprechtskraut als Heilpflanze. Vermengt mit Weinraute *(Ruta graveolens)* und Poleiminze *(Mentha pulegium)* soll es das Herz stärken und fröhlich machen. Auch in der Volksmedizin wurden diese Pflanzen bei Gelbsucht, Blutungen, bösartigen Geschwüren sowie bei Flechten und Hautausschlag eingesetzt. Ein Tee aus dem Ruprechtskraut soll gegen Kinderlosigkeit helfen. Der Storchschnabel findet bis heute in der Homöopathie Verwendung.

Storchschnabel

(Geranium, verschiedene Arten)

Steckbrief

Familie:	Storchschnabelgewächse (Geraniaceae)
Herkunft:	auf allen Kontinenten beheimatet
Wuchs:	aufrecht, leicht kriechend, bis 60 cm hoch, je nach Art
Blütezeit:	von Juni bis in den Herbst, Rückschnitt nach Blüte fördert erneutes Blühen
Standort:	feuchte, humose Böden, pH-Wert tolerant
Pflege:	regelmäßig gießen und wässern, besonders nach Neupflanzung
Vermehrung:	durch Aussaat oder Teilung, Selbstaussaat möglich

Stangen- und Buschbohnen

Stangenbohnen bringen monatelang einen reichen Ernteertrag.

Die Bohne *(Phaseolus vulgaris)* stammt aus der „Neuen Welt". Schon etwa 4000 Jahre v. Chr. sollen die Indianer sie in den Anden angebaut haben. Erst im 16. Jahrhundert kam sie durch die Spanier nach Europa und ist hier seitdem ein beliebtes und hochwertiges - da eiweißreiches - Nahrungsmittel. Als Leguminosen sind Bohnen in der Lage, über eine Symbiose mit sogenannten Knöllchenbakterien Luftstickstoff zu binden. Die sich windenden Stangenbohnen erreichen eine Höhe von 2 bis 3 m, Buschbohnen hingegen werden nur 50 bis 60 cm hoch.
Bohnen sind sehr frostempfindlich - Stangenbohnen mehr als Buschbohnen - und lieben daher warme, sonnige und windgeschützte Lagen.

Ein schwerer, sandig lehmiger, lockerer sowie humoser Boden bringt die besten Erträge.

Die besten Pflanzpartner

Die Bohne stellt keine allzu großen Ansprüche an die Vorfrucht. Nur nach ihren Artgenossen sowie nach anderen Leguminosen, wie z. B. Erbsen und Linsen, sollte eine Anbaupause von mindestens drei Jahren eingehalten werden. Aufgrund ihrer Stickstoff anreichernden Wirkung eignet sie sich ideal als Vorfrucht oder in Mischkultur mit Kohlrabi, Rettich, Sellerie oder Salat. Unverträglichkeiten treten hingegen mit Erbsen, Fenchel, Knoblauch, Porree, Schnittlauch und Zwiebeln auf.

Saattermine

Aussaat:
Mitte Mai (Bodentemperatur über 10 °C)

Horstsaat: 7 bis 8 Samen/Stange, 100 cm x 60 cm

Reihensaat: 45 cm x 5 bis 10 cm

Horstsaat: 4 bis 5 Samen/Horst, 55 cm x 35 cm

Saattiefe: 2 bis 3 cm (mit Kompost bedecken und leicht andrücken)

Selbstversorger

Bohnen brauchen nur wenig Stickstoff, da sie als Leguminosen selbst in der Lage sind, Stickstoff aus der Luft zu fixieren; starkes Düngen macht die Pflanze anfällig für Krankheiten und kann negative Auswirkungen auf den Geschmack haben. Auf nährstoffarmen Böden ist eventuell eine geringe Kompostgabe als „Starthilfe" förderlich.
Um die Standfestigkeit und den Krankheitsbefall zu reduzieren, kann man die Jungpflanzen etwas anhäufeln. Bei Stangenbohnen eventuell etwas nachhelfen, indem

man die Ranken den Stangen zuleitet und gut befestigt. Besonders zur Zeit der Blüte und der Fruchtbildung sollte gut gewässert werden. Stangenbohnen haben einen höheren Wasserbedarf als Buschbohnen.

Ernten und genießen

Die Bohnen sind reif, wenn sie beim Biegen glatt durchbrechen und an der Bruchstelle grün und saftig sind. Bei Bohnen gilt: Wer viel pflückt, erntet am meisten! Frühes und häufiges Pflücken erhöht die Erntemenge, da dadurch die oberen Blütenansätze zum Blühen angeregt werden. Überständige, übersehene Hülsen daher ebenfalls abpflücken und beseitigen. Bohnen sollten niemals bei Nässe geerntet werden.

Typisch für die Kipfler-Bohne ist die sichelförmig gekrümmte Hülse.

Rezept

Bohneneintopf mit Rindfleisch

Zutaten (für vier Personen):

- *ca. 250 g Rindfleisch aus der Hüfte, gewürfelt*
- *Pflanzenöl*
- *ca. 50 g Schalotten, geschnitten*
- *ca. 50 g Paprikaschoten, in Streifen geschnitten*
- *ca. 50 g Karotten, geschnitten*
- *1 Chilischote*
- *ca. 1 l Rindfleischbrühe*
- *frisches Bohnenkraut*
- *Salz, Pfeffer*
- *ca. 70 g frische grüne Bohnen*
- *jeweils ca. 200 g trockene rote Kidneybohnen, Weiße Bohnen und Wachtelbohnen*

Zubereitung:

Bohnen sind schmackhaft, eiweißreich und höchst vielfältig. Sie schmecken am besten frisch aus dem eigenen Garten. Wir empfehlen Ihnen, diesen deftigen Rindfleischtopf mit dreierlei Bohnenarten zubereiten.

Die trockenen Bohnen müssen über Nacht ca. 8 bis 12 Stunden eingeweicht werden.

Das Fleisch würfeln, mit Salz und Pfeffer würzen und durchmischen. In heißem Öl scharf anbraten und die Schalotten dazugeben, glasig dünsten. Dann die fein geschnittenen Paprikaschoten und die gut abgetropften eingeweichten Bohnen zugeben, alles gut mischen und mit der Brühe aufgießen. Zum Kochen bringen und dann auf kleiner Flamme etwa 1,5 Stunden köcheln. Die grünen Bohnen kurz blanchieren und nach etwa einer halben Stunde zugeben. Das Bohnenkraut kurz vor Ende der Garzeit zufügen, alles gut mischen und noch etwas ziehen lassen.

Tomaten – gesunde Sortenvielfalt

Tomaten lassen sich auf dem Fensterbrett vorziehen.

Sortenbeispiele

Ausgehend von Wildtomaten aus Südamerika mit winzigen Früchten, wird seit geraumer Zeit eine riesige Bandbreite von Tomatensorten gezüchtet. Man kann sie in Untergruppen unterteilen, wie die Cherry-, Fleisch- oder Eiertomaten.
Viele Sorten lassen sich aber nicht kategorisieren, hier einige ausgefallene Beispiele:

- 'Goldene Königin': goldgelbe Früchte, mittelgroß und einheitlich milder Geschmack
- 'Marmade': Fleischtomate mit kräftigem Geschmack, robust
- 'Schwarze Russische': rot-schwarze, große Früchte, sehr aromatisch, zum Kochen
- 'Andenhorn': längliche, paprikaähnliche Früchte, fantastisch aromatischer Geschmack
- 'Gelbe Wildtomate': kleine goldgelbe Früchte, sehr aromatisch, früh reifend, unempfindlich
- 'Tigerella': grün-rot gestreifte Sorte, sehr guter Geschmack

Tomaten gehören zum Sommer! Ob im Salat, mit Mozzarella oder frisch vom Strauch in den Mund – sie schmecken in allen Variationen. Und zwar so gut, dass jeder Deutsche davon jährlich 17 kg isst. Dabei aber fallen die Unterschiede im Geschmack nicht erst seit Neuestem auf. Einige Gärtnereien haben sich auf Tomaten spezialisiert, insgesamt gibt es mehrere Tausend Sorten. Diese unterscheiden sich in ihrer Größe – beispielsweise Cherrytomaten von 1 cm Durchmesser bis zu Fleischtomaten von über 10 cm Durchmesser –, in ihrer Farbe – Rot, Gelb, Braun, Violett, gestreift –, ihrer Form – rund, eiförmig, flach oval, flaschenförmig, birnenförmig – und natürlich im Geschmack. Tomaten sind kalorienarm und gesund, sie enthalten Vitamin A und C sowie sekundäre Pflanzeninhaltsstoffe wie das Lykopin, ein Radikalfänger. Die Nachfrage nach unterschiedlichen Sorten wird größer und auch der Anbau im eigenen Garten wird durch die Ernte des leckeren Fruchtgemüses belohnt!

Sonne macht Geschmack

Tomaten lassen sich entweder ab März im Gewächshaus aus Samen anziehen oder als Jungpflanze kaufen. Nach den Eisheiligen ab Mitte Mai kann man sie dann ins Freiland setzen. Die Jungpflanzen sollte man ruhig ein wenig tiefer setzen, als sie vorher im Topf gestanden sind. Sie bevorzugen einen warmen und sonnigen Standort, am liebsten zum Beispiel vor einer schützenden Wand. Je nach Klima wachsen bestimmte Sorten unterschiedlich gut, schließlich lassen sich Tomaten im heißen Südeuropa, aber auch in Russland ziehen.

Tomatenpflanzen stehen gern unter einem Dach, dort sind sie vor Feuchte und Nässe und damit vor ihrem ärgsten Feind, der Krautfäule, geschützt. Sie bevorzugen auch „warme Füße", was sich durch die Zugabe von Pferdemist oder die Abdeckung des Bodens mit Stroh erreichen lässt.
Die Anzucht von Tomaten ist auch in Kübeln möglich, vorausgesetzt, man stellt die Wasser- und Nährstoffversorgung sicher. Für begrenzten Raum gibt es die kleinwüchsige Balkontomate.

Ausgeizen und Aufbinden

Fast alle Tomatensorten müssen im Lauf des Sommers ausgegeizt werden. Das bedeutet, dass man die aus den Blattachseln wachsenden Seitentriebe entfernt und die Pflanze mit einem bis drei Trieben emporzieht. So wird sie vor übermäßigem Fruchtbehang bewahrt und eine gute Belüftung ist gewährleistet. Die Tomatenpflanze benötigt eine Stütze, wie z. B. einen spiralförmigen Tomatenstab oder einen Draht. Daran muss sie immer wieder fixiert werden, um einen Bruch zu vermeiden. Balkon- und Strauchtomaten werden dagegen nicht ausgegeizt.

Düngen und Gießen

Ein kalkreicher Boden wirkt sich positiv auf den Wuchs der Pflanze und das Aroma der Früchte aus. Die Stickstoffgaben sollten aber nicht zu hoch ausfallen, für das Aroma der Tomaten ist kalihaltiger Dünger oder Gesteinsmehl dienlicher. Empfehlenswert ist ein organischer Mehrnährstoffdünger. Die erste Düngergabe kann nach der Pflanzung und eine zweite etwa im Juli erfolgen.
Wichtig bei der Kultur von Tomaten sind regelmäßige Wassergaben. Große Schwankungen in der Wasserversorgung können zum Platzen der Früchte führen, aber auch zu Krankheiten wie der Blütenendfäule.

Tomaten gesund erhalten

Eine klassische Krankheit an Tomatenpflanzen ist die Kraut- oder Braunfäule *(Phytophthora infestans)*. Es handelt sich dabei ursprünglich um eine Erkrankung der Kartoffel. Sichtbar wird die Krautfäule an allen oberirdischen Pflanzenteilen, dem Laub, den Früchten und den Stängeln. Dort treten gräulich grüne Flecken auf, die später braun werden. Der Pilz verbreitet sich auf der ganzen Pflanze und kann bei entsprechender Witterung schnell zum Totalausfall der Pflanze führen. Die Krankheit tritt vor allem bei feuchter Witterung auf. Ein Schutz der Pflanzen durch ein Dach oder Gewächshaus ist deshalb ratsam und wirkungsvoll. Die Pflanzen sollten zudem locker stehen, damit sie bei Nässe schneller abtrocknen. Auch die Sortenwahl beeinflusst das Befallsrisiko. Saatguthändler weisen auf die Resistenz verschiedener Sorten hin. Befallene Früchte sind nicht für den Verzehr geeignet. Alle Pflanzenteile, die die Krankheit aufweisen, muss man entfernen, da der Pilz an ihnen überdauern bzw. überwintern könnte. Zu beachten ist zudem, dass auch an im Garten verbleibenden Kartoffelknollen ein Überwinterungspotenzial besteht.
Alle vorbeugenden Maßnahmen und Pflanzenstärkungsmittel sind einer kurativen Behandlung mit Pflanzenschutzmitteln vorzuziehen.
Durch Kalziummangel hervorgerufen wird die Blütenendfäule. Sie wird vor allem an den Früchten sichtbar. Dort zeigen sich am Blütenansatz wässrige Stellen, zu sehen, die sich später braun verfärben, einsinken und verhärten. Die wichtigste vorbeugende Maßnahme ist die regelmäßige Wasserversorgung. Ein Kalken des Bodens im Frühjahr gewährleistet eine ausreichende Kalziumbevorratung.

Guten Appetit!

Die Tomatenernte beginnt je nach Wetterlage Ende Juni bis Anfang Juli und reicht bis in den Herbst hinein. Das Aroma entwickelt sich am besten, wenn man die Früchte am Strauch ausreifen lässt und erst erntet, wenn sie die volle Farbe ausgebildet haben. Tomaten lagert man nicht im Kühlschrank, sondern in kühlen Räumen. Die letzten Früchte im Herbst reifen aufgrund der niedrigen Temperaturen oft nicht mehr am Strauch aus, man kann sie dann noch teilweise grün ernten und an einem hellen Ort im Haus nachreifen lassen. Vorsicht: Grüne Tomaten enthalten wie auch grüne Kartoffeln Solanin, das in größeren Mengen für den Menschen giftig ist. Durch eine Verarbeitung wie z. B. mit Zucker zu Konfitüre wird es aber reduziert, sodass man die unreifen Früchte dann bedenkenlos genießen kann.

Erntezeit im Kräutergarten

Die Pfefferminze ist eine der beliebtesten Heil- und Gewürzpflanzen.

Zitronenminze schmeckt am besten frisch.

Im Kräutergarten eröffnet sich für Gaumen und Nase eine betörende Welt von Aromen. Diese Genüsse müssen nicht auf kurze Zeit beschränkt bleiben: Kräuter sowie auch einige Stauden und Zierpflanzen lassen sich auf einfache Art konservieren und verwerten. Kräuteressige und -öle konservieren die wertvollen Pflanzen ebenso wie alkoholische Auszüge. Getrocknete Kräuter lassen sich bei Bedarf für Tee, Limonade, Würzmittel oder Potpourris nutzen; eine Kräuterlimonade aus dem eigenen Garten schmeckt erfrischend und durstlöschend und wird mit wenigen Zutaten schnell hergestellt.

Wann was ernten?

Bei ausreichend Sonne und Wärme entwickeln Kräuter ihr Aroma am intensivsten. Die Konzentration der Inhaltsstoffe – die ätherischen Öle – ist dabei kurz vor der Blüte am höchsten, das ist dann auch der beste Zeitpunkt zum Ernten der Vorräte. Je nach genutztem Pflanzenteil – Blüte, Wurzeln oder Früchte – kann die Jahres- und Tageszeit der Ernte variieren. Immer erfolgt sie jedoch am Vormittag, nach dem Abtrocknen des Taus. Nasse Kräuter können schnell faulen. Aus demselben Grund werden Blumen und Blätter vor dem Trocknen nicht abgewaschen, sondern gegebenenfalls trocken abgebürstet oder abgewischt. Für die Ernte eignen sich nur gesunde, voll ausgebildete, nicht verwelkte und saubere Pflanzenteile. Die Blätter der meisten Kräuter entnimmt man den ganzen Sommer über je nach Bedarf. Zur Ernte größerer Vorräte werden ganze Triebe abgeschnitten und die Blätter später abgestreift. Verwendet werden die Blätter, die im obersten Drittel der Stängel wachsen, sie haben in der Regel das meiste Licht erhalten. Blätter wie Blüten werden im Ganzen geerntet, getrocknet und gelagert. Erst bei der Verwendung können sie zerkleinert werden.
Bei der Ernte von Blüten, wie Ringelblume, Löwenzahn oder Indianernessel, wird der Zeitpunkt beim vollen Aufblühen abgepasst. Knospen enthalten nicht genügend Aromastoffe und bei den welkenden Blüten sind die ätherischen Öle bereits wieder verdunstet.

Gartentipp

Wer Kräuter nicht ungewaschen trocknen möchte, kann diese im Garten einige Stunden vor der Ernte gut absprühen und dann trocknen lassen.

Kräuter trocknen

Damit die Kräuter haltbar werden, muss dem Erntegut die Feuchtigkeit entzogen werden, jedoch ohne dabei die flüchtigen ätherischen Öle zu verlieren. Dazu ist eine gleichmäßige, sanfte Wärme nötig. Je nach Pflanzenteil liegen diese im professionellen Kräuteranbau zwischen 35 °C (Blätter und Blüten) und 60 °C (Wurzeln).
Für den Hausgebrauch können die Pflanzen an einem warmen, dunklen, sauberen und gut durchlüfteten Ort getrocknet werden. Besonders wichtig ist dabei eine gute Durchlüftung; aufeinanderliegende feuchte Pflanzenteile beginnen leicht zu faulen. Daher ist es ratsam, die Kräuter regelmäßig zu wenden. Auch direktes Sonnenlicht ist zu vermeiden.
In traditionellen Dörrhäusern werden die Räume mit Holz beheizt und die Pflanzen darin auf Darren, das sind drahtbespannte Holzrahmen, getrocknet.
Die gute Qualität von getrockneten Kräutern und Blumen erkennt man an den kräftigen Farben. Kräuter behalten auf diese Weise ihr Aroma für viele Monate.
Für die Lagerung empfehlen sich lichtundurchlässige, trockene Behältnisse aus Papier, Holz oder Blech. Obwohl Kräuter länger als ein Jahr aufbewahrt werden können, sollte man seine Reserven jährlich durch frische ersetzen, um eine möglichst gute Qualität zu haben. Früher wurden die Trockenkräuter des Vorjahres im Johannisfeuer verbrannt und anschließend die frischen Kräuter geerntet.

Passiflora – eine alte Heil- und Nutzpflanze

Die Blüten der Passionsblumen sind jede ein Kunstwerk für sich.

Wunderschön, exotisch und beeindruckend wirken die Blüten der Passionsblume aus der Nähe betrachtet. Es gibt viele verschiedene Arten in der Gattung *Passiflora* und noch viel mehr Sorten. Eine Kreuzung ist faszinierender als die andere. Einmal ihrer Faszination erlegen, bricht bald eine Sammelleidenschaft aus. Die meisten Passionsblumenarten stammen aus Südamerika und Mittel- sowie dem südlichen Nordamerika. Jedoch kommen einige Arten auch in Australien, Asien und auf den Galapagosinseln vor. Der Name Maracuja stammt aus dem Portugiesischen bzw. dem Indianisch-Brasilianischen und bedeutet „Pflanze, die Früchte gibt". Die Früchte wurden von den Einheimischen schon immer gesammelt und verwendet.

Einfache Kübelpflanze oder Sensibelchen?

Aus der Vielfalt der Passionsblumen gibt es sehr einfach in Kultur zu haltende Arten und solche, die etwas

Blüten mit Bedeutung

Die Blüte der Passionsblume hat noch eine übertragene Bedeutung, vor allem im religiösen Sinn. Sie gilt als Sinnbild für die Passion Christi. Die drei Griffel werden mit den drei Nägeln identifiziert, mit denen Jesus gekreuzigt wurde. Die fünf Staubbeutel sollen die fünf Wundmale darstellen, der Fruchtknoten gilt als Sinnbild für den Kelch des letzten Abendmahls, und der Strahlenkranz steht für die Dornenkrone. Zehn Blütenblätter für die Apostel, die bei der Kreuzigung anwesend waren, und auf der Rückseite die drei Deckblätter, die für die Dreifaltigkeit stehen.

mehr Aufmerksamkeit erfordern. Die am häufigsten erhältliche Art ist *Passiflora caerulea.* Sie besitzt einen blauen Strahlenkranz und weiße Blütenblätter. Die Pflege dieser Art ist sehr einfach. Temperaturen von –5 bis 30 °C hält die Pflanze problemlos aus. Im Sommer kann man sie als Kübelpflanze auf den Balkon und die Terrasse stellen, im Herbst schneidet man sie zurück und überwintert die Pflanze bei ca. 10 °C. In milden Gegenden kann *P. caerulea* sogar ins Freie ausgepflanzt werden. Dick abgedeckt übersteht sie den Winter problemlos und treibt üppig wieder aus. Andere Arten, wie *Passiflora coccinea,* brauchen Sommer wie Winter gleichmäßige Temperaturen, um gedeihen zu können. Bei 20 °C wächst die Pflanze üppig und bildet unzählige rote Blüten aus.

Leckere Früchte

Die Früchte der Passionsblume sind bei uns vor allem unter dem Namen Maracuja bekannt. Sie werden in vielen verschiedenen Varianten angeboten, die sich im Aussehen und auch im Namen unterscheiden; so gibt es sie auch unter der Bezeichnung Grenadilla oder Barbadine. Alle Früchte haben in ihrem Inneren zahlreiche Samen, die von schleimigem, grünlichem Fruchtfleisch umgeben sind, das man am besten auslöffelt. Die Pflanzen bilden bei uns eher selten Blüten aus, die meisten Fruchtansätze fallen kurz nach der Blüte ab.

Gesund und heilsam

Die Blätter der Passionsblume werden in der Pflanzenheilkunde gegen nervöse Unruhe, Anspannung, Reizbarkeit oder Angstzustände und damit zusammenhängende Schlafstörungen, Rückenschmerzen und Verspannungen eingesetzt. Blätter, Stängel und Früchte enthalten Alkaloide, Flavonoide und Saponine sowie sehr viele Vitamine. Sie enthalten zudem Vitamin C und B 12, Kalcium und Eisen. In hoher Konzentration hat der Tee aus der getrockneten Pflanze eine berauschende Wirkung

Steckbrief

Passionsblume
(Passiflora cearulea)

Familie:	Passionsblumengewächse (Passifloraceae)
Herkunft:	Amerika
Wuchs:	schlingend und kletternd, sehr raschwüchsig, braucht ein Klettergerüst
Blütezeit:	das ganze Jahr hindurch, wenn genügend Licht vorhanden ist
Standort:	sonnig und hell, im Sommer auf Balkon und Terrasse, im Winter kühl und hell
Pflege:	regelmäßig düngen, bei Trockenheit vergilben die Blätter schnell
Vermehrung:	durch Triebstecklinge, aus Trieben, die etwas älter sind, Dauer ca. 4 Wochen

Passionsfrucht-Soufflé

Zutaten (für sechs Personen):

- *1 Esslöffel Butter, geschmolzen und etwas abgekühlt*
- *1/2 Tasse Zucker*
- *1/2 Tasse passiertes Passionsfruchtfleisch (das Fruchtfleisch mit einem Gummispachtel durch ein Sieb pressen, um die Samenkerne zu entfernen)*
- *1/2 Teelöffel Vanilleextrakt (oder 1 Packung Vanillezucker)*
- *2 Eigelb*
- *4 Eiweiß (bei Zimmertemperatur)*
- *1 1/2 Teelöffel Speisestärke*
- *1 Prise Salz*
- *1/4 Teelöffel Weinsteinpulver*
- *Puderzucker zum Bestreuen*

Passiflora x decaisneana

Zubereitung:
Den Backofen auf 230 °C vorheizen und sechs kleine Soufflé-Formen reichlich mit Butter bestreichen. Etwas granulierten Zucker einstreuen und die Formen mehrmals drehen, um den Zucker auf dem Boden und an den Seiten zu verteilen. Überschüssigen Zucker herauskippen. Die Formen auf ein Backblech stellen.
Das passierte Passionsfruchtfleisch, 1/4 Tasse Zucker, Vanilleextrakt und Eigelb in einer großen Schüssel gut verrühren. In einer zweiten, sauberen und trockenen Schüssel das Eiweiß mit einem Schneebesen schaumig schlagen. Nun die Speisestärke, Salz und das Weinsteinpulver dazugeben. Anschließend das Eiweiß steif schlagen und langsam, unter ständigem Rühren, den restlichen Zucker untermischen. Die Eiweißmasse vorsichtig unter das Fruchtfleisch mischen.
Nun die Mischung in die vorbereiteten Formen füllen und die Oberfläche ebenfalls mit einer dünnen Schicht Zucker bestreuen. Für 8 bis 9 Minuten in dem vorgeheizten Ofen backen, bis die Soufflés aufgehen und die Oberfläche eine schöne goldbraune Farbe annimmt. Aus dem Ofen herausnehmen, die Oberfläche mit Puderzucker bestreuen und sofort servieren.

ADR-Rosen – nur die Besten

Die ADR-Rose 'Golden Gate' ist eine Kletterrose, die durch Blattgesundheit und Wuchskraft besticht.

Kein anderes Gehölz zeigt eine so große Formen- und Farbenvielfalt wie die Rose, und fast täglich kommen neue Sorten hinzu. Da fällt es schwer, den Überblick zu behalten. Um Gartenfreunden die Wahl beim Rosenkauf zu erleichtern, gibt es eine Art Rosen-TÜV. Fachleute zeichnen Neuzüchtungen, die sich durch Widerstandskraft, Blühfreude und Klimafestigkeit besonders hervortun, mit dem ADR-Gütesiegel aus. ADR steht dabei für „Allgemeine deutsche Rosenneuheit Prüfung". Bereits 1950 wurde diese Qualitätsprüfung auf Betreiben verschiedener Rosenzüchter ins Leben gerufen, allen voran Wilhelm Kordes. Heute ist die ADR ein Arbeitskreis aus Vertretern des Bundes deutscher Baumschulen, Rosenzüchtern und den Vertretern unabhängiger Prüfungsgärten.

Nur die Schönen und Gesunden bestehen den Test

Die weltweit strengste Rosenbewertung wird von einem Arbeitskreis elf unabhängiger Prüfstellen vorgenommen. Die elf Prüfstellen sind über ganz Deutschland verteilt, sodass Klima und Bodenfaktoren verschieden sind. Nur die Rose, die an allen elf Prüfstellen die nötigen Punkte sammeln kann, bekommt die Auszeichnung ADR. Drei Jahre lang stehen die Rosen unter Beobachtung. Die Neulinge müssen in dieser Zeit ohne Pflanzenschutzmittel auskommen. Die Entwicklung der Pflanze wird dokumentiert. Zum einen ist Robustheit gegen Frost, Schädlings- und Krankheitsbefall gefragt, zum anderen eine außergewöhnliche Schönheit. Auch die Selbstreinigung und die Farbbeständigkeit der Blüten wird beobachtet. Maximal werden hundert Punkte verteilt, eine ADR-Rose braucht mindestens achtzig, um zu bestehen.

Pflege muss trotzdem sein

Auch die ADR-Schönheiten brauchen ein Minimum an Pflege, um gut gedeihen zu können. Hält man sich an einige einfache Regeln, steht einem Rosensommer nichts mehr im Wege. Anfang Juli blühen die Rosen am schönsten. Werden die vertrockneten Blüten immer gleich abgeschnitten, kann die Kraft der Pflanze in neue Knospen gehen und nicht in die Hagebutten. Die Blütenstände sollten immer bis zum ersten richtigen Blatt zurückgeschnitten werden. Schneidet man zu wenig, ist der Neuaustrieb sehr dünn und die Blüte eher schwach. Wenn es feucht ist, drohen die üblichen Rosenkrankheiten – mit oder ohne ADR-Siegel.

Rosen brauchen viel Stickstoff, um ihre volle Pracht zu entfalten. Es sollte daher regelmäßig gedüngt werden, am besten mit schnell löslichen Düngern oder auch Pflanzenbrühen, die direkt auf die Blätter gespritzt werden können. Grundsätzlich sind gut ernährte Pflanzen widerstandsfähiger als halb verhungerte. An heißen Tagen sollte deshalb nur in den frühen Morgenstunden gegossen werden, damit die Blätter schnell wieder abtrocknen. So haben Pilzkrankheiten gar keine Chance.

Dornen oder Stacheln

Rosen haben, entgegen allen poetischen Äußerungen, keine Dornen, sondern Stacheln. Der Unterschied ist relativ einfach zu erklären: Dornen sind umgebildete Blätter oder Sprossachsen und von innen her verwachsen. Sie lassen sich nicht einfach vom Stamm oder Spross lösen. Stacheln hingegen sind Auswüchse des Rindengewebes und nicht fest verwachsen, sie lassen sich relativ einfach vom Untergrund lösen. Rosen haben also Stacheln und keine Dornen.

Kletterrosen sind Spreizklimmer, ihre zum Teil sehr langen Triebe wachsen je nach Art und Form aus dem Boden nach oder an älteren, bereits zu Stammholz formierten Trieben. Die Stacheln helfen der Rose, sich festzuhalten und weiterzuklettern. Mitunter lassen sich auch Rosensorten, die eigentlich als Bodendecker- oder Strauchrose deklariert sind, gut als Kletterrose ziehen. Die Einteilungen sind hier nicht immer feststehend, sondern fließend. Bei vielen Sorten haften die Blätter bis weit in den Winter hinein an der Pflanze, manche werfen ihr Laub auch erst im Frühjahr zum Neuaustrieb vollständig ab.

Der Duft von Lavendel und Rosen

Rosen wirken in Kombination mit anderen Pflanzen erst richtig: vor allem eher zurückhaltende Pflanzen unterstreichen ihre Wirkung. Wildsalbei harmoniert beispielsweise wunderbar mit der Rose, ebenso auch duftender Lavendel. Der filigrane Wuchs bildet einen interessanten Akzent zu den üppig blühenden, eher opulenten Rosen. Auch verschiedene Geraniumarten decken den Boden zuverlässig ab und unterstützen die Rosenblüten.

Rose

(Rosa Cultivar)

Steckbrief

Familie:	Rosengewächse (Rosaceae)
Herkunft:	Europa, Asien
Wuchs:	je nach Art, überhängend bis kletternd, 50 cm bis 10 m hoch
Blütezeit:	ab Mai bis in den November, moderne Rosen blühen meist mehrmals
Standort:	sonnig und warm, humose und nährstoffreiche Böden, Starkzehrer
Pflege:	regelmäßig düngen, bei Trockenheit vergilben die Blätter schnell
Vermehrung:	durch Stecklinge, meist wird die Sorte auf einen Wildrosensämling veredelt

Fuchsien – eine Erfolgsgeschichte

Fuchsien müssen bei mindestens 5 °C überwintert werden.

Pater Charles Plumier entdeckte die Fuchsien im letzten Jahrzehnt des 17. Jahrhunderts in Santo Domingo auf einer Forschungsreise, die er im Auftrag von König Ludwig XIV. unternommen hatte. Benannt wurde sie dann nach dem „Vater der modernen Botanik", Leonhart Fuchs.

Seit gut zwei Jahrhunderten zählt die Fuchsie in Mitteleuropa und Amerika zu den beliebtesten Balkon- und Kübelpflanzen. Besonders begehrt sind Hochstammfuchsien, die uralt werden können, wenn man sie regelmäßig stutzt. Keine andere Balkonblume hat so viele Verehrer wie die Fuchsie. Das Züchten und Vermehren der Pflanze ist zu einem beliebten Hobby geworden. Fuchsien wachsen rasch und blühen bereits als junge Pflanzen.

Vielfalt in einer Pflanzengattung

Die Vielfalt der Formen und Farben ist enorm – nicht nur in der Blüte! Es gibt bei den Fuchsien über 100 Wildarten und mehrere Tausend Sorten. Die Blütenfarben reichen von Weiß über Rosa bis hin zu auberginefarbenen und lachsroten Tönen. Viele der Fuchsiensorten sind zweifarbig in der Blüte, das ergibt schöne Kontraste und lässt die Blüte zarter erscheinen. Die Formen der Blüten sind ebenfalls sehr unterschiedlich: Man unterscheidet Röhrenblüten, Glocken-, Trompeten- und Barockformen. Selbst im Laub bietet die Fuchsie vielerlei Farbschattierungen. Es gibt metallisch glänzende rote Blattformen ebenso wie weiß-grün-rosa panaschierte Blätter und einfaches dunkelgrünes Laub.

Beeindruckende Sortenvielfalt

Fuchsien zählen heute zu den beliebtesten Beet-, Balkon- und Topfpflanzen. Empfindlich sind sie lediglich gegen Frost und zu intensive Sonne. Es gibt sie einfach und gefüllt blühend, traubenblütig und mit kaskadenförmig herabhängenden Zweigen von 20 bis 50 cm Höhe. Im Handel sind Sorten in allen nur denkbaren Farbkombinationen erhältlich: in Weiß, in Rosa, Rot,

Hellviolett oder Blau bis Dunkelblau. In jedem Fall sind Fuchsien außerordentlich dekorativ.
Man sagt, Fuchsien wollen gern vom Berg hinab ins Tal schauen – Wind und andere Wetterunbilden machen ihnen also nicht viel aus und sie fühlen sich an Fenstern und in Balkonkästen sehr wohl. Auch Sonne vertragen sie einigermaßen, wenn man sie nicht gerade in die pralle Mittagshitze stellt. Allerdings bekommt ihnen Sonne nur, solange die Erde feucht bleibt. Sobald Fuchsien im Wurzelbereich einmal trocken werden, verlieren sie sehr schnell die Blüten und einen Teil der Blätter. Dann ist es für den Sommer aus mit der Blumen- und Blütenpracht.
Die Blütezeit der Fuchsien ist sehr unterschiedlich. Sie dauert normalerweise von Mai bis zum Eintritt des Frosts.

Besondere Arten und Sorten

Traubenblütige Fuchsie *(F. Triphylla-Hybriden)*: Viele glöckchenartige Blüten in großen Trauben, granatfarben, orange und rubinrot. Sie vertragen Sonne.

Scharlach-Fuchsie *(F. magellanica)*: Blüte ungefüllt, purpurfarben und dunkelrot, friert oberirdisch ab, treibt aber wieder neu aus. Wenn nicht, bis auf 10 cm über dem Boden zurückschneiden. Nur im Weinbauklima auspflanzen, da nicht überall winterhart.

Kriechende Fuchsie *(F. procumbens)*: Blüte gelb, 10 cm. Winterhart, zieht ein. feuchte Böden. Halbschatten.

Steckbrief

Fuchsie
(Fuchsia cultivar)

Familie:	Nachtkerzengewächse (Onagraceae)
Herkunft:	Brasilien, Costa Rica
Wuchs:	aufrecht bis überhängend, bis 2 m hoch bei Stämmchen
Blütezeit:	von Mai bis zum ersten Frost, Langtagpflanze, blüht ab 16 Stunden Tageslicht
Standort:	hell bis sonnig, je nach Sorte und Art
Pflege:	feucht halten, keine Staunässe, im Sommer regelmäßig düngen
Vermehrung:	über Stecklinge oder Aussaat (ergibt verschiedene Blütenfarben)

Was Fuchsien mögen

Fuchsien lieben nahrhafte, humose Erde und ab Beginn des Wachstums regelmäßige Volldüngergaben; am besten lässt man ihnen einmal pro Woche, in Gießwasser aufgelöst, 2 bis 3 g pro l Liter Gießwasser Dünger zukommen.
Umgetopft wird alle zwei bis drei Jahre; der neue Topf sollte aber nicht zu groß gewählt werden. Als Erde kann normale Einheitserde mit ausreichender Dauernährstoffdüngung verwendet werden, die mit Sand noch etwas durchlässiger gemacht wurde. Besonders wichtig ist der Wasserabzug; Staunässe vertragen Fuchsien überhaupt nicht.

Wenn nach dem Überwintern die Pflanze etwas langtriebig geworden ist, schneidet man sie im Februar um etwa ein Drittel zurück. Auch später erreicht man durch zusätzliches Stutzen ein buschigeres Wachstum. Auf den Balkon, auf die Terrasse oder in den Garten sollte man Fuchsien erst hinausstellen, wenn keine Frostgefahr mehr besteht. Auch erleichtert es ihnen den Übergang vom Haus ins Freie, wenn die Pflanzen anfangs an einen etwas windgeschützten, nicht zu sonnigen Platz gestellt werden und erst später an ihren endgültigen Standort kommen.

Vermehrung der Sommerschönheiten

Die Nachzucht der Fuchsien ist denkbar leicht und gelingt fast immer. Es werden einfach Teilstecklinge geschnitten und in Anzuchterde gesteckt. Teilstecklinge nennt man die Stecklinge, die zwar noch nicht verholzt, aber auch nicht zu weich sind. Die Spitzen der Zweigchen sind meist noch zu weich und sollten deshalb nicht verwendet werden.
Der beste Zeitpunkt, um Fuchsien zu vermehren, ist die Zeit zwischen Februar und April; dann bekommen die Pflanzen ausreichend Licht und Wärme, dadurch bewurzeln sie schneller. Nach dem Stecken in eine nährstoffarme Erde sollten die Töpfchen in ein Anzuchthaus gestellt oder mit Folie abgedeckt werden. Dies erhöht die Luftfeuchtigkeit und mindert dadurch die Verdunstung. Die Pflanzen wurzeln leichter.

Fuchsien über den Winter bringen

Fuchsien gehören zu den Laub abwerfenden Gehölzen, die in den Wintermonaten eine Ruhepause einlegen und in dieser Zeit nur wenig Pflege benötigen. Im Herbst werden die Fuchsien daher hereingeholt und bei mindestens 5 °C, jedoch nicht über 10 °C überwintert; ist es zu warm, treten häufig Schädlinge auf und die Pflanzen fangen zu früh an zu treiben. Je heller es im Überwinterungsraum ist, umso wärmer kann es sein, aber umso regelmäßiger muss die Feuchtigkeit der Erde geprüft werden; der Topfballen darf auch im Winter nie ganz trocken werden. Eine gerade noch fühlbare Feuchtigkeit reicht aus. Vor dem Einwintern werden die Fuchsien stark zurückgeschnitten und ausgeputzt. Altes Laub und tote Äste sollten entfernt werden, um ein Überwintern von Schädlingen zu verhindern. Lange Triebe und Blütenansätze werden ausgeschnitten, sie kosten die Pflanzen nur unnötige Kraft. Treten Probleme mit der weißen Fliege auf, können Fuchsien im Herbst ganz entblättert werden, um den lästigen Schädling nicht mit in das Winterquartier zu schleppen.

Der Garten im Spätsommer

Was jetzt zu tun ist

Allgemeine Gartenarbeiten

- Flächenkompost anlegen
- Gründünger aussäen
- Komposthaufen für Verbrauch im Herbst umsetzen
- Schnecken und Wühlmäuse bekämpfen
- Unterschlupfmöglichkeiten für Nützlinge schaffen, z. B. Steinhaufen, Holzhaufen usw.

Nutzgarten

- Gemüseaussaat: Teltower Rübchen, Feldsalat, Spinat, Winterportulak, Radieschen
- Zuckermais hacken und anhäufeln
- Herbstgemüse-Kulturen düngen und mit halb fertigem Kompost mulchen
- Schneiden von Himbeeren
- Tomaten und andere Gemüse mit schnell wirkendem Flüssigdünger, z. B. Brennnesseljauche, düngen

Ziergarten

- Stauden pflanzen und teilen
- Kaiserkrone, Steppenkerze und Madonnenlilie pflanzen
- Pflanzzeit für Koniferen beginnt
- Rasen oder Blumenwiese neu aussäen
- Hecken-Sommerschnitt
- Vermehren von Lilien aus Jungzwiebeln der Blattstielachseln (Achselbulben)

Der spätsommerliche Garten

Das leuchtende Rot der Ebereschenfrüchte leitet den Spätsommer ein. Diese Jahreszeit umfasst in etwa den Monat August – und ist nicht zu verwechseln mit dem Altweibersommer, dessen Zeit normalerweise im September ist. Der Spätsommer ist die Jahreszeit, in der vieles von dem, was das Jahr über vorbereitet wurde, zu pflegen und zu ernten ist. Typisch ist das Reifwerden der ersten Pflaumen sowie der frühen Apfel- und Birnensorten. Das Ende des Spätsommers ist gekommen, wenn die Herbstzeitlosen blühen. Die Eberesche zählt übrigens zu den Zeigerpflanzen, die mehrmals im biologischen Kalender auftauchen, nämlich zur Blüte und zur Fruchtreife. Sie wächst in den Alpen bis in einer Höhe von 2000 m. Die Vogelbeere gilt als Pionierpflanze und siedelt sich zusammen mit Weide, Birke und einigen Straucharten gerne an rohen, offenen Bodenstellen an.

Ein Teich im Garten

Ein Schwimmteich für ein erfrischendes Bad im Sommer, der sich harmonisch in die Landschaft fügt.

Wasser lässt eine eigene Art von Musik erklingen. In der Stille lauer Nächte und an warmen Sommertagen wird das Plätschern, Sprudeln und Glucksen zur angenehm kühlenden Melodie. Der gleichmäßige, beruhigende Klang lädt ein, sich auszuruhen und die Seele baumeln zu lassen. Wasser im Garten ist ein eigenes Element, das im Kleinen wie im Großen seinen Reiz entfaltet und zum Verweilen einlädt. Vom Schwimmteich, dem Wasserfall, dem Biotop bis hin zu kleinen Quellsteinen – es gibt unendlich viele Möglichkeiten, sich Wasser in den Garten zu holen. Selbst für Balkongärten und kleinste Räume gibt es Wasserspiele. Jeder sollte sich jedoch genau über seine Wünsche im Klaren sein, denn einen Schwimmteich kann man nicht alleine bauen, einen kleinen Teich hingegen schon.

Siegeszug des Schwimmteichs

Lange galt ein Schwimmbecken im Garten als der letzte Schrei – doch manch einer hat den übereilten Bau seines Pools bereut. Der Grund ist, dass ein Schwimmbad trotz Chlor nur mit Mühe sauber zu halten ist, immer wieder muss das Wasser komplett ausgetauscht werden. Kein Wunder also, dass sich heute viele Gartenbesitzer einen Naturschwimmteich wünschen. Darin kümmern sich Pflanzen und Mikroorganismen fast von allein um die Reinigung des Wassers. Ein Wasserwechsel ist also nicht nötig, gelegentlich wird fehlendes Wasser einfach aufgefüllt. Als Schwimmteichbesitzer darf man aber nicht empfindlich gegenüber Insekten und anderen Tieren sein, denn Frösche und andere Wasserbewohner finden Naturteiche unwiderstehlich!

Kleiner Teich ganz groß

Für einen kleineren Schwimmteich braucht man kein riesiges Grundstück – schon ab etwa 50 m² Wasserfläche lässt sich ein solches Badebiotop realisieren. Grundsätzlich gilt jedoch: Je größer der Teich, desto stabiler und effektiver ist das Biotop. Eine große Wassermasse erwärmt sich nicht so leicht und das Kleinklima bleibt stabiler. Für die Planung ist allerdings etwas Fachwissen unverzichtbar: Es geht immer darum, den Teich so anzulegen, dass das Wasser ohne großen Aufwand sauber bleibt. Im Prinzip funktioniert das auch ohne Technik. In diesem Fall muss allerdings die sogenannte Flachwasserzone besonders groß sein. Meistens wird das Wasser mithilfe von Pumpen in die Reinigungszone gebracht, Schwebstoffe und andere Belastungen werden dort von den Pflanzen und dem Sandbett aufgenommen. Die Pflanzenwurzeln entziehen dabei dem Wasser schädliche Substanzen.

Viel Spaß – wenig Arbeit!

Die Pumpen in den Schwimmteichen sorgen immer für eine leichte Wasserbewegung. So werden Blätter, Blütenstaub und andere Schwebeteilchen in die eingebauten Filter gespült. Diese sollte man regelmäßig reinigen, was nicht viel Mühe macht. Gelangen zu viele Nährstoffe in den Badeteich, etwa durch verrottende Blätter oder anderes organisches Material, kann es in der warmen Jahreszeit zu einer Wassertrübung durch starkes Algenwachstum kommen. Bei starker Verschmutzung von außen sollte mit einem Kescher das Wasser abgefischt werden, um den Nährstoffeintrag zu verringern. Die meiste Arbeit übernehmen aber die Pflanzen: Sie entziehen dem Wasser Nährstoffe und unterdrücken so die Algenbildung.

Seerosen sind die Königinnen der Wasserpflanzen.

Die Wasserpflanzenwelt

Für jede Teichzone gibt es die passenden Wasserpflanzen. Für den Flachwasserbereich kommen in erster Linie Teichrand- und Sumpfpflanzen infrage. Für die tieferen Bereiche bieten sich Seerosen an. Es gibt aber auch freischwimmende Pflanzen, die einfach ins Wasser gelegt werden können. Zu dieser wichtigen Pflanzengruppe gehören die Wasserfeder *(Hottonia palustris)* und das Raue Hornblatt *(Ceratophyllum demersum)*. Frei schwimmende Schwimmblattpflanzen wie Froschbiss *(Hydrocharis morsus-ranae)*, die Krebsschere *(Stratiotes aloides)* und die Wassernuss *(Trapa natans)* entnehmen die Nährstoffe ebenfalls direkt aus dem Wasser und sind auf diese Weise gute Wasserklärwerke.

In der Pflanzzone wird das Wasser auf natürliche Weise geklärt.

Pflanzen für den Schwimmteich

Die Sumpfzone ist dadurch gekennzeichnet, dass hier der Wasserstand je nach Jahreszeit schwankt. Es ist dauerhaft feucht und der Wasserstand beträgt bis zu 10 cm. Hier gedeihen u. a.:

- Blutweiderich *(Lythrum salicaria)*
- Gauklerblume *(Mimulus luteus)*
- Schwertlilie *(Iris laevigata)*
- Straußfelberich *(Lysimachia thyrsiflora)*
- Sumpfdotterblume *(Caltha palustris)*
- Sumpfvergissmeinnicht *(Myosotis palustris)*
- Wasserminze *(Mentha aquatica)*
- Wollgras *(Eriophorum angustifolium)*

In der Flachwasserzone beträgt der Wasserstand 10 bis 40 cm, hier herrschen konstantere Lebensbedingungen. Geeignete Pflanzen sind u. a.:

- Blumenbinse *(Butomus umbellatus)*
- Froschlöffel *(Alisma plantago-aquatica)*
- Hechtkraut *(Pontederia cordata)*
- Igelkolben *(Sparganium latifolia)*
- Tannenwedel *(Hippuris vulgaris)*
- Teichsimse *(Schoenoplectus lacustris)*
- Zyperngras *(Cyperus longus)*

Ab einem Wasserstand von 50 cm spricht man von der Tiefwasserzone. Pflanzen hierfür sind u. a.:

- Gelbe Teichrose *(Nuphar lutea)*
- Seekanne *(Nymphoides peltata)*
- Seerose (*Nymphaea*-Arten und -Sorten)
- Wasserähre *(Aponogeton distachyos)*
- Wasserknöterich *(Polygonum amphibium)*

Wasserpflanzen teilen

Ist der Teich im Sommer einmal bis auf ein Drittel freie Wasseroberfläche zugewachsen, müssen Pflanzen entfernt und geteilt werden. Dazu nimmt man die Pflanzen aus dem Teich und bricht oder schneidet die Rhizome oder Wurzeln so auseinander, dass glatte Flächen entstehen. Ist das nicht der Fall, muss die Bruchstelle mit dem Messer nachgeschnitten werden. Anschließend werden die Schnittflächen mit pulverisierter Aktivkohle behandelt und die Pflanzen wieder eingetopft. Die beste Erde ist ein Sand-Ton-Gemisch. Auf keinen Fall darf mit „normaler" Blumenerde gearbeitet werden. Als Töpfe eignen sich besonders die im Handel angebotenen Gitterkörbe, denn in diesen können die Pflanzen gut einwurzeln. Anschließend gibt man noch etwas Kies auf die fertig getopften Pflanzen, um diese zu beschweren und den Auftrieb zu verhindern.

Hechtkraut (unten) ist eine Pflanze für die Flachwasserzone, die Sumpfschwertlilie dagegen gedeiht im feuchten Uferbereich.

Herbstanemonen – leicht wie der Wind

Anemonen beleben mit ihrer grazilen Schönheit den herbstlichen Garten

Gartentipp

Wenn Sie jetzt Lust auf Herbstanemonen bekommen haben, sollten Sie mit der Pflanzung besser bis zum Frühjahr warten, damit die Stauden in der warmen Jahreszeit gut einwurzeln können. Ein Winterschutz aus Laub oder Fichtenzweigen hilft jungen Pflanzen, frostige Temperaturen zu überstehen.

Wenn die sommerliche Blüte im Blumengarten langsam verblasst, öffnen sich die kleinen Knospen der Herbstanemonen. Es ist schon erstaunlich, dass sich aus dem derben Blattwerk dieser Stauden solch feine zarte Blüten dem Himmel entgegenstrecken. Die bekanntesten Sorten der herbstblühenden Anemonen finden sich in der *Anemone hupehensis* und den Anemone-Japonica-Hybriden. Letztere werden auch Japan-Anemonen genannt. Herbstanemonen überzeugen mit ihrer Pflegeleichtigkeit, Gesundheit und dem robusten Wuchs. Im Gegensatz zu manch anderen Gartenstauden benötigen sie keine Stützhilfen zum Befestigen ihrer hohen Blütenstängel. Ein Standort im Halbschatten, oder bei ausreichend Bewässerung auch in der Sonne, ist ideal. Ein nährstoffreicher und humushaltiger Boden lässt die herbstlichen Schönheiten gut gedeihen. Gern stehen sie im Schatten von Gehölzen, aber nicht in unmittelbarer Nachbarschaft der Wurzeln, da sie starken Wurzeldruck von anderen Pflanzen nicht vertragen.

Die Blüten der Herbstanemonen lassen sich gut mit Prachtspieren *(Astilbe)*, Astern, Eisenhut *(Aconitum napellus* oder *A. carmichaelii)* oder der September-Silberkerze *(Cimicifuga ramosa)* kombinieren. Ebenso schön wirkt ein Arrangement mit filigranen Ziergräsern. Gemeinsam mit den Blütenbällen der Bauernhortensie *(Hydrangea macrophylla)*, dem bunten Herbstlaub des Fächer-Ahorns *(Acer palmatum)* oder glänzendem Rhododendronlaub kommen die spät blühenden Anemonen eindrucksvoll zur Geltung.

Herbstanemonen breiten sich durch Wurzelausläufer aus. Nach ein paar Jahren kann eine einzelne Pflanze einen Quadratmeter bedecken. Denken Sie an diese Wuchskraft schon beim Setzen der Stauden, denn ein späteres Umpflanzen vertragen Herbstanemonen nicht gut. Zu groß gewordene Exemplare lassen sich durch Abstechen mit dem Spaten verkleinern. Unkraut sollten Sie lieber nur zupfen, anstatt eine Hacke zur Hand zu nehmen, da das feine Wurzelwerk der Anemonen empfindlich ist.

Die robuste und genügsame Pflanze gedeiht gut im lichten Halbschatten in durchlässigem, aber feuchtem Boden, der auch viel Kalk enthalten darf. Herbstanemonen gehören zu den wenigen Stauden, die Sie nur im Frühjahr pflanzen oder umsetzen sollten.

QUER BEET

Arten und Hybriden

Die Herbstanemone *(Anemone hupehensis)* wird 50 bis 90 cm hoch. Die Blüten sind kleiner als bei den A.-Japonica-Hybriden und erscheinen von August bis September. Gängige Sorten sind 'Praecox' (rosarot), 'Splendens' (rot) und 'Septembercharm' (rosa).

Anemone-Japonica-Hybriden werden bis zu 120 cm hoch und zeigen von September bis Oktober große Blüten. Altbewährte Sorten sind 'Honorine Jobert' (weiß), 'Königin Charlotte' (rosa, halbgefüllt), 'Prinz Heinrich' (weinrot, halb gefüllt) und 'Wirbelwind' (weiß, halb gefüllt).

Anemone tomentosa hat zipfelige Blätter. Sie wird etwa 120 cm hoch und blüht von August bis September. Unter den Herbstanemonen ist sie die robusteste und winterhärteste Art. Bekannt ist die Sorte 'Robustissima' (hellrosa). Die einfachen weißen Blüten von Anemone vitifolia zeigen sich von August bis Oktober. Diese Art wird leider nur selten im Handel angeboten.

Die Blüten von *Anemone tomentosa* 'Robustissima' erscheinen bereits im Juli und bereichern den Garten bis zum September. Die Sorte ist auch an extremen Standorten gut winterhart und breitet sich durch Ausläufer aus.

Einfach perfekt ist die Kombination aus *Anemone hupehensis* 'Hadspen Abundance', dem feinen Heiligenkraut *(Santolina chamaecy-parissus)* und dem samtigen grau-violetten Salbei *(Salvia officinalis* 'Purpurascens').

Der Klassiker unter den Herbst-anemonen ist die Anemone-Japonica-Hybride 'Honorine Jobert'. Ihre strahlend weißen Blüten erhellen dunkle Gartenecken von September bis Oktober und bilden zu dem bunten Herbstlaub von Sträuchern einen spannenden Kontrast.

Die Anemone-Japonica-Hybride 'Bressingham Glow' harmoniert mit den zartlilafarbenen Funkienblüten *(Hosta)* und den violetten Blüten des Mehl-Salbeis *(Salvia farinacea)*.

Mit edlen Blüten, die an Clematis erinnern, wartet die Sorte 'Mont-Rose' der Anemone-Japonica-Hybriden auf. Die rosafarbenen Schönheiten sind von August bis Oktober zu bewundern.

Anemonenblüten gedeihen auch in schattigen und halbschattigen Bereichen.

Ingwerartige – vielgestaltige Schönheiten

Maranten beeindrucken mit kräftig gezeichneten Laubblättern.

Viele interessante und wunderschöne Blattschmuckpflanzen stammen aus der Verwandtschaft des Ingwers, genauer: der botanischen Ordnung der Zingiber. Diese Pflanzengruppe zeichnet sich durch besonders dekorative, formschöne und farbenfrohe Blätter aus. Bei manchen Arten bestechen auch die Blüten durch ihre Form und Langlebigkeit. Alle stammen sie aus den tropischen Regionen der Welt und lieben ein feuchtwarmes Klima. Zu dieser großen Pflanzengruppe gehören erstaunlicherweise auf den ersten Blick so unterschiedliche Gewächse wie Banane, Paradiesvogelblume, Pfeilwurzgewächse und Heliconien.

Pfeilwurzgewächse

Eine der bekanntesten Grünpflanzen aus der Ordnung der Ingwergewächse ist die Pfeilwurz, ihr botanischer Name ist Maranta leuconeura. Die ganze Schönheit und Vielfalt der Pfeilwurzgewächse offenbart sich in größeren Sammlungen, wie sie meist in botanischen Gärten anzutreffen sind. In der Natur wachsen die Pflanzen in den unteren Etagen der dichten Regenwälder und kommen mit sehr wenig Licht aus. Die Blätter richten sich nach der Lichteinstrahlung aus, um das wenige Licht möglichst optimal auszunutzen.

Die Pflege der Maranten

Als Zimmerpflanze ist die Marante recht anspruchslos. Sie will lediglich einen hellen Platz, aber keine direkte Sonne. Besonders wohl fühlt sie sich in der Küche oder im Bad, denn die höhere Luftfeuchtigkeit bekommt ihr sehr. Temperaturen von 18 bis 28 °C sind für die Pfeilwurzgewächse optimal, kälter als 12 °C sollte es jedoch nicht werden. Maranten müssen leicht feucht gehalten werden, vertragen aber keine Staunässe. Man gibt daher etwas Splitt oder Blähton in den Übertopf – das verhindert Staunässe und erhöht die Luftfeuchtigkeit um die Pflanze. Mit dem Düngen sollte man etwas vorsichtig sein, denn die Pflanzen sind sehr salzempfindlich. Alle zwei Wochen etwas Flüssigdünger reicht den Pflanzen bereits zum Wachsen. Zum Umtopfen sollte eine hochwertige Blumenerde verwendet werden, die strukturstabil ist und ausreichend Luft an die Wurzeln lässt.

Die orange blühende Korbmarante

Das Attraktivste an den Pfeilwurzgewächsen sind ihre Blätter, die meist panaschiert sind. Die Blüten sind häufig zweitrangig, eine Ausnahme ist da die der Korbmarante *(Calathea crocata)*. Sie kam im Jahr

1875 aus Brasilien nach Europa. Die Blätter sind mit der einfarbig dunkelgrünen Oberseite und der blassvioletten Unterseite weniger auffällig als die intensiv gezeichneten ihrer Verwandten. Allerdings bildet sie jedes Jahr zuverlässig neue Blüten aus. Sie entwickelt dabei ungewöhnlich hübsche, zapfenförmige Blütenstände. Dabei sitzen die eigentlichen Blüten zwischen den orangefarbenen Hochblättern. Diese prächtigen bunten Hochblätter dienen als Lockmittel für Kolibris. Selbst wenn die Blüten verwelkt sind, bleiben die Hochblätter noch lange farbig und besitzen somit einen großen Zierwert.

Steckbrief

Korbmarante
(Calathea crocata)

Familie:	Pfeilwurzgewächse (Marantaceae)
Herkunft:	Amerika
Wuchs:	aufrecht bis zu 50 cm hoch, Blüten meist über dem Laub
Blütezeit:	Wintermonate, orange, sehr dekorative Hochblätter, zapfenförmige Blüten
Standort:	hell und hohe Luftfeuchtigkeit, keine direkte Sonne, schön für Küche und Bad
Pflege:	feucht halten, stauende Nässe vermeiden, alle zwei Wochen flüssig düngen
Vermehrung:	durch Teilung der Rhizome

Bananen in großer Zahl

Eng verwandt mit den Pfeilwurzgewächsen sind die Bananen. Die Gattung der Bananen *(Musa)* umfasst mehr als Hundert Arten. Nur einige davon sind essbar, aus anderen werden u. a. Fasern gewonnen. Bei einem Großteil der Arten handelt es sich um reine Zierpflanzen. Auch hier ist die Vielfalt riesig. Während einige Bananenstauden 6 bis 7 m hoch werden und nur für Wintergärten geeignet sind, gibt es andere, die gerade einmal 1 m hoch wachsen, aber sehr dekorative Blätter haben. Diese Pflanzen sind für helle Wohnräume und kleinere Wintergärten ebenfalls geeignet. Doch sind auch manche der Exoten frosthart. Sie lassen sich bei uns im Garten halten, allerdings nur mit Winterschutz.

Bananen als Zimmerpflanzen

Bananenstauden sind sehr pflegeleichte Zimmerpflanzen. Stehen ihnen ausreichend Wasser und Nährstoffe zur Verfügung, so entwickeln sie schnell eine beachtliche Größe. Da der Wurzelraum im Topf eher gering ist, sollten die Pflanzen im Sommer zweimal wöchentlich gedüngt werden; im Winter reicht es, einmal in der Woche zu düngen. Für die Zimmerkultur eignen sich nur klein bleibende Arten und Sorten. Es gibt unter diesen sogar solche mit essbaren Früchten, wie etwa

die ‘Cavendish’-Zwergzüchtungen, die zum Teil nur einen Meter hoch werden. Beispiele sind die Sorten ‘Super Dwarf Cavendish’ und ‘Dwarf Cavendish’. Eine reine Zierbanane dagegen ist die *Musa velutina*, die Keniabanane. Sie wird bis zu 2 m hoch und bildet einen aufrechten, sehr dekorativen Blütenstand aus. Die Hüllblätter sind rosa gefärbt.

Frostharte Tropengewächse?

Bananen in bayerischen Gärten? Mit der Chinesischen Faserbanane *(Musa basjoo)* geht das ohne Probleme. Kräftige Jungpflanzen können im Alter von drei Jahren im Frühjahr nach den letzten Frösten in den Garten gepflanzt werden. Dazu hebt man ein großes Pflanzloch aus und füllt es zunächst mit Mist oder reifem Kompost, darüber kommt eine Schicht Erde. Die Pflanzstelle sollte voll sonnig, aber geschützt gelegen sein. Ist die Banane eingepflanzt, wächst sie zügig und erreicht bis zum September eine Höhe von 3 bis 4 m. Bei Temperaturen von -3 °C erfrieren die Blätter allerdings. Dann ist der Zeitpunkt gekommen, die Scheinstämme zurückzuschneiden und die Pflanze winterfest zu machen. Am besten füllt man um sie herum Laub oder Stroh auf und deckt das Ganze mit einer Stegdoppelplatte oder Ähnlichem ab. Im Mai kann die Abdeckung wieder entfernt werden und die Banane wächst dann rasch wieder auf eine beachtliche Höhe heran.

Exotische Schnittblumen

Strelitzien, auch Paradiesvogelblumen genannt, sind etwas für den Pflanzenliebhaber. Sie gehören zu den dekorativsten Pflanzen unter den Ingwerartigen und sind bekannt und beliebt als haltbare Schnittblumen. Aber auch die Pflanze selbst ist sehr dekorativ und pflegeleicht. Charakteristisch ist das auf einem bis zu 2 m hohen Stängel sitzende, kahnförmige, grün, blau und rot gefärbte Hochblatt, aus dem sich die orangefarbenen Blütenblätter wie der Federschopf eines Kranichs erheben. Die langstieligen, bananenartigen Blätter mit ihrer ledrigen Oberfläche bleiben nur wenig kürzer. Botanisch heißt die Paradiesvogelblume *Strelitzia reginae* und sie ist im tropischen Südamerika beheimatet. Im Samenhandel kann man Saatgut von dieser Pflanze erhalten. Von der Aussaat bis zur blühfähigen Pflanze können allerdings bis zu zehn Jahre vergehen, sie ist also nur etwas für geduldige Gärtner. Erwirbt man eine schon blühreife Pflanze, braucht diese einen hellen und luftigen Standort. Fühlt sie sich wohl, erscheinen vor allem im Sommer und Herbst regelmäßig neue, attraktive Blüten. Der Wasserbedarf der Strelitzien ist stark abhängig von der Anzahl der Blätter. Sie braucht eher mehr Wasser, da über die Blattflächen viel verdunstet wird. Im Winter sollte die Erde nur wenig feucht gehalten werden.
Eine wöchentliche Düngergabe von April bis Oktober dankt die Pflanze mit gutem Wachstum.

Strelitzien heißen nicht umsonst Paradiesvogelblumen.

Fast überall heimisch – der Ingwer

Die bekannteste Pflanze in der Ordnung der Ingwerartigen ist wohl der Ingwer selbst. Er gehört ebenso wie Kurkuma zur Familie der Zingiberaceae. Ingwer wächst in den Tropen und Subtropen und wird in Ländern wie Indien, Indonesien, China, Japan, Australien, Südamerika und auch in Nigeria angebaut. Die ursprüngliche Heimat dieser heute weltbekannten Kulturpflanze ist nicht sicher bekannt. Ingwer wird bis zu einen Meter hoch und hat lange, schmale Blätter; der Blütenstand ist auffallend mit gelb-roten Einzelblüten. Der Hauptspross des Ingwers besteht aus einem Rhizom, von dem aus die Nebenzweige abgehen.

Ingwer im Garten

In milden Sommern kann man Ingwer auch hierzulande im Garten anbauen, frosthart ist er allerdings nicht. Er kann jedoch wie seine Verwandte, das Indische Blumenrohr, im Frühjahr in den Garten gesetzt werden und wächst dort kräftig bis in den Herbst. Im Oktober werden die Rhizome aus dem Boden geholt und zum Kochen verwendet. Im Frühjahr setzt man dann einige Rhizomteile neu ein, und die Pflanze beginnt wieder zu wachsen. Hierfür können die im Handel erhältlichen Rhizome genutzt werden. Diese schneidet man in ca. 3 bis 5 cm breite Stücke und steckt sie mit der Schnittfläche nach unten in einen Topf mit Blumenerde. Ein kleines Stück des Rhizoms lässt man herausstehen. In warmen Räumen, mäßig feucht gehalten, wächst die Ingwerpflanze recht schnell heran und kann ab Ende Mai in den Garten gepflanzt werden.

Krankheiten und Schädlinge

Die meisten Pflanzen aus der Ordnung der Ingwerartigen sind überraschend robust, trotz ihrer zarten Blätter. Meist sind es Pflegefehler, die der Pflanze zum Verhängnis werden. Deshalb immer auf ausreichend Wasser und Nährstoffe achten. Blähton oder Splitt im Untersetzer helfen Staunässe zu vermeiden, und die Luftfeuchtigkeit um die Pflanzen herum zu erhöhen.
Machen sich doch einmal Schädlinge breit, sind es meistens Spinnmilben. Diese sitzen an der Blattunterseite und saugen die Leitungsbahnen der Blätter an.
Bei starkem Befall bilden sich die charakteristischen feinen „Spinnweben“ um die Pflanze herum.
Die Blätter werden dann fleckig und sterben schnell ab. Zur Bekämpfung der Spinnmilben eignen sich Mittel auf Öl- oder Kaliseifenbasis, die aber mehrmals im Abstand von einer Woche angewendet werden müssen. In warmen und feuchten Wintergärten können Raubmilben eingesetzt werden, das sind natürliche Gegenspieler der Spinnmilben.

Steckbrief

Ingwer
(Zingiber officinale)

Familie:	Ingwergewächse (Zingiberaceae)
Herkunft:	Indien, Indonesien, China und weitere tropische Länder
Wuchs:	Verbreitung durch Rhizome, straff aufrecht wachsend bis zu 1 m hoch
Blütezeit:	Spätsommer bis in den Winter, je nach Standort und Alter der Pflanze
Standort:	18 bis 25° C mit hoher Luftfeuchte im Wintergarten oder als Kübelpflanze
Pflege:	Substrat feucht halten, keine Staunässe, regelmäßig düngen
Vermehrung:	durch Teilung der Rhizome

Rucola und Salatrauke – nussiger Genuss

Eine alte Kulturpflanze mit mediterranem Flair: das wiederentdeckte Blattgemüse Rauke, im Gemüsehandel meist unter dem Namen „Rucola" angeboten. Aus Italien gelangte das schon bei den alten Römern bekannte, würzige Kraut auf unsere Märkte. Sie wussten genau um den gesundheitlichen Wert der Pflanze. Gerade die in den Blättern enthaltenen, etwas scharfen und nussig schmeckenden Senföle sind besonders wertvoll.

Welcher ist der Richtige?

Hinter der Bezeichnung „Rucola" verbergen sich eigentlich zwei verschiedene Pflanzenarten, die beide den typischen, scharf würzigen, nussartigen Geschmack besitzen, allerdings in unterschiedlicher Intensität. Sie sind beide miteinander verwandt und gehören zur Familie der Kreuzblütler. Die Salatrauke *(Eruca sativa)* ist eine einjährige Pflanze, die als Nachkultur ausgesät werden kann. Sie ist einfach zu kultivieren und hat einen milden Geschmack. Dagegen ist die Wilde Rauke *(Diplotaxis tenuifolia)* mehrjährig und schmeckt kräftiger. Gerade ältere Blätter sind sehr scharf und werden meist als Würze für den Salat verwendet.

Würzige Salatrauke

Die Salatrauke bevorzugt sandig-lehmigen Boden in sonniger bis halbschattiger Lage. Eine gute Wasserversorgung ist dazu notwendig, Staunässe darf allerdings nicht entstehen. Die Rauke kann im Freiland von Anfang April bis Anfang September in Reihen ausgesät werden. Der Reihenabstand sollte ca. 15 cm betragen. Die Samen werden in 1 cm tiefe Rillen gelegt, abgedeckt und gut angegossen. Im Frühjahr und Herbst kann nach ca. sieben Wochen und im Sommer bereits nach drei Wochen geerntet werden. Bei dieser kurzen Kulturzeit ist ein satzweiser Anbau sinnvoll.
Im Gewächshaus eignet sich Rucola gut als Nachkultur. Das Einzige, was der Rauke zu schaffen macht, sind bei trockener Witterung die Erdflöhe. Wichtig ist es dann, den Boden zu lockern und feucht zu halten, so verschwinden die Lästlinge schnell wieder.

Blätter ernten

Die Blätter werden vor der Blüte geerntet, denn nach der Blüte werden sie leicht bitter. Schneidet man die Rosette bei einer Blattlänge von 10 cm nicht zu dicht über dem Boden ab, wachsen wieder neue Blätter nach. Bei kontinuierlichem Schnitt kann zwei- bis dreimal geerntet werden. Von der Wilden Rauke werden die – vorwiegend zum Würzen verwendeten – Blätter an der hoch wachsenden Pflanze einzeln abgeschnitten.

Verwendung in der Küche

Die jungen, zarten Blätter können roh oder gegart verwendet werden. Am besten blanchiert man sie nur leicht: Die Blätter dazu ein paar Sekunden in kochendes Wasser legen, herausnehmen und abtropfen lassen. So haben sie noch leicht Biss und schmecken besonders gut als Gemüse zu Fisch oder Fleisch. Die Blätter der Wilden Rauke eignen sich zum Würzen, als Beigabe zu Salaten und Gemüse.

Sauerampfer – verkannte Delikatesse

Sauerampfer ist alles andere als ein Unkraut.

Viele heimische Wildpflanzen sind Delikatessen, die nichts kosten und die es auch nicht im Supermarkt zu kaufen gibt. Die meisten gehen achtlos an ihnen vorüber, andere schätzen sie als Delikatessen. Wildkräuter wie Mädesüß, Giersch oder auch der Sauerampfer sind nicht nur gesund, sondern häufig viel aromatischer als tiefgekühltes Grün aus dem Supermarkt.

Wild am Wegesrand

Der Sauerampfer *(Rumex acetosa)* ist eine Wildpflanze, die an Weg- und Ackerrändern, auf Schuttplätzen und vor Mauerrändern wächst. Auf Wiesen und Weiden betrachten die meisten Landwirte die mehrjährige krautige Pflanze als lästiges Unkraut.
Sauerampfer liebt nährstoff-, vor allem stickstoffreiche und lehmige Böden. Die Blütezeit erstreckt sich von Mai bis August. Die kleinen roten Blüten sitzen an blattlosen Stängeln, die als Rispe ausgebildet sind. Die Pflanze wird 30 bis 100 cm hoch. Sät sich der Sauerampfer aus, entstehen Hunderte von kleinen Keimlingen, die sich in kurzer Zeit zu kräftigen Pflanzen entwickeln. Zudem sind die Samen sehr robust: Sie können lange Zeit im Boden liegen, ohne ihre Fruchtbarkeit zu verlieren.
Die Wurzeln des Sauerampfers sind sehr kräftig und können bis zu 1,50 m tief in den Boden reichen. Selbst kleinste Teilchen dieser Speicherwurzel sind regenerationsfähig und treiben immer wieder aus.

Würzige Blätter

Geerntet werden die jungen Blätter des Sauerampfers. Schneidet man ihn immer wieder zurück, ist eine Ernte den ganzen Sommer über möglich. Der charakteristische saure Geschmack entsteht durch den hohen Gehalt an Vitamin C und Oxalsäure, es sind aber auch noch

Steckbrief

Sauerampfer
(Rumex acetosa)

Familie:	Knöterichgewächse (Polygonaceae)
Herkunft:	bei uns heimisch
Wuchs:	rosettenartig bis zu 150 cm hoch, dunkelgrüne und pfeilförmige Blätter
Blütezeit:	im Sommer, große Blütenstände mit braunroten Einzelblüten
Standort:	nährstoffreiche, feuchte Wiesen, lehmige und eher schwere Böden
Pflege:	keine besondere Pflege nötig, im Sommer etwas wässern, bei Bedarf düngen
Vermehrung:	durch Aussaat oder Teilung im Frühjahr

andere organische Säuren enthalten. Roh hat er einen günstigen Einfluss auf die Verdauung und dient zur Blutreinigung. Gekocht wirkt er leicht abführend. Menschen mit Gicht, Rheuma oder Steinerkrankungen sollten seinen Genuss jedoch meiden, da der hohe Gehalt an Oxalsäure zu Reizungen führen kann. In kleinen Mengen kann der Sauerampfer auch als Kräuterwürze in den Salat oder die Suppe gegeben werden.

Im Garten oder in freier Natur?

Sauerampfer darf in freier Natur gesammelt werden. Allerdings sollte man ihn nur von ungedüngten Wiesen ernten. Für Liebhaber des Sauerampfers empfiehlt es sich, ihn im Garten anzubauen. Beachtet man einige Regeln, ist keine Massenvermehrung zu befürchten. Ausgesät wird der Sauerampfer im Frühling, am besten in eine Reihe. Schon bald können dann die ersten jungen Blättchen geerntet werden; die Pflanze wird dadurch zum Nachtreiben angeregt. Bilden sich Blütenstiele, sollten diese entfernt werden, so geht die ganze Kraft des Stocks in die Blätter und die Samen können sich nicht verbreiten. Für den Anbau im Garten haben Züchter eine besondere Form des Großen Sauerampfers selektiert, die Sorte ‘De Belleville’, ein milder, zarter Ampfer, der in Frankreich seit Langem als Delikatesse gilt. Geerntet werden nur die jungen, noch zarten Blätter, die dann wie Blattsalat oder Spinat zubereitet werden. Ältere Blätter des Sauerampfers schmecken bitter, man sollte sie nicht verwenden!

Gefüllter Wolfsbarsch auf Sauerampfergemüse

Zutaten (für zwei Personen):

- *2 Fische (Wolfsbarsch)*
- *200 g Sauerampfer*
- *Pflanzenöl*
- *2 Knoblauchzehen*
- *2 Scheibchen Ingwer*
- *Kirschtomaten, geviertelt, Menge je nach Geschmack*
- *Butter*
- *6 bis 8 Schalotten*
- *Salz*
- *Pfeffer*
- *frischer Rosmarin*
- *250 ml Weißwein*
- *1 Esslöffel fein gehackte Petersilie*
- *1 bis 2 Esslöffel fein gewürfelter Sellerie*
- *etwas Sahne*
- *eine Zitrone*

Zubereitung:

Die Fische innen salzen und anschließend mit Sauerampferblättern gut füllen. In eine beschichtete Pfanne etwas Öl geben und die Fische von beiden Seiten anbraten. In der Zwischenzeit den Backofen auf 200 bis 220 °C vorheizen. Die Fische in eine Auflaufform geben, zusammen mit einer ganzen Knoblauchzehe, einigen Schalotten, den Kirschtomaten und einem Rosmarinzweig. Alles bei 200 bis 220 °C für sieben bis acht Minuten in den Ofen geben.

Das feine Sauerampfergemüse

Den frischen Sauerampfer in breite Streifen schneiden und von den Stielen befreien. Etwas Öl in die Pfanne geben und zwei fein gehackte Schalotten leicht anschwitzen, bis sie glasig sind. Einige feine Scheiben Ingwer und eine fein gehackte Knoblauchzehe dazugeben und mit andünsten. Am Schluss den Sauerampfer und ein paar geviertelte Kirschtomaten hinzufügen und bei reduzierter Hitze kurz mitdünsten. Zur Verfeinerung noch etwas Butter dazugeben und schon ist das leckere Sauerampfergemüse fertig.

Leckere Weißweinsoße

Butter mit ein paar fein gehackten Schalotten in einen Topf geben und anbraten, bis sie glasig sind. Mit 250 ml Weißwein ablöschen. Wenn der Sud kocht, die fein gehackte Petersilie und den geschnittenen Sellerie hinzugeben. Etwa fünf Minuten kochen lassen und mit Salz und Pfeffer würzen. Den Sud auf etwa 2/3 der ursprünglichen Flüssigkeitsmenge einkochen lassen und anschließend pürieren. Je nach Geschmack können noch weitere Kräuter und ein Schuss Sahne dazugegeben werden.

Zuerst das Sauerampfergemüse anrichten und den Fisch dazugeben. Das Ganze mit einer halben Zitrone garnieren und alles mit etwas Weißweinsoße servieren.

Seltene Kletterpflanze – die Kiwi

Kiwis brauchen ein stabiles Rankgerüst.

Die Kiwi, die doch wohl aus Neuseeland stammt und bei uns meist nur im Supermarkt zu finden ist, im eigenen Garten? Der Chinesische Strahlengriffel, wie die Kiwi auch genannt wird, stammt ursprünglich aus den subtropischen Zonen Chinas, weshalb die Pflanze bei uns nicht frosthart ist. Es gibt jedoch eine Verwandte der großen Kiwi, die in unseren Breiten gut gedeiht und reichlich Früchte bringt: die *Actinidia arguta*.
Der Name Kiwi wurde übrigens in Neuseeland erfunden und geht zurück auf den Kiwi, einen Vogel, der nur auf Neuseeland zu finden ist. Er wurde als Markenzeichen eingeführt.

Männlein und Weiblein!

Bevor man Früchte ernten kann, müssen zunächst einmal die Blüten befruchtet werden. Dazu muss man wissen, dass Kiwis zweihäusig sind. Zweihäusig bedeutet, dass es rein männliche und rein weibliche Pflanzen gibt. Es sollten also mindestens zwei Pflanzen gesetzt werden – eine männliche und eine weibliche. Ist Platz für mehr Pflanzen, so reicht eine männliche Pflanze aus, um sechs weibliche erfolgreich zu bestäuben. Im Handel werden in den letzten Jahren vermehrt selbstbefruchtende Sorten angeboten, sicherer für den Fruchtertrag sind jedoch zwei Pflanzen.

Was Kiwis mögen

Viel Pflege benötigen Kiwis nicht. Wichtig ist, dass die Kletterpflanze genügend Raum und Platz zum Ranken hat. Ein Maschendraht oder ein Holzspalier an der Hauswand sind ideale Kletterhilfen für die Pflanze. Wegen ihrer Wuchskraft sollte man sie außerdem jedes Jahr kräftig zurückschneiden. Dabei werden die langen Kletterranken bis auf zwei Augen eingekürzt; an diesen Stellen entwickeln sich im Jahr darauf die Früchte. Drei bis vier Jahre nach dem Pflanzen setzen Kiwis die ersten Früchte an. Diese „Minikiwis" sind sehr wärmebedürftig und werden erst im Oktober reif.

In regenreichen und kühlen Sommern reifen sie daher nur schlecht aus. Dann sind sie bei der Ernte noch steinhart und nicht genießbar. Lagert man die Früchte kühl und trocken, reifen sie allerdings nach und können dann verzehrt werden.

Eine bayerische Kiwi

Speziell an die klimatischen Verhältnisse in Bayern ist eine Züchtung des Lehrstuhls für Obstbau der TU München-Weihenstephan angepasst. 'Weiki' oder 'Bayern-Kiwi' heißt die kleinfruchtige Sorte. Sie blüht erst im späten Frühling und ist deshalb kaum spätfrostgefährdet. Im Winter machen der Bayern-Kiwi auch Temperaturen bis minus 30 °C nichts aus, Schädlinge oder Krankheiten können ihr kaum etwas anhaben. Die Bodenansprüche der Pflanze sind gering. Als Dünger genügt meist etwas Kompost, den man im Frühjahr auf dem Beet verteilt. Zurückzuschneiden braucht man die Bayern-Kiwi nicht so stark wie andere Sorten. Wichtig ist aber auch bei ihr eine männliche Pflanze in der Nähe – sonst war die Mühe umsonst. Die Früchte der Bayern-Kiwi werden mit der Schale gegessen, ähnlich wie andere heimische Beerenfrüchte. Ihr Geschmack ist intensiver als der der großen Kiwis.

Wertvolle Inhaltsstoffe

Kiwis enthalten mehr Vitamin C als die meisten anderen Früchte. So ist in zwei Kiwis der Tagesbedarf an Vitamin C enthalten. Gesund sind sie außerdem wegen ihres Gehalts an Kalzium, Kalium, Eisen und Ballaststoffen. Stärkend für die Herzfunktion wirken Kiwis vor allem durch die Kombination von Magnesium und Vitamin C. Sie enthalten außerdem Actinidin, das antimikrobielle und Eiweiß auflösende Eigenschaften besitzt, aber beim Kochen zerstört wird. Rohe Kiwis vertragen sich daher nicht mit Milchprodukten – die Speise wird nach wenigen Minuten bitter, wenn die Früchte roh hinzugefügt werden.

Eine Beerenfrucht, die es in sich hat.

Gartentipp

Actinidia kolomikta ist ein buntblättriger Kiwi-Kletterer, wobei nur männliche Pflanzen eine schöne rosa Färbung haben. Die Zierpflanze mag es gern voll sonnig. Früchte bringen diese Pflanzen nicht hervor.

Steckbrief

Bayern-Kiwi
(Actinidia arguta 'Weiki'*)*

Familie:	Strahlengriffelgewächse (Actinidiaceae)
Herkunft:	aus Südchina, Früchte meist aus Neuseeland
Wuchs:	starker, schlingender Wuchs, bis zu 2 m lange Neutriebe im Jahr
Blütezeit:	von Mai bis in den Juni, kleine gelbliche Blüten, Achtung: zweihäusige Pflanzen
Standort:	sonnige, geschützte Gartenecken sorgen für reichen Fruchtansatz, humoser Boden
Pflege:	keine besondere Pflege nötig, im Sommer etwas wässern, bei Bedarf düngen
Vermehrung:	jedes Jahr leicht düngen und Rückschnitt der langen Neuaustriebe auf Stummel (auf zwei Augen), immer männliche und weibliche Pflanzen setzen

Balkonkästen bepflanzen

Das Geheimnis üppigen Pflanzenwuchses auf dem Balkon ist die richtige Erde.

Das typischste Beispiel einen hängenden Garten ist der Balkonkasten. In ihm lassen sich viele verschiedene Pflanzen auf engstem Raum kultivieren, und so Balkon und Terrasse begrünen. Es wird eine große Auswahl von Behältnissen angeboten: von Wasserspeicherkästen bis zu einfachen Kunststoffkästen in allen Größen. Bei der Auswahl sollte man darauf achten, dass der Kasten stabil ist, genügend Volumen hat und gut verankert werden kann. Stabilisatoren, die in der Mitte eingehakt werden, verhindern, dass der Kasten auseinandergedrückt wird. Je heller der Kasten ist, desto weniger heizt er sich im Sommer auf und erleichtert somit den Pflanzen das Wachstum. Breite Kästen haben den Vorteil, dass sie den Pflanzen viel Wurzelraum lassen und vielfältiger bepflanzt werden können. Der Nachteil dieser Kästen ist das Gewicht; sie wiegen gut das Doppelte und müssen daher sorgfältig befestigt werden.

Die passende Erde

Eine gute, strukturstabile Erde ist Grundvoraussetzung für gutes Wachstum auf begrenztem Raum. Hochwertige Erden bieten den Pflanzen den richtigen Luft-Wasser-Haushalt und fördern das kräftige Wurzelwachstum. Splitt, Ton oder Perlite sorgen dafür, dass die Erde nicht zusammenfällt und ausreichend Luft an die Wurzeln gelangt. Für die Anschubphase des Wachstums enthalten diese Substrate ausreichend Nährstoffe, nach sechs bis acht Wochen muss dann allerdings nachgedüngt werden. Hierfür eignet sich Flüssigdünger oder ein Langzeitdünger. Flüssigdünger werden wöchentlich dem Gießwasser zugegeben und versorgen so die Pflanzen kontinuierlich mit allem, was sie brauchen. Diese Form der Düngung ist für die Balkonkästen ideal, da große Nährstoffschwankungen verhindert werden können.

Balkonkästen bieten auf engstem Raum viel Möglichkeiten für Pflanzkombinationen.

Die richtigen Pflanzen

Für jede Gartensituation gibt es die passenden Pflanzen: ob schattig, sonnig oder windig. Für die Sonne eignen sich Geranien, Goldmarie, Zauberglöckchen, Zweizahn, Verbenen und Strohblumen. Aber auch für den Schattengarten gibt es ebenfalls eine große Auswahl: Fuchsien, Begonien, Blattschmuckpflanzen, Fleißige Lieschen und viele andere lassen auch schattige Ecken aufblühen. Die passende Wahl sichert eine reiche Blüte, daher sollte man sich beim Kauf gut beraten lassen.

Außergewöhnliche Kombination

Außergewöhnliche Arrangements können mit Gemüsepflanzen und auch Kräutern erreicht werden. Viele wärmeliebende Gemüsepflanzen schätzen den Platz auf einem Südbalkon, sind sie doch hier geschützter als im Garten; zudem strahlt die Hauswand nachts viel Wärme ab und sorgt so für ein optimales Klima. Cocktailtomaten zum Beispiel wachsen bis zu 2,5 m hoch und tragen überreich kleine aromatische Früchte. Bei den Paprika gibt es ebenfalls viele Sorten, die nicht nur gut schmecken, sondern auch schön aussehen. Kleinfruchtige Sorten bringen übrigens mehr Früchte hervor als die großen Gemüsepaprika. Auberginen und Artischocken lieben einen sonnigen Balkon ebenfalls und belohnen den Gärtner mit reicher Ernte.

Gartentipp

Kletterpflanzen gedeihen ebenfalls auf Terrasse und Balkon. In größere Kübel gepflanzt, erfreuen Feuerbohnen und Glockenwinde mit zahlreichen Blüten. Selbst Kletterrosen können ohne Weiteres mehrere Jahre im Topf wachsen und blühen. Besonders wichtig ist bei den langjährigen Kulturen eine gute Kübelpflanzenerde sowie eine ausgewogene Düngung.

Hortensien lieben es üppig

Tellerhortensien brauchen einen sonnigen bis halbschattigen Platz.

Üppige, ballförmige Blütendolden, die in traumhaftem Rosé oder Violett, strahlendem Weiß oder intensivem Blau leuchten – das sind die Markenzeichen der Bauernhortensien *(Hydrangea macrophylla)*. Um die bunten Seiten des Landlebens zu genießen, muss man jedoch nicht unbedingt in ländlicher Umgebung wohnen: Mit blühenden Hortensien im Topf oder Kübel kann sich jeder Gartenfreund die heiter ungezwungene Atmosphäre in kleinem Maßstab auch auf die Terrasse, den Balkon oder in den Eingangsbereich holen.

Das Schönste: Jede schattige Ecke wird durch sie zum echten Blickfang!

Schöner Schein

Hortensien haben sommergrüne, bis 7 cm breite und bis zu 20 cm lange Blätter. Die Blüten, die sie von Juni bis in den September schmücken, plustern sich in ihrer Schönheit regelrecht auf und verdecken große Teile des Blattwerks. Sie stehen in meist ballförmigen, dicht geschlossenen, doldenartigen Blütenständen, die je nach Sorte einen Durchmesser von bis zu 20 cm haben können. Bei den Blütenbällen handelt es sich eigentlich „nur“ um Scheinblüten aus blütenblattartigen Kelchblättern, die Insekten anlocken. Die echten Blüten sitzen wesentlich kleiner und unscheinbarer in der Mitte der Dolde. Bei den Bauernhortensien gibt es neben den ballförmigen Sorten auch die sogenannten Tellerhortensien. Sie haben eine tellerförmige Blüte mit einem Kranz auffallender großer Scheinblüten am Rand. Die Lust auf üppige Farben in einer kühlen Designerwelt aus Glas und Chrom beschert der Hortensie seit einigen Jahren ein starkes Comeback: Früher erblühte sie in nostalgischer Zartheit, heute sind die Blütenfarben neuer Züchtungen satt und warm und von beeindruckender Leuchtkraft. Das Farbenspektrum der Hortensienblüten umfasst neben Weiß zahlreiche Rosa-, Rot- und Blautöne. Eine Besonderheit bei Hortensien ist, dass die Blaufärbung einiger Sorten durch den pH-Wert des Bodens, also die Düngung, beeinflusst werden kann.

Als Single oder glücklich verpartnert

Durch ihren kompakten Wuchs und ihre auffallenden Blüten kommen Bauernhortensien sehr gut als Einzelpflanze zur Geltung. Solo sind üppig blühende Hortensien zum Beispiel in nostalgisch anmutenden Pflanzkübeln aus Terrakotta ein Gewinn für jeden Balkon und jede Terrasse und verbreiten romantisches Flair. Mehrere Hortensien beieinander haben sogar aus der Entfernung eine enorme Farbwirkung. Im Beet lassen sich Hortensien auch gut mit Stauden kombinieren, zum Beispiel mit Pfingstrosen, Türkenmohn und Tränendem Herz oder mit Funkien, Taglilien und Astilben – Stauden, die wie die Hortensie ursprünglich aus Ostasien stammen.

Wie hat sie's denn gerne?

Die Hortensie liebt es, hell und kühl zu stehen. Auf der Terrasse und dem Balkon braucht sie einen geschützten, luftigen und leicht schattigen Platz. Am wohlsten fühlt sie sich bei moderaten Temperaturen – im Sommer reichen ihr 20 °C vollkommen aus. Ideal ist ein gleichmäßig feuchter, humoser und gut wasserdurchlässiger Boden, der sauer bis neutral sein sollte. Für Hortensien in Töpfen und Kübeln ist Rhododendronerde hervorragend geeignet. Der lateinische Name der Hortensie, „Hydrangea", bedeutet „Wasserschlürferin", womit ein weiteres Bedürfnis der Hortensie angesprochen ist. Während der Blüte schätzt sie es, regelmäßig gegossen zu werden – mit Vorliebe trinkt sie entkalktes Wasser. Bei hohen Temperaturen lieben Hortensien eine erfrischende Dusche mit kühlem Nass – und der Pflanzenfreund wird mit beeindruckendem Blütenreichtum belohnt!

Die Rispenhortensie ist ein sommergrüner Strauch mit überhängenden Trieben.

Der Garten im Frühherbst

Was jetzt zu tun ist

Der frühherbstliche Garten

Allgemeine Gartenarbeiten

- Letzte Gründünger aussäen, z.B. Senf, Phacelia, Spinat
- Stecklinge von Gehölzen schneiden: Beerenobst, Johannisbeere, Zierjohannisbeere
- Stein- und Holzhaufen zur Überwinterung von Nützlingen an geschützter Stelle errichten

Nutzgarten

- Baumobst zur Pflückreife ernten
- Fallobst laufend auflesen und verwerten
- Gemüseaussaat: Feldsalat, Spinat und Radieschen
- Spargelbeete düngen
- Lauch anhäufeln
- Obstbäume mit Herbstdünger versorgen, z. B. mit Kalidünger

Ziergarten

- Frühjahrsblühende Blumenzwiebeln kaufen und pflanzen
- Vorgezogene, zweijährige Blumen an endgültigen Standort auspflanzen
- Lilien pflanzen
- Gladiolen und alle nicht winterharten Zwiebelgewächse ausgraben, sobald sie eingezogen sind

Das Zusammentreffen zweier Signale der Natur kündigt eindeutig den Beginn des Herbstes an: die Blüte der Herbstzeitlosen und die reifen Früchte des Holunders. Die Herbstzeitlose zählt zu den Liliengewächsen. Man trifft sie wild wachsend auf feuchten Wiesen an, vor allem aber auf Verwitterungsböden aus Kalk oder Basalt. Mit der Blüte der Herbstzeitlosen reifen auch die Holunderbeeren und andere Wildfrüchte wie Hagebutte, Brombeere und Hartriegel. Der Holunder begegnet uns im biologischen Natur- und Gartenkalender insgesamt dreimal: beim Austrieb, zur Blütezeit und in der Fruchtreife. Reif sind die Holunderbeeren in aller Regel ein bis zwei Wochen nach der Herbstzeitlosenblüte.

In manchen klimatisch begünstigten Gegenden kann der Frühherbst erst Mitte bis Ende September einsetzen. Das meist stabile Wetter in diesem Monat hat seine Ursache in stabilen Hochdruckgebieten, beste Voraussetzung für die schönen Tage des „Altweibersommers“. Der Name rührt von den Fäden der Jungspinnen her, die in der milden Spätsommerluft umherfliegen. Die Spinnweben gelten in den alten Mythen als Lebensfäden, die von den Schicksalsgöttinen gesponnen werden.

Bodenpflege: Fitnesstraining für Gärtner

Die Bearbeitung des Bodens ist die Grundlage gärtnerischen Erfolges.

Der Gartenboden dient den Pflanzen nicht nur als Wurzelraum, er versorgt sie auch mit wichtigen Nährstoffen und dem lebensnotwendigen Wasser. Nachdem im Herbst die meisten Beete abgeerntet sind, ist es deshalb wichtig, für eine gute Überwinterung des Gartenbodens zu sorgen. Nur ein Boden, in dem sich Mikroorganismen und Regenwürmer wohlfühlen, gewährleistet einen dauerhaft gesunden Pflanzenanbau. Ohne diese Vielfalt der Lebewesen würde der Boden seine feine Krümelstruktur verlieren, Pflanzenreste nicht mehr abbauen und auch Nährstoffe nicht umsetzen.

Für eine möglichst schonende Bodenbearbeitung ist es zunächst wichtig, die eigene Gartenerde zu beurteilen, um die richtige Bearbeitungsmethode wählen zu können. Als Anhaltspunkt unterteilt man die Bodenarten in schwere und leichte Böden. Dabei ist die Fingerprobe eine gute Unterscheidungshilfe. Man nimmt dazu eine Handvoll Boden und versucht sie zügig zu einer gut daumendicken Wurst zu rollen. Gelingt dies gut, handelt es sich um einen eher lehmigen, schweren Boden; zerfällt das Gebilde, ist er dem sandigen Bereich zuzuordnen, also ein leichter Boden. Je besser man den eigenen Gartenboden einschätzen und ihn pflegen kann, umso besser ist das Pflanzenwachstum.

Gartentipp

Beim Hacken werden die Kapillarröhrchen zerstört, durch die Wasser nach oben aufsteigt und verdunstet. Der Boden kann durch Hacken also länger die Feuchtigkeit halten.

Die Bearbeitung schwerer Böden

Lehmige Böden sollten, wenn sie stark verdichtet sind, im Herbst umgestochen werden, Ernterückstände und Mulchmaterialien wie Stroh können dabei mit eingearbeitet werden. Beim Umstechen wird die Bodenschicht angehoben und seitlich wieder abgelegt. Dabei sollten die tieferen Bodenschichten wieder nach unten gelangen, um die Mikroorganismen und Bodenlebewesen nicht zu zerstören.

Grundsätzlich sollte der Boden nur maximal spatentief umgegraben werden. Ziel des Umgrabens ist es, den Boden zu durchlüften und der Frostgare auszusetzen. Bei der Frostgare gefrieren die kleinen Wassertropfen im Boden und sprengen dann den umliegenden Bereich. Der Boden wird so feinkrümelig und durchlässig. Die groben, umgegrabenen Erdschollen bleiben den ganzen Winter liegen und werden im Frühjahr mit dem Rechen begradigt. Es entsteht ein feines, gut vorbereitetes Saatbeet. Umgegraben werden sollte allerdings nur alle zwei Jahre, und das auch nur, wenn der Boden sehr schwer und stark verdichtet ist.

Leichte Böden lockern

Für leichte Böden ist Umgraben nicht empfehlenswert, sie benötigen lediglich eine leichte Lockerung mit dem Greil, Sauzahn oder der Grabgabel. Zum Auflockern des Bodens zieht man den Greil oder Sauzahn möglichst tief durch den Boden, ohne dabei die Bodenschichten anzuheben oder aufzuwerfen. Das Umstechen würde zu einer Zerstörung der natürlichen Bodenstruktur führen, da dann die Mikroorganismen den Humus schneller abbauen, als er wieder nachgeliefert werden kann. Bei sandigen, mageren Böden ist es wichtig, den Winter über eine Mulchschicht aufzubringen. Sie hilft einer Austrocknung vorzubeugen und fördert eine gesunde Humusschicht. Zur Bodenabdeckung können alle im Garten anfallenden organischen Materialien wie Grünschnitt, gemischtes Laub, Häcksel, Staudenschnitt und Ernterückstände verwendet werden. Eine 1 bis 3 cm starke Schicht reicht aus, um den Boden zu schützen und organisches Material zurückzuführen.

Jäten, jäten, jäten

Stehen Unkräuter auf den Beeten, müssen sie beim Umgraben, bei der Ansaat der Gründüngung oder bei flacher Bodenbearbeitung auf jeden Fall entfernt werden. Mit dieser Maßnahme vermeidet man ein erneutes Aufkommen der lästigen, unerwünschten Beipflanzen. Haben sogenannte Samenunkräuter, wie z. B. die Vogelmiere, noch keine Samen angesetzt, können sie herausgerissen werden und auf dem Beet verbleiben. Wurzelunkräutern wie Quecke und Ackerwinde, sollten bei der Bodenbearbeitung sorgfältig herausgelesen und kompostiert werden, um ein erneutes Anwachsen zu vermeiden.

Geräteauswahl und Pflege

Alle Werkzeuge für die Bodenbearbeitung sollten sorgfältig ausgewählt und gepflegt werden. Es gibt beispielsweise spezielle Spaten für Frauen, die leichter gebaut und damit kräftesparender zu handhaben sind. Günstige und zu dünne Spatenblätter verbiegen sich leicht und brechen bei stärkerer Belastung schon mal durch. Besser sind geschmiedete Spaten, die wesentlich stabiler sind, selbst schärfen und einem damit die Arbeit erleichtern. Ist die Gartensaison abgeschlossen, sollten die Geräte gereinigt und trocken gelagert werden. Das Rosten kann man vermeiden, indem man alle Metallteile einölt, bevor sie eingewintert werden.

Bodenbearbeitung nützt nicht nur dem Boden!

Neben den positiven Auswirkungen der Bodenbearbeitung auf den Boden selbst gibt es noch andere nützliche und angenehme Nebenwirkungen. Das Umgraben mit dem Spaten ist äußerst anstrengend und man benötigt viel Muskelkraft. Ein wahrer Kalorienkiller, der die Muskeln wachsen und überflüssige Pfunde purzeln lässt. Wichtig sind bei diesen Arbeiten die korrekte Haltung und das richtige Heben. Die Arbeiten sollten nicht aus dem Kreuz heraus bewältigt werden, sondern in aufgerichteter Haltung. Hierfür ist richtiges Werkzeug notwendig und unerlässlich. Betrachtet man das Umgraben als Sport, mit allen positiven Auswirkungen, wird aus der eher verhassten Arbeit ein „anstrengendes Vergnügen".

Rasenkur gegen Sommerstress

Grassamen für Nachsaaten sind auch in kleinen Mengen erhältlich.

Der Rasen hat durch die Sommerhitze etwas gelitten. Längere Trockenperioden sowie starke Belastung sind ihm jetzt anzusehen: Die Grasflächen sind im Vergleich zum satten Frühjahrsgrün braun und trocken. Was der Rasen nun braucht, ist eine kleine Biokur, organische Nährstoffe, die sich langsam abbauen. In einigen Rasenprodukten sind z. B. Mykorrhiza-Pilze enthalten, die sich positiv auf die Wurzelentwicklung auswirken. Wird der Rasen jetzt nicht gestärkt ist er im Winter anfällig für Schimmel.

Auch andere Blessuren im Rasen können jetzt noch korrigiert werden. Die mildere, feuchte Witterung der Herbstmonate und die nachlassende Kraft der Sonne schaffen ideale Verhältnisse zum Ausbessern des Rasens. Braune Stellen, die durch Trockenheit, starke Beanspruchung oder die „kleinen Geschäfte" des Hundes entstanden sind, werden nachgesät, um im Frühjahr wieder eine grüne, geschlossene Rasendecke zu erhalten.

Gießen Sie zunächst die betroffene Stelle ausgiebig, um die Salze auszuschwemmen. Den Boden anschließend mit einer Grabgabel etwas auflockern oder ggf. die Erde ganz austauschen. Streuen Sie nun Grassamen gleichmäßig darüber und bedecken Sie alles mit lockerer Garten- oder gekaufter Blumenerde. Für diesen Zweck ist Reparaturrasen im Fachhandel auch in kleinen Mengen erhältlich. Nun noch mithilfe der feinen Brause angießen und zwei Wochen lang feucht halten. Bis dahin sind die Samen aufgegangen, und aus dem grünen Schimmer der ersten Tage wird bald ein perfekter Rasenteppich. Auch im September kann Rasen noch gut ausgesät werden, denn der Boden ist warm vom Sommer und oft gibt es genügend Niederschläge, die zur Keimung wichtig sind, sodass Wässern unnötig ist. Später sollte nicht mehr gesät werden, da zu junge Graspflanzen den ersten Frost meist nicht überstehen.

Herbstdüngung zur Kräftigung

Damit der Rasen die winterlichen Temperaturen und schwierigen Witterungsbedingungen gut überstehen kann, muss der Rasen kräftig sein. Hier empfiehlt sich eine Herbstdüngung. Dem Rasen wird dabei Kalium zugeführt. Dieses bewirkt, dass das Blattgewebe gestärkt wird und das Gras widerstandsfähiger gegen Frost und Pilzkrankheiten wird.

Als Dünger wäre zum Beispiel Patentkali (Kalimagnesium) oder ein spezieller Herbstrasendünger zu empfehlen. Neben der Vorbereitung auf den Winter wird der Rasen gleichzeitig von möglichen Sommerschäden regeneriert.

Die Düngergabe wird im September verabreicht und stellt die letzte Rasendüngung des Jahres dar. Der Schnitt des Rasens sollte dagegen noch so lange erfolgen, wie das Gras wächst. Teilweise ist noch im Dezember ein Schnitt nötig, da das Gras den Winter über nicht zu lang sein sollte.

Herbstliche Blütenpracht: Astern

Sonnenhut und Herbstastern lassen sich im Staudenbeet gut kombinieren.

Die Blütenpracht der Astern ist das Highlight des Herbstes! Ihre strahlenden Blütenköpfchen formieren sich zu einem Meer aus den Farben Violett, Blau, Rosa, Weiß und Rot. Der Name Aster leitet sich vom lateinischen „Astrum" = Stern ab, was sich auf die strahlenförmigen Blüten bezieht. Obwohl die bekanntesten Arten im Hochsommer und Herbst blühen, gibt es einige dekorative Astern, die bereits das Frühjahr schmücken. Alle Astern bevorzugen einen sonnigen bis halbschattigen Standort und lassen sich auf den meisten guten Gartenböden kultivieren. Interessant sind die unterschiedlichen Wuchsformen, die von kissenförmigen, flachen Astern bis hin zu hohen Prachtstauden reichen.

Vielfarbige Blütenkissen

Wer eine schöne Pflanze für den Beetrand sucht, die sich durch einen kriechenden Wuchs auszeichnet, der liegt mit der Kissenaster *(Aster dumosus)* genau richtig. Es gibt sie in zahlreichen Sorten und Farben. Sie wird nicht höher als 50 cm und entfaltet ihre Blütenpracht in den Monaten von August/September bis

Steckbrief

Kissenaster
(Aster dumosus)

Familie:	Korbblütengewächse (Asteraceae)
Herkunft:	USA, Kanada
Wuchs:	Kriechende Wuchsform, bis 50 cm Höhe
Blütezeit:	August/September bis November, Farben: Weiß, Rosa, Rot, Violett, Blau
Standort:	sonnig bis halbschattig, nicht zu heiß, alle guten, frischen Gartenböden
Pflege:	Pflanzung wegen Mehltaus nicht zu dicht, regelmäßige Kompost- und Düngergaben, bei Trockenheit wässern
Verwendung:	im Randbereich von Beeten, in Kombination mit Gräsern

November. Die Wirkung der Blüten kann durch Kombinationen mit anderen Herbstaspekten verstärkt werden. Besonders schön wirkt zu den Kissenastern zum Beispiel ein Gras wie die Rutenhirse. Entsprechend den anderen Asternarten ist ein guter Gartenboden zu empfehlen, der regelmäßig mit Kompost- oder Düngergaben versorgt wird.

Bekannte Rabatten- und Schnittstaude

Um die Hochblüte einer Staudenrabatte vom Sommer bis hinein in den Herbst zu verlängern, sind die Glattblatt-Astern *(Aster novi-belgii)* sicherlich eine elegante Möglichkeit. Sie erfreuen von August bis in den Oktober hinein mit ihren strahlenden Blüten. Attraktive Pflanzenpartner sind hohe Gräser wie das Chinaschilf *(Miscanthus)* oder Gehölze mit Beerenschmuck, so auch Hagebutten. Damit die Glattblatt-Astern, die sich übrigens auch hervorragend als Schnittblumen für die Vase eignen, gut gedeihen, ist ein frischer Gartenboden zu empfehlen, der vor allem im Sommer unbedingt eine gleichbleibende und ausreichende Feuchtigkeit aufweisen muss. Um den relativ hohen Nährstoffbedarf der Stauden zu gewährleisten, sind Kompostgaben im Herbst und Düngergaben im Frühjahr und Sommer vorzunehmen. Nach einigen Jahren vergreisen Glattblatt-Astern. Um sie zu erhalten, gräbt man sie aus, teilt sie und pflanzt sie an einer neuen Stelle wieder ein. Ein weiteres Problem kann Mehltaubefall darstellen. Um diesem vorzubeugen, sind gesunde, kräftige Pflanzen zu wählen. Zudem sollten die Pflanzen nicht zu eng stehen und keinen längeren Trockenperioden ausgesetzt sein. Eine heilende Behandlung von befallenen Pflanzen ist schwierig.

Glattblatt-Aster
(Aster novi-belgii)

Steckbrief

Familie:	Korbblütengewächse (Compositae)
Herkunft:	Kanada, USA, Rocky Mountains
Wuchs:	bis zu 1,5 m hohe Staude
Blüte:	rot, Rosa, Violett oder Blau, Blütezeit von August bis Oktober
Standort:	vollsonnig bis halbschattig, guter Gartenboden
Verwendung:	als Herbst-Highlight für Rabatten

Alpen-Aster
(Aster alpinus)

Steckbrief

Familie:	Korbblütengewächse (Compositae)
Herkunft:	Europäische Gebirge, West- u. Mittelasien, Sibirien, westl. Nordamerika
Wuchs:	aufrechte Staude, Höhe: 20 bis 30 cm
Blütezeit:	Mai bis Juni, große Blütenköpfe meist in Violett-Blau, auch in Rosa oder Weiß
Standort:	sonniger Standort, gut durchlässige, magere Böden, sonst kurzlebig
Pflege:	regelmäßige Teilung der Rosetten fördert die Langlebigkeit
Verwendung:	Steingärten, Terrassenbeete

Schmuckstück für den Steingarten

Auch im Steingarten braucht man auf Astern nicht zu verzichten. Die Alpen-Aster *(Aster alpinus)* liebt einen sonnigen Standort auf magerem, steinigem und durchlässigem Boden, wie er im Steingarten zu finden ist. Die Blütezeit ist im Mai und Juni und schließt damit an die frühe Blüte vieler Steingartenpflanzen an, die oft schon im März/April beginnt. Um die Langlebigkeit dieser Astern zu fördern, ist eine Teilung der Pflanzen nach der Blüte zu empfehlen. Es gibt verschiedene schöne Sorten wie 'Albus' mit reinweißer Blüte, 'Abendschein' in leuchtendem Rosa oder 'Dunkle Schöne' in Dunkelviolett.

Kürbis – kleiner Aufwand, große Ernte

Rund 550 Kürbissorten sind im Handel erhältlich.

Der Kürbis gilt als die älteste Nutz- und Kulturpflanze der Menschheit, besonders in südlichen und wärmeren Gebieten ist er ein wichtiges Nahrungsmittel. Spitzenreiter bei Anbau und Verbrauch von Kürbissen ist Indien, dicht gefolgt von China. Weitverbreitet ist er in den Mittelmeerländern. In Italien heißt Kürbis „Zucca", und kleine, jung geerntete Kürbisse „Zucchini". Zucchini gehören bei uns mittlerweile schon zum Standard-Lebensmittelangebot, aber auch Kürbisse finden immer mehr Anhänger. Seit einigen Jahren wächst auch im Saatguthandel das Angebot an Sorten, die sich zum Anbau in unserem Klima eignen.

Kürbisanbau ist kinderleicht

Oft werden im Frühjahr in Kindergärten und Schulen Kürbissamen an die Kinder verteilt, damit sie die Samenkerne in einen mit Erde gefüllten Blumentopf stecken. Dieser wird dann auf das Fensterbrett gestellt, und bereits nach wenigen Tagen zeigt sich der erste Erfolg. Der Keimling schiebt sich aus der Erde und strebt in seinem unwiderstehlichen Wachstumsdrang dem Licht entgegen. Sobald kein Frost mehr zu befürchten ist, wird der junge Kürbis in den Garten gepflanzt. Außer gelegentlichem Gießen ist im Sommer kaum eine weitere Pflegemaßnahme erforderlich. Kürbispflanzen gedeihen in jedem lockeren und humosen Gartenboden. Günstig sind auch humusreiche, sandige Lehmböden. Sehr förderlich für das Wachstum ist reichlich organischer Dünger in Form von Kompost. Für alle Kürbisse gilt: So spät wie möglich ernten. Je mehr Sonne sie bekommen, desto ausgereifter sind sie und desto länger lassen sie sich lagern.Kürbisse sollten so lange wie möglich in den Beeten ausreifen. Eine empfehlenswerte Sorte, die in England und in den USA häufig angebaut wird und auch bei uns gut gedeiht, ist die Moschuskürbissorte 'Butternut-Squash'. Die Früchte sind mittelgroß, wohlschmeckend und etwa drei Monate lagerfähig.

Steckbrief

Kürbis
(Cucurbita moschata)

Familie:	Kürbisgewächse (Cucurbitaceae)
Herkunft:	Süd- und Mittelamerika
Wuchs:	kriechend und rankend, bis 15 Meter lange Triebe
Blüte:	von Mai bis in den September, gelbe große Blüten
Standort:	sonnig und warm, humoser und nährstoffreicher Boden
Pflege:	regelmäßig gießen und ausreichend düngen, Boden oft hacken und offen halten
Vermehrung:	durch Aussaat, Saatgut kann selbst gesammelt und ausgesät werden

Gesund und vielfältig

Vielfältig ist auch die Verwertung von Kürbissen in der Küche und in der Heilkunde. Aus dem Samen wird aromatisches Kürbiskernöl gepresst. Es enthält viele mehrfach ungesättigte Fettsäuren und wertvolle Vitamine (A, B1, B2, B6 und E) sowie das krebshemmende Spurenelement Selen. In der Medizin wird die Kraft der Kürbiskerne bereits seit über hundert Jahren gegen Blasenfunktionsstörungen und Prostatakrebs eingesetzt.
Das Fruchtfleisch dient dagegen in aller Welt als Zutat für die schmackhaftesten Gerichte. Kürbisse sind leicht bekömmlich und regen die Verdauung an, zudem wirken sie blutreinigend und entschlackend.

Mit Kohl gesund durch den Winter

Eine Spezialität für Kenner ist der Sibirische Kohl.

Auch in der kalten Jahreszeit muss man nicht auf frische Vitamine verzichten. Einige Gemüse lässt man einfach den Winter über in den Beeten stehen, andere brauchen an Ort und Stelle Schutz, wieder andere bekommen erst durch den Frost ihre richtige Reife. Die meisten der typischen Wintergemüse, wie Kohl, sind eher pflegeleicht, und die Ernte kann bis spät ins Jahr hinein erfolgen.

Rustikal oder Feinschmeckerküche

Die bekanntesten Vertreter der Kohlarten sind Rotkohl, Weißkohl, Brokkoli, Blumenkohl, Wirsingkohl, Rosenkohl und Grünkohl. Seit alters her ist Kohl nicht von unserem Speiseplan wegzudenken und wird gerade von vielen in der Küche wiederentdeckt. Immer mehr raffinierte Salatvarianten von Weißkohl erobern die Herzen der Feinschmecker, auch Sauerkraut oder gekochter Kohl finden nach wie vor gerne Abnehmer. Den Sprung zum Feingemüse hat unbestritten der Wirsing geschafft. Appetitlich angerichtet kommt er selbst in feinsten Restaurants auf den Tisch. Rotkohl dagegen passt eher zur rustikalen Küche, ebenso wie Grünkohl und Spitzkohl.

Gesunder Kohl

Kohl ist gesund – das weiß man nicht erst seitdem die moderne Wissenschaft sich seiner angenommen hat. Als Nahrungsmittel stand er schon den Menschen in der Steinzeit zur Verfügung und in alten Kräuterbüchern wird Weißkraut als Mittel gegen Bauch- und Magenleiden beschrieben. Die moderne Medizin empfiehlt Kraut gegen Magengeschwüre. Neuere Forschungsergebnisse bestätigen, dass in Weißkraut ebenso wie in Wirsing, Grünkohl, Brokkoli oder Kohlrabi viele heilende bioaktive Stoffe, wie z. B. Senföle, enthalten sind, die eine blutreinigende und entzündungshemmende Wirkung haben. Außerdem senken sie den Cholesterinspiegel.

Ernten von Weiß- und Rotkohl

Geerntet werden die Köpfe der beiden Kohlarten ab Ende September. Im Hausgarten kann das Beet nach und nach abgeerntet werden, leichter Frost schadet ihnen nicht. Steht stärkerer Frost ins Haus, können die restlichen Köpfe geerntet und eingelagert werden. In einem kühlen Naturkeller hält sich Kohl lange, allerdings muss regelmäßig kontrolliert werden, ob sich Faulstellen gebildet haben. Im Kühlschrank können halbierte Köpfe bis zu zwei Wochen aufbewahrt werden. Weißkohlköpfe sind deutlich größer als die des Rotkohls. Die am häufigsten angebauten Sorten im Erwerbsanbau sind rundköpfig, wodurch sie leichter zu handhaben sind, insbesondere bei automatisierter Verarbeitung.

Rotkohl

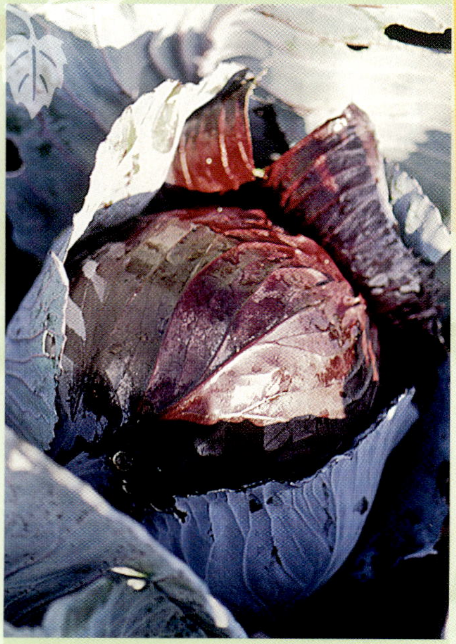

Steckbrief

Weißkraut, Weißkohl, Kappes
(Brassica oleracea var. capitata)

Familie:	Kreuzblütengewächse (Brassicaceae)
Herkunft:	Züchtungen
Wuchs:	bildet runden Kopf, teilweise größer als andere Kopfkohlarten
Standort:	sonniger Standort auf gutem, nährstoffreichem Gartenboden
Pflege:	starke Düngung, Kalken des Bodens, Pflanzung ab März, Netzabdeckung nötig
Verwendung:	Verarbeitung zu Sauerkraut, in Eintöpfen, als Salat

Steckbrief

Rotkohl, Blaukraut
(Brassica oleracea var. capitata)

Familie:	Kreuzblütengewächse (Brassicaceae)
Herkunft:	Züchtungen
Wuchs:	bildet runden Kopf, Blätter rot, violett bis blau, je nach Boden
Standort:	sonniger Standort auf gutem, nährstoffreichem Gartenboden
Pflege:	2- bis 3-malige Düngung, Kalken des Bodens, Pflanzung ab März, Netzabdeckung nötig
Verwendung:	als Gemüsebeilage, in Eintöpfen oder Strudeln

Deutschlands liebster Kohl: der Weißkohl.

Frostharter Geselle

Grünkohl stammt wie viele Arten aus der Familie der Kohlgewächse ursprünglich aus dem Mittelmeerraum. Er gilt als die eiweiß- und vitaminreichste Kohlart. Von allen Gemüsearten enthält Grünkohl am meisten Vitamin C und Kalzium. Der Anbau im eigenen Garten ist problemlos. Grünkohl hält Temperaturen bis zu –15 °C problemlos aus und schmeckt nach der Einwirkung von Frost sogar noch besser, da die in der Pflanze enthaltene Stärke in Zucker verwandelt wird. Geerntet werden die Blätter des Grünkohls von unten nach oben. Beim Kauf von Grünkohl ist darauf zu achten, dass die Blätter fest und nicht vergilbt sind. Im Kühlschrank hält er sich problemlos etwa eine Woche lang.

Ein königliches Gemüse

Die kleinen Blätter des Rosenkohls bilden einen regelrechten Winterschutz für die schmackhaften Gemüserosen. Bei Frost ist es am besten, den ganzen Strunk zu ernten, im Haus aufzutauen und die Rosen einzeln auszubrechen. Bei Temperaturen über null Grad lassen sich die Rosen im Freiland ohne Weiteres einzeln ernten, und zwar am besten von unten nach oben. Erntereif sind die Rosen, wenn sie Walnussgröße haben und noch fest geschlossen sind. Sind alle Rosen abgeerntet, können die obersten Blätter des Rosenkohls wie Grünkohl zubereitet und gegessen werden. In rauen Klimaregionen darf man Rosenkohl nicht den ganzen Winter über im Freien stehen lassen. Es empfiehlt sich dann, die Strünke im Dezember an der Nordseite des Hauses einzuschlagen und mit Fichtenzweigen zuzudecken.

Wirsing – Tipp für Feinschmecker

Wirsing ist eng verwandt mit Weiß- und Rotkohl. Er stammt ursprünglich aus dem Mittelmeerraum; in Deutschland wird er bereits seit dem 18. Jahrhundert angebaut. In der Küche ist der Wirsing vielseitig verwendbar, da seine Blätter zarter sind als die anderer Kohlarten. Nur kurze Zeit müssen die jungen Blätter gegart werden, um ihren vollen Geschmack zu entfalten. Das Wintergemüse kann als Gemüsebeilage, Eintopf oder zu Kohlrouladen verarbeitet werden. Zudem ist Wirsing eine wahre Vitaminbombe: 100 g roher Wirsing enthält den Tagesbedarf an Vitamin C.

Entstehung neuer Sorten

Pflanzenzüchter sind auf der Suche nach Kohlsorten mit gewünschten Eigenschaften wie Robustheit, hohem Ertrag, guter Lagerfähigkeit, angenehmem Geschmack oder der Ausbildung von kurzen Strünken (z. B. bei Rotkohl). Dazu werden Pflanzen miteinander gekreuzt, um gute Kombinationen solcher positiver Eigenschaften zu erzielen. Die Kreuzung erfolgt durch die manuelle Bestäubung der Blüte durch den Menschen, der somit die Arbeit der Insekten übernimmt. Die Blüte der Kohlpflanze wird dazu freigelegt. Dann wird mit einem Pinsel männlicher Pollen von einer Blüte entnommen und auf das weibliche Organ, die Narbe, einer anderen Blüte gegeben. So wird die Blüte befruchtet und es bilden sich Samen. Diese werden ausgesät, und nun kann man beobachten, welche Eigenschaften die neu entstandene Sorte hat. Bei der Züchtung ist aber viel Geduld erforderlich, es sind viele Kreuzungen nötig, bevor eine anbauwürdige neue Sorte entsteht. Diese muss noch über längere Zeit genau beobachtet werden, um herauszufinden, ob die gewünschten Merkmale stabil sind und den Anforderungen entsprechen. Bis zur „Marktreife“ kann es daher bis zu fünf Jahre dauern.

Steckbrief

Wirsing
(Brassica oleracea var. Capitata)

Familie:	Kreuzblütengewächse (Brassicaceae)
Herkunft:	Züchtungen
Wuchs:	bildet runden bis spitzen Kopf, Blätter kraus gewellt, gelb- bis dunkelgrün
Standort:	sonniger Standort auf gutem, nährstoffreichem Gartenboden
Pflege:	2- bis 3-malige Düngung, Kalken des Bodens, Pflanzung ab März, Netzabdeckung nötig
Verwendung:	als Gemüsebeilage, in Eintöpfen oder für Kohlrouladen

Die Blüten der Kohlgewächse sind eher unscheinbar.

Ginkgo: Relikt aus der Urzeit

Ginkgogewächse sind streng genommen keine Laubbäume.

Der bekannte Dichter und Philosoph J. Wolfgang von Goethe schrieb im Jahr 1815 ein Gedicht über den Ginkgo, das den Bekanntheitsgrad des Baumes wesentlich beeinflusste. Er veröffentlichte es vier Jahre später in seiner Sammlung „West-östlicher Diwan".
Eine einzigartige Bedeutung kommt dem Ginkgo in der asiatischen Philosophie zu, hier steht er für das Yin-Yang, den Inbegriff der Harmonie. Die schlanke, aufstrebende Wuchsform des Ginkgos repräsentiert nach asiatischer Philosophie das Yang, während die Blätter aufgrund ihrer fächerartigen Form das Yin, also Sanftheit und Weichheit, darstellen. Diese Interpretation führte schon in frühen Zeiten dazu, dass der gesamte Baum als Symbol für Harmonie betrachtet wurde.

Ein lebendes Fossil

Ein Baum, der im Herbst den Garten noch einmal so richtig aufleuchten lässt! Ginkgopflanzen existieren schon seit fast 300 Millionen Jahren. Der Ginkgobaum ist jedoch der letzte Überlebende seiner Pflanzenfamilie und er gilt als das älteste lebende Fossil der Pflanzenwelt. Wie die Nadelbäume gehört er zu den Nacktsamern, ist also streng genommen kein Laubbaum. Der Baum stammt ursprünglich aus Ostasien und wurde von holländischen Seefahrern um 1730 von Japan nach Europa gebracht.
Der Ginkgo ist ein robuster Baum, der sowohl in gemäßigten als auch in subtropischen Breiten gedeiht. Er ist sehr widerstandsfähig und trotzt Abgasen, Schädlingen, Pilzen, Viren und Bakterien. Gegen Autoabgase ist der Baum offenbar so resistent, dass man in Tokio und New York an stark befahrenen Straßen Ginkgoalleen pflanzt. Tausend Jahre und älter kann das lebende Fossil werden und schmückt mit seinen schön geformten Blättern viele Straßenzüge, Parkanlagen und Gärten.
Der Ginkgo vereint Langlebigkeit, Widerstandsfähigkeit und Anpassungsfähigkeit und erstaunt immer wieder aufs Neue. So zum Beispiel bei der Atombombenexplosion in Hiroshima: Die Ginkgobäume gingen in Flammen auf, trieben aber im folgendem Frühjahr wieder saftig grün aus.

Schöne Gartenformen

Als Baum wird der Ginkgo mit seiner starken Wuchsleistung für die meisten Gärten leider schnell zu groß. Zwergformen des Baumes können allerdings in jedem Garten gedeihen, solche sind seit einigen Jahren im Handel erhältlich. Die Sorten 'Marike' und 'Troll' sind beispielsweise von Natur aus sehr schwachwüchsig und können im Garten oder sogar auf Balkon und Terrasse jahrelang Freude bereiten. Andere Sorten eignen sich perfekt für die Bepflanzung entlang von Straßen, da sie einen schlanken und aufrechten Wuchs haben. Dazu gehört die Sorte 'Fastigiata'.

Eine Rarität und sehr selten sind buntblättrige Sorten. Die Sorten 'Globus' und 'Globulus' wachsen sehr kugelig und auch langsam. Eine Besonderheit ist der geschlitzt blättrige 'Saratoga' und die Hängeform 'Pendula'.

Stinkender Abfall oder Nahrungsmittel?

Aufgrund seiner schönen, exotisch anmutenden Blätter und der bunten Herbstfärbung wird der Ginkgo gern in Parks und an Straßenzügen als Hochstamm gepflanzt. Gefürchtet ist aber der ranzige Geruch, den seine fleischigen Früchte verströmen. Er entsteht durch die Buttersäure in der Schale der Früchte, die äußerlich Mirabellen ähneln. Die Früchte werden bei uns also kaum beachtet, doch umso mehr Aufmerksamkeit schenkt man ihnen in anderen Gegenden der Welt. In Asien zum Beispiel wurden mehrere Zuchtreihen des Ginkgobaumes mit verschiedenen Qualitäten als Nahrungspflanze gezüchtet. Ginkgopflaumen schmecken süß und pflaumenartig. In Japan werden sie als Beilage zu gebratenem Fisch gereicht. Sie werden aber auch als Knabberei und Suppeneinlage verwendet. Dazu werden die Pflaumen blanchiert und die Haut entfernt. Bei uns sind Ginkgopflaumen nur in Konserven erhältlich. Geröstete und gehackte Kerne dienen in der asiatischen Küche als Gewürz.

Heilende Inhaltsstoffe

Da die Blätter des Ginkgos reich an heilenden Substanzen sind, nimmt er mittlerweile in der Pharmakologie eine bedeutende Stellung ein. Präparate aus Ginkgoblättern werden bei Schwindel und ganz allgemein bei Durchblutungsstörungen im Gehirn empfohlen. Die Verwendung der Blätter als Heilmittel ist bereits früh belegt. Ginkgoblätter dienten schon im Mittelalter zur Behandlung von Asthma, Bronchitis, Erfrierungen, Hautkrankheiten, Husten, Magenleiden, Tuberkulose und Unruhezuständen. Des Weiteren wurden seine Blätter zu Tee und Wundpflastern verarbeitet.

Wissenswertes

Botanisch heißt der Ginkgobaum *Ginkgo biloba*. Aus botanischer Sicht lässt er sich weder den Laub- noch den Nadelbäumen eindeutig zuordnen. Bereits vor über 250 Millionen Jahren gab es den Baum und zahlreiche weitere verwandte Arten. Versteinerte Blätter und Früchte beweisen seine lange Existenz. Während der Eiszeiten zog sich der Ginkgo nach Asien zurück, wo die heute verbreitete Art überlebte und große Wälder bildete. Während seiner jahrmillionenlangen Geschichte haben sich die Merkmale des Baums fast nicht geändert. Ginkgos sind übrigens zweihäusig, es gibt also männliche und weibliche Pflanzen.

Ginkgo
(Ginkgo biloba)

Steckbrief

Familie:	Ginkgogewächse (Ginkgoaceae)
Herkunft:	früher weltweit verbreitet, heute in Asien beheimatet
Wuchs:	aufrecht, starre Äste mit wenigen Verzweigungen, bis zu 40 m hoch
Blütezeit:	im März, zweihäusig also männliche und weibliche Bäume, Blüte eher unauffällig
Standort:	humose bis lehmige oder karge Böden, sehr anpassungsfähig, sonnig
Pflege:	kaum notwendig, in den ersten Jahren bei starker Trockenheit wässern
Vermehrung:	durch Aussaat oder durch Stecklinge (sehr lange Anwachszeiten)

An den Früchten scheiden sich die Geister.

Jetzt ist Apfelzeit

Rot, grün oder auch gestreift, rund und knackig – so appetitlich präsentieren sich Äpfel. Die Auswahl ist riesig. Zur Erntezeit findet man auf den Wochenmärkten eine besonders große Vielfalt an alten und neuen Sorten, süß oder säuerlich, grün, gelb oder mit roten Bäckchen – beste Voraussetzungen für kulinarische Apfelfreuden.

Knackig, gesund und zum reinbeißen schön.

Der Apfel als biblische Pflanze

Äpfel haben durchaus einen Bezug zu Weihnachten. Als der Tannenbaum, Symbol für immergrüne Lebenskraft, am Vorabend von des Weihnachtsfests in die guten Stuben Einzug hielt, da gehörte zu seinem Schmuck vor allem der Apfel. Die makellosen roten, glänzenden Exemplare der Herbsternte wurden für den Christbaum reserviert. Sie hingen an seinen Zweigen, wohl auch aus dekorativen Gründen und weil sie damals als süß-fruchtige Winterdelikatesse einen anderen Stellenwert hatten als heute. Vor allem aber besaß der Apfel höchsten Symbolgehalt, auch wenn sich der Hausvater, der den Baum schmückte, und die Familie, die sich dann andächtig darum versammelte, dessen nicht immer bewusst waren.

Winter, Weihnachten, Jahreswechsel: Da erzählte man sich in früheren Zeiten im Dämmerlicht der guten Stube Geschichten, während im Ofenrohr Backäpfel schmorten und ihren köstlichen Geruch verbreiteten. Und manchmal hatten die Geschichten oder Märchen dann auch noch etwas mit dem Apfel oder mit Äpfeln zu tun. Der Apfel ist wahrlich eine paradiesische Frucht. Doch war es wirklich ein Apfel, den Eva vom verbotenen Baum pflückte? Die Bibel hüllt sich diesbezüglich in Schweigen. In der Genesis ist lediglich vom „Baum der Erkenntnis von Gut und Böse" die Rede.

In einer der ersten deutschen Bibelübersetzungen, der Koberger Bibel aus dem Jahre 1483, ist der Apfel das Symbol einer heilen Welt, in der alle Lebewesen in Eintracht miteinander leben. Zugleich ist er auch die Frucht der Versuchung. Gut vorstellbar, dass Adam und Eva sich so einen herrlich duftenden Apfel nicht entgehen lassen wollten.

Die Frucht der Versuchung

In der Bibel, in der die „Frucht vom Baum der Erkenntnis“ den Anstoß zur Erbsünde gab, die mit der Vertreibung aus dem Paradies endete, wurde der Apfel in der Hand Marias oder des Jesuskindes zum Symbol für die Erlösung.
Der Apfel steht aber auch als Symbol für das Wort, das Wort Gottes. Bei Salomon heißt es im Alten Testament: „Ein gutes, zur rechten Zeit gesprochenes Wort ist wie ein goldener Apfel.“

Herakles soll, als eine seiner 12 Taten (mission impossible), dem König Eurystheus die Äpfel der Hesperiden bringen, die den Göttern ewige Jugend verleihen. Herakles macht einen Handel mit Atlas und schickt ihn zu dem Apfelbaum auf den Inseln der Hesperiden, zu denen kein Sterblicher gelangen kann. In der Zwischenzeit trägt er an Atlas' Stelle das Weltgewölbe. Athena hilft ihm dabei. Der zurückgekehrte Atlas macht jedoch keinerlei Anstalten, seine Last wieder aufzunehmen und will stattdessen die Äpfel gleich selbst zu König Eurystheus bringen. Herakles hält ihn mit der Bitte zurück, ihm wenigstens noch für einen Augenblick beim Zurechtmachen des Polsters in seinem Rücken behilflich zu sein und kann endlich durch diese List die begehrten Äpfel an sich bringen.

Äpfel in Mythen und Legenden

Apfelgeschichten trugen sich auch nach griechischen Mythen in einem Paradiesgarten zu: im Hain der Hesperiden, der Töchter des Titanen Atlas, am Rande der bewohnten Welt, wo die Abendsonne ins Meer taucht und wo goldene Äpfel hinter hohen Mauern wachsen. Es waren Äpfel der ehrwürdigsten Herkunft, die Erdgöttin selbst hatte sie Hera zu ihrer Hochzeit mit Zeus geschenkt. Herakles, dem heldenhaften Halbgott, wurde als vorletzte seiner zwölf übermenschlichen Taten aufgegeben, diese Äpfel zu rauben. Natürlich gelang es ihm, sonst wäre diese Szene vom Triumph der Manneslist nicht auf griechischen Vasenbildern der Nachwelt überliefert worden.
Einer islamischen Legende folgend schnitt Allah einen Apfel durch, gab Adam und Eva unabhängig voneinander je eine Hälfte und gebot ihnen, sich auf die Suche zu machen nach dem Teil, der ihnen fehle. In vielen Märchen aus Orient und Okzident haben die Hälften wohl zusammengefunden, aber der Kinderwunsch des Paares blieb unerfüllt. Erst ein Zauberapfel, gemeinsam gegessen oder auch nur von der Frau, förderte die Empfängnis. Der Apfel muss „gegessen" werden, erst dann wird die Ehe „fruchtbar".
In einem griechischen Märchen gibt ein weises Mütterchen einer alternden kinderlosen Königin einen Apfel, nach dessen Genuss sie sogleich schwanger wird. Die Apfelschalen warf sie zum Fenster hinaus, wo sie von einer Stute gefressen wurden, die darauf trächtig wurde. Ein Junge und ein Fohlen wurden geboren, gemeinsam zogen sie in die Welt hinaus, gemeinsam waren sie unüberwindbar, niemand und nichts hat je vermocht das Glück des Jungen mit der wunderbaren Apfelherkunft aufzuhalten.

Ein Baum mit Tradition

Seit mindestens 3000 Jahren sind Zuchtformen von Äpfeln im Zweistromland, in Ägypten, im alten Griechenland und in Rom bezeugt. Die Pfropfreiser, über die Alpen gebracht, werden auch den Germanen schließlich ihre Wildformen vergrößert und versüßt haben.
Seit dem frühen Mittelalter waren vor allem die Klostergärten wahre Versuchsfelder für alle Bereiche des Gartenbaus, insbesondere aber kümmerten sich die Mönche um das Obst. Walahfried Strabo, der gartenbegeisterte Abt auf der Bodenseeinsel Reichenau, pries bereits im 9. Jahrhundert seine Äpfel in einem Gartengedicht: Sie wären so groß, „dass man sie mit zwei Händen nicht umfassen könnte". Zuchtziel war vor allem eine Sortenvielfalt mit unterschiedlicher Reife vom Spätsommer bis ins Frühjahr hinein.

Äpfelbäume begleiten die Menschheit seit Jahrtausenden.

Beliebt und begehrt

Bis heute liegen Äpfel unbestritten im Trend – hinter Weintrauben, Zitrusfrüchten und Bananen rangieren sie auf dem vierten Platz in der Beliebtheitsskala der Obstsorten; der Pro-Kopf-Verbrauch liegt in Deutschland bei etwa 40 kg pro Jahr. Doch geht dies leider auf Kosten der Vielfalt, mehr und mehr Sorten verschwinden, viele der alten Apfelsorten sind heute nur noch in der Genbank des Instituts für Pflanzengenetik in Dresden registriert. Insgesamt werden für Deutschland über 2000 verschiedene Apfelsorten vermutet. Im Erwerbsobstbau finden sich aber nur etwa 25 Sorten in Kultur, von denen maximal noch sieben im Handel bevorzugt angeboten werden. Dies sind in der Regel 'Boskop', 'Cox Orange', 'Golden Delicious', 'Elstar', 'Gloster', 'Jonagold' und 'Granny Smith'. Für den Hausgarten und die Streuobstwiese stehen aber mehr und bessere Sorten zur Verfügung als die begrenzte Auswahl aus dem Supermarkt.

'Rubin' und 'Goldrenette' – wertvolle und schmackhafte Äpfel

Äpfel mit hervorragendem Geschmack findet man häufig in Streuobstbeständen, hier werden noch alte und bewährte Sorten angebaut. 'Goldrenette von Blenheim' ist beispielsweise ein ausgezeichneter Tafelapfel aus Großvaters Garten, den es heute praktisch nir-

Garant für Gesundheit.

gendwo mehr zu kaufen gibt. Der Grund dafür ist einfach: Die Sorte 'Goldrenette von Blenheim' eignet sich nicht für den Intensivanbau in Obstplantagen. So gibt es sie fast nur noch auf Wochenmärkten und Ausstellungen, die für die alten Sorten werben. 'Rubin' heißt eine andere alte Apfelsorte. Ein weiterer wertvoller, mittelfrüh reifender Tafelapfel ist 'Roter James Grieve'.

Tipps für die Sortenwahl

Ob die Bäume in Ihrem Garten wohlschmeckende, gesunde Äpfel tragen, entscheidet sich schon in der Baumschule oder im Gartencenter bei der Auswahl der Sorte. Neben dem Geschmack des Apfels sind auch andere Eigenschaften wichtig, wie zum Beispiel die Anfälligkeit für Krankheiten und Schädlinge. Im Kleingarten sollten vor allem pflegeleichte und widerstandsfähige Sorten angebaut werden. Von Sorten, die Probleme bereiten, krank sind und nur kümmerliche Früchte liefern, sollte man sich trennen. Kaufen Sie Ihre Obstbäume in anerkannten Baumschulen oder gut sortierten Gartencentern. Von Obstbäumen, die ohne Sortenbezeichnung angeboten werden oder die nur als Sommer- und Lagerapfel etc. ausgezeichnet sind, lässt man besser die Finger, da niemand sagen kann, wie sich solche Bäume entwickeln. Eine wichtige Rolle spielt auch die Unterlage. Sie bestimmt, wie groß der Baum einmal wächst und welche Ansprüche er an Boden und Klima stellt. Keine Sorte ist perfekt, da die Ansprüche und die biologische Vielfalt zu unterschiedliche Ausprägungen zulässt. Geschickt ausgewählt, kann ein Apfelbaum mehrere Jahrzehnte Freude bereiten und viele Hundert Kilo Äpfel liefern.

Steckbrief

Apfel
(Malus in Sorten)

Familie:	Rosengewächse (Rosaceae)
Herkunft:	Europa und Asien
Wuchs:	je nach Erziehungsform als Hochstamm, Spindel, Spalier oder Halbstamm
Blütezeit:	April bis Mai, je nach Sorte, weiße bis rosafarbene Blüten
Standort:	sonnig in offenen und tiefgründigen Böden, Säulenformen auch als Kübelpflanze
Pflege:	regelmäßig düngen in den ersten Jahren, jährlich Schnitt und Pflegearbeiten
Vermehrung:	durch Veredelung auf eine Unterlage (die Unterlage bestimmt die Wuchsstärke)

Wein im Kübel

Weinstöcke am Haus und im Garten gewinnen immer mehr Liebhaber. Selbst gezogene Trauben kann man aber auch auf Balkon und Terrasse ernten. Prinzipiell lässt sich Wein in allen Regionen Deutschlands kultivieren, auch außerhalb der klassischen Weinbaugebiete. Es empfiehlt sich dann, früh bis mittelspät reifende Sorten zu verwenden und einen geschützten Standort zu wählen. Als Obstgehölz benötigt die Weinrebe viel Sonne und Wärme. Ideal ist deshalb ein Platz mit Mittags- und/oder Nachmittagssonne. Ein Kübel für die Kultur einer Rebe sollte 30 bis 40 Liter fassen. Tongefäße haben den Vorteil, dass sie luft- und wasserdurchlässig sind. Auf jeden Fall muss stauende Nässe vermieden werden. Zuerst gibt man eine Drainageschicht in den Topf, das können Tonscherben oder Kies sein. Darauf ein strukturstabiles Substrat, in dem die Pflanze sicher steht. Wichtig ist, dass das Edelauge ca. 5 cm über der Substratoberfläche liegt, so wird verhindert, dass das Edelreis eine eigene Wurzel bildet. Dann kräftig angießen. Die Rebe im Kübel muss regelmäßig Wasser bekommen.

Rebsorte	Beerenfarbe	Besonderheiten
'Bianca'	Grün	Sehr frühe Reife (im Weinbauklima ab August), geringe Ansprüche, neigt zu Sonnenbrand, zur Weinbereitung geeignet
'Glenora'	Gelb	Geringe Ansprüche, kleine Kerne
'Hecker'	Gelb	Geringe Ansprüche, große Trauben, zur Weinbereitung geeignet
'Himrod'	Gelb	Kernlos, windgeschützter Platz, sonst Ertragsausfälle, Himbeeraroma
'Königliche Esthertraube'	Blau	Geringe Ansprüche, große Beeren
'Muscat bleu'	Blau	Große Beeren, stark wüchsig, Muskataroma
'Phönix'	Gelb	Unempfindlich gegen Kälte, stark wüchsig, Muskataroma, in Weinbaugebieten keine ausreichende Pilzfestigkeit
'Regent'	Blau	Windgeschützter Platz, sonst robust, zur Weinbereitung geeignet
'Romulus'	Grün	Kernlos, harte Beerenhaut, geringe Ansprüche, stark wüchsig, rote Herbstverfärbung
'Theresa'	Gelb	Sehr späte Reife (in Weinbauregionen ab Oktober, daher nur für Weinbauklima sinnvoll), hoher Ertrag, stark wüchsig

Widerstandsfähige Sorten

In den vergangenen Jahren haben sich Rebenzüchter in vielen Ländern mit der Verbesserung von Tafeltrauben befasst. Moderne Hausreben kombinieren hervorragende Fruchteigenschaften mit einer hohen Widerstandsfähigkeit gegen Pilzerkrankungen. Hausreben werden in Rebschulen und Gartencentern angeboten. Sie bestehen aus dem Edelreis, das später die Früchte trägt, und einer Unterlage, welche die Wurzeln bildet und die Pflanze vor dem Befall mit Rebläusen schützt. Meist werden einjährige Containerpflanzen in Töpfen von 15 bis 20 cm Durchmesser mit einem grünen Trieb angeboten. Gedüngt wird erst im Frühjahr, von der Blüte ab bis Anfang August. Wichtig sind ein ausreichender Rückschnitt auf ein oder maximal zwei Triebe im ausgehenden Winter sowie das Ausbrechen der Geiztriebe. Der Weinstock darf nicht mit allzu vielen Trauben belastet sein.

Feigen als Kübelpflanze

Nur wenige Pflanzengattungen haben so viele Arten und Sorten wie die Feige *(Ficus)*, alleine ca. 1000 hauptsächlich in den Tropen. Zur Kübelpflanzenkultur eignen sich aber neben dem Echten Feigenbaum *(Ficus carica)* und der Eselsfeige *(Ficus sycomorus)* nur wenige Arten. Aus der Ausgangsform Ficus carica haben sich zwei Kulturformen herausgebildet, der Caprificus und die Calimyrna-Feige. Nicht zu empfehlen als Kübelpflanze sind Wilde Bocks- oder Holzfeigen, San-Pedro-Feigen und Smyrnafeigen. Sie tun sich schwer bei der Befruchtung oder ihre Früchte schmecken nicht. Einzig zu empfehlen sind gute Sorten der Echten Feige, die in der Regel stecklingsvermehrt werden. Die Feigen, die man in unseren Breiten ernten kann, bilden sich im Spätsommer bzw. im Herbst in den Blattachseln der obersten 30 cm des einjährigen Triebs. Sie überwintern dann und reifen im kalten Wintergarten, je nach Temperatur und Sorte, zwischen Juli und September. Ein zweiter Satz Früchte wird im Frühjahr am neuen Trieb gebildet. Das sind meist die schmackhafteren Früchte. Am Baum ausgereifte Feigen schmecken unvergleichlich süß

Frostharte Feigen

Die frostharte Bayernfeige 'Violetta' wächst bei uns problemlos und übersteht Fröste bis –20 °C. Die Ansprüche an Boden und Standort sind gering, es gibt so gut wie keine Probleme mit Krankheiten oder Schädlingen. Fruchtansatz und Ertrag sind ausgezeichnet. Die Früchte werden relativ groß, schmecken sehr süß und färben sich bei Vollreife lila. Ihre Ernte beginnt ab Juli und endet mit dem ersten Frost. Sie können frisch gegessen oder für Marmelade oder im Rumtopf verwendet werden.

Steckbrief

Echte Feige
(Ficus carica)

Familie:	Maulbeergewächse (Moraceae)
Herkunft:	Mittelmeerraum, Nordirak, Iran, Nordwestafrika, Zentralasien
Wuchs:	mittelhoher Strauch oder kleiner Baum, breiter Wuchs, H: 4 bis 7(8) m
Standort:	sonniger warmer Standort, je nach Sorte und Standort winterhart, trockenheitsverträglich, empfindlich gegen Staunässe
Frucht:	grün bis dunkelviolett, frisch, getrocknet oder verarbeitet genießbar
Verwendung:	Kübelpflanze oder an geschützten Stellen im Garten, für mediterrane Gestaltung

und aromatisch, weit besser als die in den südlichen Ländern grün gepflückten Früchte. Man sollte die Feigen jedoch so lange wie möglich hängen lassen und erst vor dem ersten größeren Frost ernten. Sie werden bis zum Herbst groß, reifen allerdings erst im Wintergarten voll aus.

Feigen im Wintergarten

Der Feigenbaum zählt zu den besonders dankbaren Kübelpflanzen für den Wintergarten, den warmen Balkon oder die sonnig gelegene Terrasse. In milden Regionen, in denen auch Wein angebaut wird, kann man ihn ohne Weiteres auspflanzen, denn er ist in diesen Gegenden weitgehend winterhart. Auch wenn die Pflanze in einem kalten Winter einmal bodeneben zurückfriert, wird er einigermaßen sicher wieder austreiben.

Feigenbäume bringt man möglichst spät ins Winterquartier und holt sie so früh wie möglich wieder heraus. Dieses frühzeitige Ausräumen verzögert den frostempfindlichen Austrieb. Hat man die Pflanzen im Haus vorgezogen, dann sollte man sie ganz langsam ans Freie gewöhnen. Zum einen sind die krautigen Austriebe sehr frostempfindlich, zum anderen bekommen sie schnell einen Sonnenbrand, wenn man sie zu plötzlich den Sonnenstrahlen aussetzt. An Feigenbäumen in Kübeln braucht man in der Regel nur wenig schneiden. Wenn, dann hauptsächlich, um sie zu formieren. Entfernt werden normalerweise nur Äste und Zweige, die sich überkreuzen. Bei ausgepflanzten Feigen empfiehlt es sich, im Abstand von fünf bis sechs Jahren einen radikalen Rückschnitt durchzuführen.

Der Garten im Spätherbst

Was jetzt zu tun ist

Allgemeine Gartenarbeiten

- Kaltkeimer aussäen
- Laubkompost ansetzen
- Bodenuntersuchungen machen lassen
- Gehölze pflanzen, solange der Boden nicht gefroren ist
- Vogelschutzhecke pflanzen
- Winterschutz für Immergrüne anbringen
- Teich winterfest machen

Nutzgarten

- Chicoréewurzeln ausgraben und zum Treiben einlagern
- Schnittlauch aus dem Garten ausgraben, für den Wintergebrauch eintopfen
- Beerenobststräucher schneiden
- Hügelbeet anlegen
- Beete für Winter vorbereiten; bei schweren Böden umgraben, sonst nur lockern und mulchen

Ziergarten

- Winterschutz für Rosen und empfindliche Stauden schaffen
- Balkonpflanzen ins Winterquartier bringen
- Kübelpflanzen einwintern
- Balkon-Dauerbepflanzung wässern

Was jetzt zu tun ist

Der spätherbstliche Garten

Es gibt ausgesprochene Herbstmenschen. Das sind Leute, die erst wenn die Vegetation ihren Höhepunkt längst überschritten hat und die Ernte eingebracht ist, eine besondere Hochstimmung kommen, erst dann fühlen sie sich mit der Natur in vollem Einklang. Ich bin so ein Mensch: Der Herbst ist für mich die schönste Jahreszeit! Im Herbst habe ich die meiste Kraft und Energie, angefangene Dinge vorwärtszubringen, sie abzuschließen und Neues zu beginnen. Winter, Frühling und Sommer empfinde ich als Übergangszeiten, der Herbst dagegen ist für mich die Jahreszeit, in der das Vergehen in der Natur manch alltägliche Ereignisse zu Belanglosigkeiten werden lässt und anderes, sonst Vernachlässigtes, plötzlich ins Blickfeld gerät.

Am idealsten ist eine Verbindung von einem feuchten, warmen Sommer und einem trockenen warmen Herbst. In solchen Jahren werden wir mit den allerschönsten Farben beschenkt. Dann kann es schon vorkommen, dass manche Bäume von der ersten Verfärbung bis zum Laubfall drei Wochen benötigen.

Jetzt ist Pflanzzeit

Die Tage werden wieder kürzer, der Himmel grauer und die Sonne verliert zunehmend an Kraft. Wunderbar wäre es, jetzt in den Süden zu verreisen, das Jahr auf Sommer zurückzudrehen oder den Winter zu überspringen und direkt mit dem späten Frühjahr wieder zu beginnen. Viel einfacher aber ist es, jetzt in den herbstlichen Garten zu gehen und die Freude für das nächste Jahr zu pflanzen!

Der Herbst ist die Jahreszeit der goldenen Farben.

Herbstkinder

Der Herbst ist die beste Pflanzzeit – außer natürlich für Sommerblumen und empfindliche Gemüse wie Zwiebeln oder Salat. Aber für die winterharten Arten bietet sich der Herbst hervorragend an. „Im Allgemeinen können Beetstauden von Anfang März bis Mitte Mai und von Mitte August bis Mitte November gepflanzt werden", schreiben die „Staudenpäpste" Richard Hansen und Friedrich Stahl in ihrem Buch „Die Stauden und ihre Lebensbereiche". Wurzelnackte Gehölze sowie frühlingsblühende Zwiebeln und Knollen pflanzt man sogar ausschließlich im Herbst. Auch die scheinbar so zarten Zweijährigen wie Stiefmütterchen, Primeln und Bellis können problemlos im Herbst gepflanzt werden. August bis November – es bleibt also viel Zeit, um dem Garten neue Impulse zu geben, ihn umzugestalten oder gar neu anzulegen. Noch ist der vergangene Sommer gut in Erinnerung: Jetzt können Lücken geschlossen, Farben und Strukturen harmonischer miteinander kombiniert werden. Was zu üppig gewachsen oder überaltert ist, lässt sich entfernen, teilen und verjüngen. Gelb werdende Horste, trockene Rispen, Büsche und Rosetten der Stauden sind noch deutlich zu erkennen.

Vorteile der Herbstpflanzung

Nicht nur der Seele des Gartenbesitzers und dem Gesicht des Gartens tut das Pflanzen im Herbst gut, sondern auch die Pflanzen profitieren davon. Denn sie erlangen dadurch einen deutlichen Vorsprung. Jedes Neu- und Umpflanzen stört den Organismus der Pflanze. Sie muss sich auf einen anderen Boden, anderes Licht und fremde Nachbarn einstellen und neue Wurzeln bilden. Die im Herbst gesetzten Pflanzen können diese notwendige Anpassung im Winter abschließen und im Frühling bereits mit kräftigen Wurzeln loslegen. Das zeigt sich am besseren Wachstum und einer stärkeren Blüte. Ein weiterer Vorteil der Herbstpflanzung liegt darin, dass im Frühjahr häufig schlechtes Wetter herrscht, was die Pflanzung so weit verzögern kann, dass kein weiterer Ausweichtermin mehr vorhanden ist.

Am Ende der Gartensaison

Wenn sich die Gartensaison dem Ende zuneigt, ist es Zeit für Aufräumarbeiten. Wasserbecken, Gartenschläuche, ungeschützte Wasserleitungen und Wasserhähne müssen entleert und eingewintert werden. Auf den Gemüsebeeten können noch Lauch, Grünkohl, Rosenkohl, Schwarzwurzel, Radicchio und gut eingepackter Mangold stehen bleiben. Feldsalat, Spinat und Winterzwiebel werden ohnehin bis in den Frühling geerntet. Kündigen sich tiefere Minusgrade an, ist es ratsam, Rosenkohl und Lauch abzuernten. Sie werden an einer geschützten Stelle eingeschlagen und mit einer wärmenden Laubschicht geschützt. Feldsalat kann man im Frühbeetkasten oder mit einem Vlies abgedeckt den ganzen Winter über ernten. So ist er auch vor Kahlfrösten sicher.

Bodenpflege im Herbst

Wenn die Beete abgeerntet sind, kann der Boden auf die nächste Saison vorbereitet werden.

Kompostbehälter

Entleeren Sie Kompostbehälter, bevor die ersten starken Fröste kommen. Sie können den Inhalt zu einem klassischen Komposthaufen aufschichten. Auf diese Weise erhält angerottetes Pflanzenmaterial wieder Sauerstoff, so dass der Zersetzungsvorgang weitergeht. Fertiger Kompost wird mit einer Folie abgedeckt, damit keine wertvollen Nährstoffe im Laufe des Winters ausgewaschen werden.

Die milde Herbstsonne scheint, die Erde duftet, locker fährt der Spaten in die Erde und hebt Pflanzgruben aus. Die Finger zerkrümeln tiefschwarzen Kompost, mischen ihn mit dem Aushub und bereiten das Pflanzbeet. Ein paar kräftige Schläge des Topfrandes gegen die Spatenkante, und schon gleitet der Topf oder Container vom Wurzelballen. Weiße Wurzeln schimmern, werden in die Pflanzgrube gesenkt und mit Erde aufgefüllt. Kräftig drücken die Finger an, gleiten noch einmal glättend über die Erde und schon ist die Neuerwerbung aus dem Gartencenter gepflanzt, eine Bartiris oder ein Buchsbaum, ein Stiefmütterchen oder ein Perückenstrauch. Nun nur noch nach getaner Arbeit stolz angießen, und schon macht sich freudige Erwartung auf das nächste (Blüh-)Frühjahr breit. Gärtner leben in der Zukunft, heißt es so schön. Das trifft ganz besonders auf denjenigen zu, der im Herbst pflanzt.

Bodenpflege vor dem Winter

Im Herbst und Winter wird kein Volldünger, Kompost oder Stallmist im Garten ausgebracht. In der kalten Jahreszeit werden von den Pflanzen nämlich gar keine oder nur geringfügige Mengen Nährstoffe aufgenommen. Diese, allen voran Stickstoff in Form von Nitrat, unterlägen dann nur der Gefahr der Auswaschung und stünden den Kulturpflanzen in der nächsten Vegetationsperiode nicht mehr zur Verfügung. Sinnvoller ist es, Kompost oder Stallmist erst im Frühjahr oberflächlich einzuarbeiten.

Um im kommenden Jahr richtig zu düngen, ist es nötig, die vorhandenen Nährstoffmengen im Boden zu kennen. Auskunft über die Nährstoffgehalte gibt Ihnen eine Bodenuntersuchung. Ein günstiger Zeitpunkt, eine Bodenprobe durchzuführen, ist gerade jetzt im Herbst vor der Bodenbearbeitung. Jetzt ist auch die richtige Zeit für eine Bodenanalyse, um Nährstoffdefiziten auf die Spur zu kommen. Zahlreiche Bodenuntersuchungen haben gezeigt, dass die meisten Gartenböden mit Phosphat und Kali überversorgt sind. Der vom Bodenlabor zugeschickte Gartenpass liefert Informationen zur richtigen Düngung für die kommende Gartensaison.

QUER BEET

Gartentipp

Auch im Herbst und im Winter störende Wildkräuter jäten, sofern der Boden nicht gefroren ist. Vogelmiere und Gänsekresse keimen und blühen selbst bei niedrigen Temperaturen und müssen deshalb ständig in Schach gehalten werden.

Ein Plädoyer für den Herbst

Der Herbst hat viele Gesichter.

Im Herbst sehen viele Menschen Rot! Nicht das aggressive, das grelle Rot, sondern das warme dunkle Rot, in das sich immer eine kleine Nuance helles Braun oder Goldgelb mischt. Solche angenehmen Rottöne sind neben Gelb und Orange die Farben des Herbstes, die einen bei einem Gang in die Natur auf Schritt und Tritt begleiten. Nach dem gleißenden Licht des Sommers wirkt das Licht des Herbstes sanfter, die Schatten werden länger, die Luft ist klarer, frischer, und morgens verhüllt leichter Nebel mit einem Hauch von Melancholie die Landschaft. Selbst dann, wenn Herbststürme uns die Kraft der Elemente eindringlich vorgeführt haben, bricht häufig genug wieder die Sonne durch die imposanten Wolken und hüllt die Natur in goldene Schleier. Das magische Licht dieser Jahreszeit offenbart eine neue Welt der Farben: Sie wirken satter, tiefer, reifer – der Herbst ist nicht das Ende, sondern der absolute Höhepunkt des Gartenjahrs: Die Pflanzenwelt steigert sich zu einem grandiosen Finale!

Starbesetzung auf der Gartenbühne

Wenn die Sommerblumen verblüht sind, haben die Spätzünder unter den Pflanzen ihren großen Auftritt: Farbenprächtige Astern in vielen Rosa- und Violettschattierungen, Dahlien in Rot und Orange und Chrysanthemen in kräftigen Gelb-, Orange- und Violetttönen kündigen an, dass der Sommer geht und der Herbst nun Einzug hält. Eindrucksvolle Prachtstauden wie Rote Schafgarbe, Rote Lobelie oder auch das Indische Blumenrohr haben eine enorme Fernwirkung und kontrastieren zum Beispiel effektvoll mit den hell umrandeten Blättern der Buntnessel. Wie Signalfeuer blühen die Fackellilien im Beet – gemeinsam mit Purpur-Dost und blauem Eisenhut bilden sie ein farbintensives Bild, wie es die expressionistische Maler nicht eindrucksvoller

hätten gestalten können. Auch blauviolette Kissenastern, kombiniert mit den rostrot schimmernden Blütenständen der Fetthenne, sind ein Meisterwerk der Natur, das ihresgleichen in den Museen der Welt sucht.
Wenn die Tage nicht mehr ganz so hell und sonnig wie im Sommer sind, bringen vor allem gelbe Blüten Licht in die Rabatten: Sonnenblumen, Sonnenhut und Sonnenbraut speichern mit ihrer Farbigkeit die Sommerwärme noch ein bisschen länger.

Innere Glut

Auch Gräser und Gehölze beteiligen sich mit aller Macht am Feuerwerk der Farben. Im Herbst vergilben viele grüne Ziergräser wie Japansegge, Chinaschilf, Pampas- oder Pfeifergras und leuchten im Gegenlicht der niedrig stehenden Sonne in wunderschönen Gelbtönen. Das Blutgras bietet vom Austrieb bis in den Herbst tiefrotes Laub. Ein absoluter Hingucker ist die Kupferhirse: Sie erinnert mit ihrer Erscheinung an züngelnde Flammen, wenn sich ab August ihre langen, schmalen Blätter von den Spitzen her feurig kupferrot färben. Flammendes Herbstlaub und rötliche Zweige sind die Merkmale, mit denen Gehölze wie zum Beispiel der Fächer- oder Feuer-Ahorn, der Amberbaum, der Japanahorn, der Japanschneeball oder der Korkflügelstrauch bewundernde Blicke auf sich ziehen. Mit ihrem rot-orangefarbenen Fruchtschmuck zaubern Feuerdorn und Stechpalme noch bis in den Winter hinein leuchtende Farbtupfer in die Gartenlandschaft.

Gräser wie die Rutenhirse zieren den Garten bis in den Winter hinein.

Gegensätze ziehen sich an
Die lockeren Blütenbüschel des Wimpernperlgrases *(Melica ciliata)* bilden mit den Blütenständen der Kugeldistel *(Echinops ritro)* einen schönen Kontrast. Das Pflanzenduo braucht mäßig trockenen, durchlässigen Boden in voller Sonne.

In Einzelstellung
Als Solitär kommt der ornamentale Charakter des Riesen-Pfeifengrases *(Molinia arundinacea)* am besten zur Geltung.

Kleine Polster
Das filigrane Fasanenschwanzgras *(Stipa arundinacea)* wächst in kleinen Polstern. Besonders schön ist die Herbstfärbung.

Intensive Herbstfärbung
Die schönsten Herbstfarben zeigt das Alang-Alang-Gras *(Imperiata cylindrica* 'Red Baron'*)*. Die Pflanzen werden nur 35 cm hoch und färben sich im Verlauf des Sommers blutrot. Da sie nur in milden Regionen frosthart sind, überwintert man sie im Topf an einem kühlen, frostfreien Ort.

Auffällige Blütenbüschel
Sie sind das Markenzeichen des stattlichen Chinaschilfs *(Miscanthus)*. Auch sein zitronengelb bis kupferrot verfärbtes Herbstlaub bringt Abwechslung in den winterlichen Garten und wird deshalb erst im Frühjahr zurückgeschnitten.

Rhabarber – jetzt ist Pflanzzeit!

Rhabarber schmeckt frisch und nach Frühling.

Der Spätherbst ist Pflanzzeit! Das gilt nicht nur für Stauden und Gehölze, sondern ebenso für die verschiedenen Dauerkulturen im Gemüsegarten! So kann auch Rhabarber jetzt geteilt oder gepflanzt werden.

Die Wurzel der Barbaren

Der Rhabarber *(Rheum rhabarbarum)* ist eine uralte Heil- und Gemüsepflanze. Er stammt aus Ostasien, wo er bereits 3000 v. Chr. in einem Kräuterbuch erwähnt ist. Nach Mitteleuropa kam der Gemüserhabarber erst im 18. Jahrhundert. In der Nähe von Hamburg ist der Anbau seit ungefähr 1840 belegt. Aufgrund seiner Robustheit und der einfachen Kulturführung ist er in vielen Gärten anzutreffen. Rhabarber, botanisch, gehört zu den Knöterichgewächsen *(Polygonaceae)*. Die imposanten Stauden bilden dickfleischige, ineinandergewachsene Wurzeln aus, die sogenannten Rhizome. Die Römer nannten den Rhabarber „rheum barbarum", was frei übersetzt so viel heißt wie „die Wurzel der Barbaren".

Ein Lebenselixier

Rhabarber ist gesund, wirkt blutreinigend und entschlackend. Außerdem hilft seine harntreibende Wirkung auch bei Verstopfung. Er steckt voller Mineralien, Phosphor, Eisen, Kalium und Kalzium, hat aber fast keine Kalorien. Bei einer gesunden und vor allem schmackhaften Frühjahrskur darf er nicht fehlen.

Pflegeleichte Dauerkultur

An den Boden und das Klima stellt der Rhabarber keine allzu großen Ansprüche. Am besten gedeiht er allerdings auf mittleren bis schweren Böden, die gut mit Humus versorgt sind. Der Boden sollte eine gute Wasserhaltefähigkeit besitzen. Aufgrund der großen Blätter werden in den Sommermonaten und während des Wachstums große Wassermengen verdunstet. Deshalb ist es wichtig, ihn immer mit ausreichend Flüssigkeit zu versorgen. Staunässe und Bodenverdichtungen werden dagegen mit mangelhaftem Wachstum und Wurzelkrankheiten quittiert. Große und kräftige Stiele erzielt man nur an einem voll sonnigen Standort.
Rhabarber ist eine Staude und kann ohne Weiteres zehn Jahre lang am gleichen Platz bleiben. Lässt sein Wachstum nach, sollte man den Stock teilen und in einer anderen Gartenecke neu einsetzen.

Gefährliche Oxalsäure?

Rhabarber gilt als vitamin- und mineralstoffreich, allerdings gehen bei der Zubereitung große Mengen davon verloren. Er gehört wie Mangold, Spinat oder Sauerampfer zu den oxalsäurereichen Lebensmitteln und kann in größeren Mengen und zu ungünstigen Zeiten verzehrt für den Menschen ungesund sein. Erwachsene können davon ein Kilo und mehr unbedenklich essen. Personen mit Magenproblemen sollten nur geringe Mengen essen. Weil die Oxalsäure als Kalziumräuber gilt, empfiehlt es sich, stets gleichzeitig Milchprodukte zu sich zu nehmen. In Rhabarberdesserts gehört daher immer Sahne, Joghurt oder Quark.

Sorten für den Hausgarten

Es gibt im Handel nicht viele Rhabarbersorten, die meisten Gärtnereien haben eine rote und eine grüne im Angebot. Die rotstieligen Varianten haben weniger Oxalsäure und sind milder im Geschmack. Eine äußerst frühe und schmackhafte Sorte ist ‘Gigant’. Allerdings bildet sie auch schon ab Anfang Mai Blütenknospen aus. Die samenlose Sorte ‘Sutton’ bildet gar keine Blüten und kann dadurch auch länger beerntet werden.
Für den Hausgarten besonders empfehlenswert ist der rotstielige mittelspäte Rhabarber. Durchgesetzt hat sich die Sorte ‘Holsteiner Blut’, die mittelspät blüht und dicke fleischige Stängel besitzt. Grundsätzlich ist bei den Rhabarbersorten ein Trend zum rotstieligen Rhabarber zu erkennen. Besonders beliebt ist der mild-säuerliche „Himbeer-Rhabarber“ mit rotem Fleisch. Die Sorte ‘Sutton seedlees’ bildet keine Samenstände aus.

Steckbrief

Rhabarber
(Rheum rhabarbarum)

Familie:	Knöterichgewächse (Polygonaceae)
Herkunft:	Ostasien
Wuchs:	aufrecht, genauso hoch wie breit, große Blätter mit fleischigen Stielen
Blütezeit:	Juli bis September, Blüte ist unerwünscht und wird ausgebrochen
Standort:	sonnig, humoser und nährstoffreicher Boden
Pflege:	ausreichend Nährstoffe und Dünger in der Wachstumssaison, Ernte nur bis 24. Juni
Vermehrung:	durch Teilung des Wurzelstocks, einzelne Rhizome wachsen wieder an

Gehölze mit zuverlässiger Herbstfärbung

Richtig farbig werden die meisten Laub abwerfenden Bäume und Sträucher erst nach einem kräftigen Nachtfrost, unmittelbar nach einer schönen sonnigen Herbstwoche. Doch die Blätter der allermeisten Laub abwerfenden Bäume verfärben sich im Zuge eines Alterungsprozesses, der lange vor dem Laubfall und auch lange vor den ersten strengen Frösten einsetzt. Verstärkt wird dieser Prozess durch Phasen sonniger, warmer Tage und kalter Nächte. In Gärten mit saurem Boden verläuft die Herbstverfärbung besonders intensiv, aber es gibt auch eine schöne Auswahl an Sträuchern, die einen kalkhaltigen Standort bevorzugen.

Ahornbäume sind an herbstlicher Farbenpracht kaum zu übertreffen.

Warum färben sich die Blätter

Das alljährliche Phänomen der Laubverfärbung und des darauf folgenden Laubfalls ist eine genetisch programmierte Anpassung der Laubbäume an die unwirtlichen Wetterverhältnisse im Winter und den Mangel an verfügbarem Wasser im gefrorenen Boden. In den Blättern kommt es zu einem Abbau von Stärke, Chlorophyll, Proteinen und Nukleinsäuren; dadurch wird der Stoffwechsel stark aktiviert, und viele wichtige Elemente wie Stickstoff, Phosphor, Eisen und Kalium werden aus den Blättern abgezogen und in die Speichergewebe des Stammes verlagert.
Bei der Herbstfärbung der Blätter dominieren oft die roten Farben. Sie gehen auf eine Förderung der Anthocyan-Bildung als Nebenprodukt des lebhaft ablaufenden Abbaustoffwechsels zurück. Während das grüne Chlorophyll abgebaut wird, bleiben die nur aus Kohlenstoff, Wasserstoff und Sauerstoff bestehenden Karotinoide erhalten. Diese sind für die Gelbfärbung des Herbstlaubes verantwortlich.

Herbstliches Farbenspektakel

Einige der schönsten Herbstbäume zählen zugleich zu den größten Zierbäumen und dürften leider für den kleinen modernen Garten zu groß sein. Wer jedoch Platz hat, sollte sich den Luxus dieser Bäume leisten; lange bevor sie ihre volle Höhe erreichen, danken sie es mit ihrer alljährlichen herbstlichen Farbenpracht.

Die Scharlacheiche *(Quercus coccinea)* aus Nordamerika wird bis zu 20 m hoch und gedeiht gut auf kalkfreiem Boden. Die großen, glänzenden, dunkelgrünen Blätter verfärben sich im Herbst allmählich in ein leuchtendes Scharlachrot, das zunächst nur einige Äste betrifft und schließlich den Baum für sechs bis acht Wochen in ein brillantes, farbiges Feuerwerk verwandelt. Besonders zuverlässig in puncto Herbstfärbung ist der Klon 'Splendens'.
Bis zu 40 m hoch wird der Kanadische Rot-Ahorn *(Acer rubrum)*, allerdings nur in seinem Ursprungsland. In Europa erreicht er normalerweise nur 10 m Höhe. Die attraktiven dunkelgrünen Blätter mit ihrer bekannten Fächerform verfärben sich im Herbst rot bis scharlachrot. Drei Klone haben sich mit ihrem herbstlichen Farbenspiel besonders gut bewährt: 'Scanlon', ein mittelgroßer Baum mit aufrechter, breit säulenförmiger Wuchsform und einer oben spitz zulaufenden Krone, dessen zweifarbige Blätter im Herbst rostrot werden. Speziell auf brillantes Herbstlaub wurden die Sorten 'October Glory' und 'Schlesingeri' selektiert, deren Blätter sich kräftig dunkelscharlachrot verfärben, bevor sie abfallen. Zwar ist der Rotahorn tolerant gegenüber kalkhaltigem Boden, entwickelt dann jedoch keine so schönen Herbstfarben.
Ähnlich fächerartige Blätter, die in Form und Größe an Ahornblätter erinnern, bringt auch ein anderer, im östlichen Nordamerika beheimateter Baum hervor, der Amberbaum *(Liquidambar styraciflua)*. Auffallend an ihm ist die stattliche Form und das schöne Blattwerk. Im Sommer sind die gelappten Blätter glänzend und zeigen ein lebendiges, kräftiges Grün; im Herbst verwandelt sich das Blattwerk in eine herrliche Mixtur aus purpurfarbenen, karmesinroten und orangeroten Schattierungen. Zwei wohlgeformte Klone haben sich wegen ihrer Herbstfarbe besonders gut bewährt: 'Lane Roberts' und 'Worplesdon'.

Farbenprächtiger Ahorn

Auch für den kleinen Garten ist das Angebot von kleinen Bäumen und Sträuchern mit attraktivem herbstlichem Laub beachtlich. Gerade unter den vielen wertvollen orientalischen Ahornen gibt es eine ganze Reihe besonders hübscher Cultivare. Acer davidii 'George Forrest' ist zum Beispiel eine besonders vitale Selektion des Pater-Davids-Ahorn aus China. 'George Forrest' entwickelt eine lockere, offene Krone mit weit ausladenden Ästen und ist zweifelsohne eine der besten winterharten Ahornarten aus Asien für den kleinen Garten. Die großen dunkelgrünen Blätter mit ihren rhabarberroten Blattstielen sind im Sommer recht hübsch anzusehen, aber am schönsten ist der kleine Baum, wenn im Herbst die rötlichen, geflügelten Samen in Büscheln zwischen den lebhaft roten und orangen Blättern hängen.
Unter den verschiedenen Sorten des Fächerahorns *(Acer japonicum)* ragen zwei wegen ihres feurigen Herbstlaubs besonders hervor: *A. japonicum* 'Aconitifolium', ein runder Busch, der etwa 250 cm groß wird, mit sanft grünen, fein geschlitzten Blättern, die sich im Herbst dunkelkarmesinrot verfärben.
Ein ganz anderes Erscheinungsbild hat die Sorte 'Vitifolium'; die Blätter sind auffallend breit und gelappt, sie erinnern an das Laub des Feigenbaums. Die Blätter sind erstaunlich groß, bis zu 15 cm lang und breit; im Frühling treiben sie hellgrün aus und nehmen im Herbst eine fantastische Farbenpracht an. Es gibt keinen anderen Ahorn, der zu dieser Jahreszeit ein solch herrliches Farbenspiel inszeniert, wobei das Besondere daran ist, dass zunächst die inneren Blätter grün bleiben, während die äußeren Zweige in allen Schattierungen von Orange, Scharlachrot, Karmesinrot und Purpurrot leuchten.
Von Acer palmatum, einer japanischen Ahornart mit unzähligen Sorten, gibt es ebenfalls viele mit buntem Herbstkleid. 'Lutescens', zum Beispiel, mit seinen glänzenden gelappten Blättern, die im Sommer dunkelkupfergrün sind und sich im Herbst in ein strahlendes Buttergelb verfärben.
Eine große, langsam wachsende Form mit aufrechtem Wuchs ist 'Shishigashira'. Das Dunkelgrün der auffallend gefächerten Blätter im Sommer verfärbt sich im Herbst zu einem dunklen, kräftigen Altgold.

Herbstlichhe Blütenpracht

- Die Prachtglocke *(Enkianthus campanulatus)*, ein robuster Strauch, zeigt im Herbst Blätter in verschiedenen Schattierungen von Rot und Gelb.
- Der Federbuschstrauch *(Fothergilla major)*, ein langsam wachsendes Gehölz, hat im Herbst gelbe, orangefarbene oder karmesinrote Blätter; die schönste Herbstfarbe zeigt er in voller Sonne.
- Der Eisenbaum *(Parrotia persica)* ist ein großer Busch bzw. kleiner Baum, der ebenfalls im Herbst lebhafte herbstliche Farben zeigt. Die großen Blätter verwandeln sich dann in ein herrliches Potpourri aus Karmesin, Orange, Bronze und Rosa, in den schattigeren Teilen des Baumes bleiben sie Goldgelb.
- Die Eichenblättrige Hortensie *(Hydrangea quercifolia)* entfaltet ihre eigentliche Schönheit mit dem Herbstlaub. In guten Jahren werden die großen eichenblattähnlichen Blätter karmesinfarben, orange oder purpurfarben.
- Die Glanzmispel *(Photinia villosa)* ist ein kleiner, eleganter Baum aus Asien. Das orangerote, mit scharlachroten und goldenen Farbtönen vermischte Laub hält bis weit in den Winter hinein.
- Auch Azaleen und andere Laub abwerfende Rhododendren tragen im Herbst buntes Blattwerk. *Rhododendron luteum* zeigt dann alle Schattierungen von Karmesin, Purpur und Orange.
- Der aus Korea stammende *Rhododendron schlippenbachii* trägt große und auffallende Blätter, die im Frühjahr und Sommer purpurrötlich angehaucht sind und im Herbst gelb, orange und karmesinrot werden.
- Einen wunderschönen herbstlichen Anblick bietet auch der Perückenstrauch *(Cotinus coggygria)*, der nur 3 bis 4 m hoch wird. Seine runden graugrünen Blätter werden im Herbst gelb oder rot. Die Blüten- und Herbstfarben sind am stärksten entwickelt bei der Sorte 'Flame', deren Blätter im Herbst orange und scharlachrot werden.

Wintergärten – ein Comeback

Wintergärten sind eine attraktive Erweiterung des Wohnraums.

Wintergärten erleben im Moment eine Renaissance: In einer Zeit der Hektik bieten sie eine Oase der Ruhe und Entspannung. Im England des 16. Jahrhunderts dienten die Vorläufer der modernen Wintergärten ursprünglich dazu, die aus fernen Gefilden eingeführten exotischen Pflanzen zu überwintern. Ab dem 17. Jahrhundert entstanden auch in Deutschland Orangerien und Palmenhäuser, die als begehbare Gewächshäuser zur Überwinterung von Kübelpflanzen und anderen Exoten genutzt wurden. Aus diesen entwickelten sich die Wintergärten, die als Mittelpunkt des Hauses zum Verweilen einluden und immer häufiger als Aufenthaltsraum oder repräsentativer Raum genutzt wurden. Bevor man jedoch ein grünes Wohnzimmer sein Eigen nennen kann, müssen viele Entscheidungen getroffen werden, damit der Wintergarten den persönlichen sowie technischen Anforderungen genügt.

Holz oder Stahl?

Holz ist besonders für Wintergärten ein beliebter Baustoff, jedoch anfällig gegenüber Nässe. Gefragt sind daher Experten, die wissen, welche Verbindungen sich am besten für die robuste und dennoch feingliedrige Konstruktion eines Wintergartens eignen. Die tragenden Teile sollten aus Leimbindern bestehen, die aus einem widerstandsfähigen Holz, wie etwa Lärche, gefertigt sind. Leimbinder verziehen sich nicht und können deshalb auch für Innenräume mit hoher Luftfeuchtigkeit verwendet werden. Verbaut werden nur ausgesuchte Hölzer und Stämme ohne Risse und Astringe. Je feiner die Konstruktion, desto mehr Licht kann eindringen, ein Vorteil für den Menschen und natürlich die Pflanzen.

Stahl ist äußerst tragfähig, wodurch eine besonders filigrane Glasarchitektur möglich wird. Allerdings ist eine thermische Trennung bei Stahl besonders wichtig, da die Stahlträger als Wärmeleiter funktionieren und die Wärme nach außen abgeben. Auch schlägt sich an den kalten Profilen oft Kondenswasser nieder, was innen wie außen Maßnahmen zum Schutz vor Korrosion wie eine Feuerverzinkung, Galvanisierung oder einen vorbeugenden Anstrich notwendig machen.

Eine solide Grundlage schaffen

Fundament und Bodenaufbau sind beim Wintergarten angelegt wie bei normalen Wohnhäusern. Lediglich der Estrich ist etwas dicker, um mehr Speichermasse für die Sonnenwärme zu erhalten. Er muss mindestens 15 cm über der Wasser führenden Bodenschicht liegen, die übliche Zimmernorm liegt bei 30 cm. Gerade bei Holzkonstruktionen kommt es sehr darauf an, die Feuchtigkeit überall gut abzuleiten. Dazu gehört auch, dass das Betonfundament nach oben hin mit einer reißfesten Gummibahn isoliert wird. Das Wasser kann so nicht mehr aufsteigen.

Stahlkonstruktionen kommen aus diesen Gründen nur im Innenraum zum Einsatz. Außen verwendet man daher Abdeckungsstoffe aus Aluminium, die mit einer Dämmschicht versehen sind.

Lüftung

Ohne Belüftung könnte die Temperatur in einem nach Süden ausgerichteten Wintergarten ohne Weiteres bis auf 70 °C ansteigen – unerträglich selbst für tropische Pflanzen. Eine gute Lüftung verhindert auch die Bildung von Kondenswasser. Die einfachste Art der Lüftung besteht aus Lüftungsklappen im Giebel, durch die aufsteigende Warmluft von allein abzieht. Bei der mechanischen Lüftung saugen Abluftgeräte, die abhängig von der Temperatur und Feuchtigkeit arbeiten, die verbrauchte Luft ab und führen von außen frische Luft zu. Die Geräte sind relativ leise und die Stromversorgung lässt sich zum Beispiel durch eine Solarzelle sicherstellen.

Schattierung – innen oder außen?

Im Winter ist uns jeder einzelne Sonnenstrahl willkommen, im Sommer kann zu viel Wärme allerdings schnell zum Problem für Mensch und Pflanze werden. Hier schafft eine Schattierung Abhilfe.
Die beste Wirkung hat diese Maßnahme, wenn sie von außen auf dem Glas angebracht wird und sich die Wärme im Inneren gar nicht entwickeln kann. Normalerweise lässt sich eine Außenbeschattung relativ einfach montieren. Allerdings tragen die Führungsschienen außen optisch mehr auf, zudem altert das Material durch die Witterung schneller. Bei Wind und Regen dürfen die Materialien nicht ausgefahren bleiben.
Der Nachteil einer Innenschattierung ist, dass ihre Effizienz wesentlich geringer ist als die der Außenschattierung. Der Raum erhitzt sich schneller, und die Temperaturen steigen weiter an. Hier ist eine genaue und gezielte Steuerung besonders wichtig, um einen Hitzestau zu vermeiden. Es gibt viele verschiedene Materialien für die Innenschattierung, die wesentlich zum Wohncharakter beitragen. Im zusammengeklappten Zustand sollte die Schattierung möglichst schmal sein und nicht zu viel Schatten werfen. Die Innenschattierung ist zugleich ein Sichtschutz nach außen.
Ist der Wintergarten direkt ans Haus angeschlossen, kann man über eine Klimaanlage nachdenken. Das Prinzip dieser Geräte ist einfach und ähnlich einem Kühlschrank. Über eine Luft-Luft-Wärmepumpe an

Leicht und filigran wirkt diese Stahlkonstruktion.

Wohnfläche und genügend Raum für Pflanzen, eine ideale Kombination.

einem Innen- und Außengerät wird dem Wintergarten warme Luft entzogen und nach außen abgegeben. Im Winter kann auf diese Weise auch geheizt werden. Auch eine Luftentfeuchtung kann mit diesen Geräten stattfinden. Die Geräte stellen aber keinen Ersatz für eine Lüftung oder die Schattierung dar.

Ein Raum zum Wohlfühlen

Wintergärten sollen unsere Wohnfläche erweitern und einen Gartenersatz zum Wohlfühlen und Entspannen bieten. Damit der Bau des Wintergartens ein Erfolg wird und alle Wünsche sich erfüllen, ist eine sorgfältige Planung mit den richtigen Beratern notwendig. Alle technischen Einrichtungen sollten ohne viel Wartungsaufwand zuverlässig funktionieren. Gerade Lüftung, Heizung und Schattierung müssen sich sowohl manuell als auch automatisch steuern lassen!

Pflanzen für den kühlen Wintergarten

Im kühlen Glashaus, dessen Temperatur im Winter zwischen 8 und 10 °C gehalten wird, können sehr viele nicht alltägliche Blütenpflanzen wachsen. Zum Beispiel die blau blühende Bleiwurz *(Ceratostigma)* oder auch Asteriscus, ein dankbarer Blüher aus der Familie der Korbblütengewächse. Der Klebsame *(Pittosporum tobira)* ist ein kleiner Baum oder kräftiger Strauch, der im Sommer duftende Blüten trägt. Eine der wohl schönsten Pflanzen ist die Kamelie, ihre Blüten leuchten gerade in der tristen Jahreszeit. Viele verschiedene Sorten lassen sich hier bestaunen, von Weiß, Zartrosa bis hin zu Dunkelrot, mit einfachen oder stark gefüllten Blüten.

Eine rotblühende Schönheit aus Australien

Eine der bekanntesten Kübel- und Wintergartenpflanzen ist der Zylinderputzer *(Callistemon citrinus)* – ein Vertreter aus der Gattung der Myrtengewächse. Die Blüten mit den auffälligen roten Staubgefäßen erscheinen bei uns im Juni und Juli. Ähnliche Blüten und Wuchsformen zeigen seine Verwandten, wie die Eisenhölzer *(Metrosideros)* und Teebäume *(Melaleuca).*
Bei den Zylinderputzern handelt es sich um Sträucher oder kleinere Bäume mit hartlaubigen, beim Zerreiben aromatisch duftenden Blättern. Die Blätter enthalten viele ätherische Öle und verrotten deshalb auch nur sehr langsam. Die Blätter des Zylinderputzers sind sehr interessant angeordnet: Sie stehen schräg nach oben und sind leicht verdreht. Hierdurch ist die Blattfläche zum Zeitpunkt des höchsten täglichen Sonnenstands nicht voll der Sonne ausgesetzt; Erhitzung und Wasserverlust werden minimiert. Viele andere Pflanzen, wie die Eukalyptus-Arten, zeigen übrigens auch dieses Verhalten, sodass sie mangels Beschattung sehr helle Wälder bilden.

Blüten aus Staubblättern

Während bei anderen Pflanzen die Staubblätter eher unauffällig sind, stehen sie beim Zylinderputzer stark im Vordergrund. Die Blüten selbst besitzen eine eher unscheinbare Blütenhülle; auffallend sind die leuchtend roten, abstehenden

Staubfäden, die in einer großen Zahl pro Blüte gebildet werden. Sie stehen in dichten Ähren und an ihrer Spitze befindet sich eine vegetative Knospe, die nach der Blüte auswächst. An vielen Trieben findet man gleichzeitig Neutriebe und Blüten gleichzeitig. Die Befruchtung des Zylinderputzers erfolgt nicht durch Insekten, sondern durch Vögel, die den Nektar aus den Blüten holen.

Steckbrief

Zylinderputzer

(Callistemon citrinus)

Familie:	Myrtengewächse (Myrtaceae)
Herkunft:	Australien und Neuseeland
Wuchs:	aufrecht, Neutriebe leicht überhängend als Busch oder Bäumchen
Blütezeit:	Juni bis August, Nachblüte im Herbst oder Winter
Standort:	unbedingt hell und sonnig, am besten Südseite, im Winter ein Wintergartenplatz
Pflege:	keine Staunässe, aber auch kein Austrocknen, regelmäßig düngen
Vermehrung:	durch Kopfstecklinge, die in ein Torf-Sand-Gemisch gesteckt werden

Der Orchideenbaum

Der Orchideenbaum, botanisch *Bauhinia*, gehört zur Familie der Hülsenfrüchte (Leguminosen). Er stammt aus Indien und China, in seiner Heimat gehört er zu den immergrünen Laubgehölzen.
Die weißen, zartrosafarbenen und kräftig roten Blüten erscheinen im Frühjahr. Ist der Baum den Winter über trocken gehalten worden, verliert er die Blätter und blüht noch vor dem Laubaustrieb. Dadurch wirken sie noch exotischer und erinnern stark an die Blüten von Orchideen, die ja meist auch an kahlen Stängeln sitzen. Bei manchen der Orchideenbaum-Arten hat die Blüte einen leichten Duft.
In der Pflege ist der Strauch recht problemlos. Regelmäßiges Gießen und Düngen lässt ihn langsam, aber stetig wachsen und fördert die Blütenanlage. Am liebsten steht der Baum im Sommer auf der Terrasse und im Winter in einem temperierten Wintergarten, bei 10 bis 12 °C.

Orchideenbaum

Steckbrief

(*Bauhinia*, verschiedene Arten)

Familie:	Hülsenfrüchtler (Leguminosae)
Herkunft:	Indien und China
Wuchs:	aufrecht als kleiner Baum, selten über 3 m groß, langsamer Wuchs
Blütezeit:	vom Mai bis in den Juni, kleine weiße bis leicht rosa Blüten
Standort:	sonnig und hell, im Winter im temperierten Wintergarten
Pflege:	regelmäßig düngen und wässern, keine Staunässe
Vermehrung:	durch Kopfstecklinge, allerdings sehr schwierig, da sie schlecht anwachsen

Attraktive, duftende Blüten und seine Robustheit machen den Orchideenbaum zu einer idealen Wintergartenpflanze.

Pflanzen für den warmen Wintergarten

Der warme Wintergarten wird das ganze Jahr auf über 16 °C gehalten, hier gedeihen besonders tropische Pflanzen gut. Viele Bananen, Palmen und Strelitzien fühlen sich hier wohl und danken gute Pflege mit gesundem Wachstum. Auch Losbaum-Arten *(Clerodendrum)* blühen mit ihren kleinen blauen Blüten im warmen Wintergarten unaufhörlich.

Kletternde Dauerblüher

Besonders schön und üppig blühen Kletterpflanzen im warmen Wintergarten. Sie begrünen den Raum, ohne zu viel Platz zu beanspruchen. Geschickt angebrachte Klettergerüste lassen die bunten Blüher schnell zu einem dichten Blickschutz heranwachsen. Die bekannteste Kletterpflanze im Wintergarten ist wahrscheinlich die Bougainvillea. Bei ausreichend Licht und Sonne blüht sie das ganze Jahr über. Es gibt jedoch noch viele andere Kletterpflanzen, zum Beispiel den Laubenwein *(Pandorea jasminoides)*. Auch er blüht das ganze Jahr über. Viele aus den Tropen stammenden Passionsblumen bereichern ebenfalls jeden Wintergarten mit ihren üppigen Blüten. Gleiches gilt für den Sternjasmin *(Trachelospermum jasminoides)*. Er blüht mit Tausenden von kleinen cremeweißen Sternchen, die einen betörenden Duft verströmen.

QUER BEET

Die Kamelie – eine Pflanze mit Geschichte

Die Kamelie inspirierte Dichter und Komponisten.

Der Teestrauch *(Camellia sinensis)* ist eine von 80 verschiedenen Kameliensorten und diente in Ostasien mehrere tausend Jahre lang als Nutzpflanze. Aus den Samen gewann man Öl als Pflegemittel für Haare und Haut. Kamelienholz diente als Material für Gebrauchsgegenstände wie Teller, Tassen und Kämme. Zudem schätzte man die Kohle aus Kamelienholz wegen ihres ergiebigen Brennwerts und verwendete die Asche als Katalysator für Purpur- und Safranfarben. Die Kultur von Zierkamelien – wie zum Beispiel der Sorte 'Hagoromo' – begann erst gegen Ende des 18. Jahrhunderts mit der Einfuhr von *Camellia japonica* nach Europa. Der schwedische Botaniker Carolus Linnaeus, der die Regeln zur Bezeichnung und Klassifizierung von Pflanzen erstellte, benannte die Kamelie nach Georg Joseph Kamel (1661-1706), einem mährischen Jesuitenmissionar und Naturforscher, der die Pflanze von den Philippinen nach Europa mitgebracht haben soll.

Kamelien im Garten

Die Winterschönheiten vertragen zwar je nach Sorte Temperaturen bis zu –15 °C, aber sie gedeihen am besten in einem Wintergarten mit Temperaturen zwischen 5 und 15 °C. Meist haben die als winterhart angepriesenen Kamelien in unseren Breiten keine Chance zu überleben, außer im Weinbauklima. Aber auch hier ist ein windgeschützter Platz im Schatten mit ausreichend Winterschutz unerlässlich. Richtig viel Pulverschnee im Winter wäre eine gute Isolationsschicht für die Freilandkamelien. Eine frostharte Sorte, die Temperaturen bis

Gartentipp

Kamelien wachsen langsam. Erst wenn die Triebe zu lang sind oder die Pflanzen zu groß werden, wird ein Rückschnitt notwendig. Der richtige Zeitpunkt ist kurz nach der Blüte.

zu –20 °C verträgt, ist die aus Kalifornien stammende 'Spring Festival'.

Kamelien im Haus

Eine Kamelie ist keine Pflanze für ein warmes Wohnzimmer. Gute Standplätze sind ein kühler Wintergarten oder ein ungeheiztes Treppenhaus. Ihre Ansprüche sind ähnlich wie die der Azaleen oder Rhododendren, das heißt, kein kalkhaltiges Wasser und keine Staunässe. Sobald sich neue Triebe bilden, kann man wöchentlich düngen, aber nur in niedriger Dosierung, da Kamelien keine hohe Salzkonzentration vertragen. Gut geeignet ist ein Azaleendünger. Zur Blütenbildung brauchen sie einen warmen, hellen Standort. Wenn sie ihre zarten Blüten ausgebildet haben, mögen sie es wieder eher kühl. Alle Kamelien blühen während der Wintermonate, je nach Sorte zwischen Oktober und Mai.
Drohen im Frühjahr keine Fröste mehr, bringt man die Kamelie an einen schattigen Platz mit Morgensonne im Freien oder stellt sie unter einen Baum. Schützen Sie die Kamelie vor starker Frühjahrssonne, da dies Blattverbrennungen verursachen könnte.

Kamelien zum Blühen bringen

Viele sind von Kamelien enttäuscht, da es nicht ganz einfach ist, sie zuverlässig zur Blüte zu bringen. Hier ein paar Tipps: In ihrer asiatischen Heimat wachsen die Sträucher im lichten Schatten. Die immergrünen Gehölze haben auch ganz ähnliche Ansprüche wie Rhododendren. Kalkfreies Substrat mit einem pH-Wert zwischen vier und sechs bieten sogenannte Rhododendron-Erden. Die Erde sollte nur mit Regenwasser oder kalkfreiem Wasser gegossen werden. Lassen Sie den Topfballen nie ganz austrocknen und entfernen Sie sofort überschüssiges Wasser aus dem Übertopf. Im lufttrockenen Wohnraum sollten Kamelien ab und zu besprüht werden. Auf zu viel Dünger, einen zu dunklen Standort und einen Platz über dem Heizkörper reagiert die Kamelie mit dem Abfallen der Knospen. Sie bevorzugt im Winter einen hellen, kühlen Raum ohne starke Temperaturschwankungen. Auch ein Drehen oder ein Platzwechsel bekommt ihr meist nicht. Im Sommer tankt die Kamelie Energie und legt im Spätsommer ihre Knospen an. In den Sommermonaten sollte sie deshalb ausreichend gewässert und ab und zu mit Dünger versorgt werden, umso üppiger wird die Blütenpracht. Gedüngt wird mit einem Azaleen- oder Rhododendrondünger, allerdings nur in der halben angegebenen Konzentration.

Ein Raum zum Wohlfühlen

Ein Blütenstar – kostbar und schön, außergewöhnlich, elegant, aber etwas empfindlich. Zu Beginn des 18. Jahrhunderts wollte England das chinesische Teemonopol brechen und Teesträucher nach Europa einführen. Die Chinesen gaben den Engländern stattdessen aber eine Kamelie mit auf den Weg. Da diese mit der begehrten Nutzpflanze botanisch eng verwandt ist, flog der Betrug angeblich erst auf, als der vermeintliche Teestrauch in einem englischen Gewächshaus die schönsten Blüten hervorbrachte.
Doch konnten die Engländer als leidenschaftliche Gärtner und Pflanzensammler dieser eleganten Erscheinung nicht widerstehen.
Die verschiedenen Kameliensorten wurden zu viel bewunderten Schmuckstücken der Wintergärten und Orangerien des Adels. Europäische Königs- und Fürstenhöfe sowie reiche Bürger ließen sich von der Begeisterung anstecken, die ihren Höhepunkt im 19. Jahrhundert erreichte.

Kamelienblüten gibt es auch in Weißrosa und Pink.

Der Garten im Winter

Allgemeine Gartenarbeiten
- Gartenkataloge besorgen
- Saatgut bestellen
- Vögel füttern
- Mistbeet packen
- Gartengeräte/-maschinen reparieren und einwintern

Nutzgarten
- Winterschnitt der Obstbäume
- Kalkanstrich an Obstbaumstämmen
- Chicorée treiben
- Mischkulturen für das nächste Jahr planen
- Feldsalat und Spinat mit Fichtenreisig schützen
- Rosenkohl und Pastinake draußen lassen, nach Bedarf ernten

Ziergarten
- Sonnenschutz für Immergrüne
- Schnitt von sommerblühenden Ziergehölzen
- Wasserversorgung von Rhododendren und anderen Immergrünen sichern
- Immergrüne und Nadelgehölze von Schneelast befreien
- Balkon- und Kübelpflanzen im Winterquartier kontrollieren, ausputzen und gegebenenfalls gießen

Was jetzt zu tun ist

Ein Garten für den Winter

Auch die kalte Jahreszeit hat ihre Reize. Der Garten im Winter ist am schönsten, wenn er in der Sonne erstrahlt. Die Stauden in den Rabatten setzen sich noch einmal so richtig in Szene, vorausgesetzt, sie sind nicht dem Großreinemachen im Herbst zum Opfer gefallen. Besonders die Staudengräser machen den winterlichen Garten zu einem Erlebnis. Die filigranen Strukturen des Pampasgrases, der Rutenhirse, des Chinaschilfs, des Lampenputzer- oder Reiherfedergrases verwandeln den Garten im morgendlichen Reif zu einer Märchenlandschaft. Hinzu kommen die Samen- und Fruchtstände, insbesondere von Doldenblütlern, von Bärenklau etwa oder von Scharfgarbe, den verschiedenen Distelarten und anderen Korbblütlern; die orangefarbenen Ballons der Lampionblumen schmücken den winterlichen Garten.

Alles gut eingepackt?

Gut verpackt überstehen Hochstammrosen den Winter.

Vor Einbruch des Winters sollte man noch einmal gründlich prüfen, ob alle empfindlichen Pflanzen gut auf den Winter vorbereitet sind. Beetrosen müssen an der Basis rund 15 bis 20 cm hoch mit lockerer Erde angeschüttet werden, um die Veredlungsstelle zu schützen. Hochstamm- und empfindliche Kletterrosensorten werden vor der Wintersonne und eisigen Winden mit Fichtenreisig geschützt, das man wie Dachziegel in den Zweigen befestigt.
Wertvolle Zierbäume wie Magnolie, Fächer-Ahorn oder Blumen-Hartriegel schützt man mit einer Schattierung der Stämme vor Rindenrissen, beispielsweise indem man sie mit Jutestreifen umwickelt oder einfach Holzbretter dagegenlehnt und dann zusammenbindet.
In den Blumenbeeten dient eine 10 cm dicke Schicht aus Herbstlaub als natürliche Schutzschicht für die Wurzeln langlebiger Stauden. Auch junge oder frisch gepflanzte Bäume und Sträucher sind dankbar für eine Laubdecke auf ihren Wurzeln, die den Boden feucht und den Frost fernhält. Aber: Immergrüne Stauden wie z. B. Immergrün oder Bergenien nicht mit Laub bedecken, da ihre Blätter auch den Winter über Licht brauchen und sonst eingehen würden.

Schutz vor der Wintersonne

Besonders auf immergrüne Gehölze wie Efeu, Kirschlorbeer oder Rhododendren muss man im Winter ein Auge haben. Gefährlich ist die Kombination aus langen klaren Frostnächten und darauf folgenden Sonnentagen. Sie verdunsten dann Wasser und können aus den gefrorenen Zweigen nicht ausreichend nachbeziehen. In der Folge sterben die Blätter ab und werden braun. Vorbeugend können Sie an frostfreien Tagen wässern und an sonnigen Wintertagen schattieren.

Gartentipp

Viele Pflanzen, vor allem Gehölze, erfrieren nicht, sondern verdursten in durchgefrorenem Boden oder bei sengender Wintersonne. Darum empfiehlt es sich, gefährdete Pflanzen – besonders Rosen – auf frostfreien sandigen Böden auch im Winter zu gießen.

Auch die Stämme von Bäumen werden durch die Wintersonne in Mitleidenschaft gezogen. Ein Kalkanstrich verhindert, dass sich die Stämme in der Wintersonne zu stark erwärmen und der einsetzende Saftstrom in den frostigen Nächten die Rinde aufplatzen lässt. Zum Schluss noch ein Phänomen, das ebenfalls immergrüne Gehölze, aber auch Kübelpflanzen betrifft:

Frosttrocknis tritt auf, wenn Pflanzen bei intensiver Sonneneinstrahlung Wasser verdunsten, aber aus dem gefrorenen Boden keine Flüssigkeit nachfließen kann. Auch hier hilft Gießen an frostfreien Tagen bzw. das Verpacken der Pflanzkübel. Diese sollten den Winter über ebenfalls an windgeschützten Stellen aufgestellt werden.

Ziergräser binden statt schneiden

Für Lampenputzergras *(Pennisetum)*, Chinaschilf *(Miscanthus)* und andere Ziergräser ist das eigene Laub der beste Winterschutz. Auch Wasser kann so an den Grasrändern abfließen. Schneiden Sie die trockenen Halme deshalb jetzt nicht ab! Damit der Schnee die Horste nicht auseinanderdrückt, bindet man langhalmige Gräser mit einer Schnur in der Mitte locker zusammen. Bei Dauerfrost werden die Gräser mit Vlies umwickelt.

Gartentipp

Alpenpflanzen in Steingärten sind dicke Schneedecken im Winter gewohnt. Fehlt der Schnee, schützt ein Vlies vor Frostschäden. Viele zarte Gebirgspflanzen vertragen keine Nässe im Winter. Decken Sie deshalb empfindliche Arten bis März mit Fichtenreisig ab.

Stauden & Co.

Die meisten Stauden sind absolut winterhart und brauchen keinen zusätzlichen Schutz. Empfindliche Arten wie der Mammutbaum *(Gunnera)*, die Steppenkerze *(Eremurus-Hybriden)*, Holländische Iris *(Iris* x *Hollandica)*, Japananemone (Anemone-Japonica-Hybriden), Gauklerblume *(Mimulus)*, Freilandgloxinie *(Incarvillea)*, Bartfaden *(Penstemon)* und Staudenbleiwurz *(Ceratostigma)* kann man handhoch abschneiden und durch eine Laubschüttung schützen. Eine umgestülpte Kiste verhindert, dass die Blätter weggeweht werden. Bei Fackellilien bindet man die Blätter nach oben zusammen, um das „Herz" der Pflanze vor Frost und Nässe zu schützen. Wintergrüne Steingartenpflanzen werden leicht mit Fichtenreisig abgedeckt, damit ihnen der Wechsel von Sonne und Kälte nicht schadet.

Dahlien

Nach dem ersten Frost schneiden Sie die Blätter ab und nehmen die Knollen aus dem Boden. Achten Sie darauf, dass kein Wasser in den hohlen Stängelstümpfen bleibt, und untersuchen Sie die Knollen auf Schneckeneier. Dahlienknollen werden im Keller kühl und dunkel nebeneinander gelagert.

Primula, der Frühlingsbote

Die kräftigen Farben der Primeln wecken Frühlingsgefühle.

Primula, die Primel, war bei den Römern die Erste des Frühlings, der erste Frühlingsbote. *Primula* leitet sich von „primus“ ab, der Erste. Nun haben die Römer mit Sicherheit auch Schneeglöckchen und Krokus, Leberblümchen und Winterling gekannt. Aber erst die Primeln bedeuteten für sie offenbar den Beginn des richtigen Frühlings. Auch in unseren Breitengraden wecken die Primeln Frühlingsgefühle. Die gelben Schlüsselblumen in der Frühlingswiese, an sie denkt man zunächst, wenn von Primeln die Rede ist. Und vielleicht an die Primelschwemme in den Geschäften ab Ende Februar. Mit knallbunten Topfprimeln wurde aus einem zarten Frühlingsboten gut verkäufliche Massenware. *Primula vulgaris* heißt die Wildart, aus der die Topfprimel gezüchtet wurde.

Die Vorfahren der Aurikel

Für die Kultur unter Glas werden hauptsächlich früh bis sehr früh blühende Sorten verwendet, die selten winterhart sind. Überwiegend handelt es sich dabei um stängellose Formen von *Primula vulgaris.* Als die klassische Frühlingsprimel in der Natur gilt jedoch die Hohe Schlüsselblume *(Primula elatior).* Sie wächst gern an feuchten Standorten. Eine andere Art, Primula veris, auch Apotheker-Schlüsselblume genannt, mag es lieber etwas trockener. Von diesen beiden und der *Primula vulgaris* stammen viele unserer Garten-Schlüsselblumen ab. Schaut man sich die Entwicklung der gärtnerisch kultivierten Primeln genauer an, muss noch eine vierte Art erwähnt werden: *Primula auricula.* Der lateinische Name „auricula“ bedeutet „Ohrläppchen“. Aurikeln stammen aus den Alpen, deshalb auch die Bezeichnung Alpen-Aurikel. Es gibt aber auch Vorkommen in den Abruzzen, im Apennin und sogar im Schwarzwald! Insgesamt also eine sehr vielseitige und formenreiche Art. Sie hat hoch aufstrebende Blüten, die

Blumisten und Pflanzensammler

Ihre erste große Wiederkehr erlebte die Garten-Aurikel zur Goethezeit. Es war eine Epoche, in der sich Natur- und Geisteswissenschaftler, Bürger und Adelige, aber auch viele Menschen mit kleinen Gärten der Schönheit der Blumen zuwandten. „Blumisten“ nannte man die Wegbereiter dieser Bewegung. Einer davon war der Weimarer Herzogliche Hofgärtner Johann Friedrich Reichert. Über den für heutige Verhältnisse unvorstellbar reichen Schatz an Aurikelsorten machte Reichert exakte Aufzeichnungen. In seinem großen Blumen- und Pflanzenkatalog, dem „Hortus Reichertianus“ sind neben einigen wenigen Alpenaurikeln etwa 400 Aurikel-Züchtungen der Holländer und Engländer zum Kauf angeboten. Damals wurden die Züchtungen vor allem in Blumentöpfen kultiviert.

gelb sind, fleischige und häufig bemehlte Blätter, oft ist sie duftend. Die guten alten Garten-Aurikeln, die es in Weiß, Gelb, Rot, Braun oder Schwarz gibt, stammen alle von *Primula auricula* ab. Doch bei den kultivierten Aurikeln spielt noch eine andere Art eine Rolle, die ebenfalls in den Alpen beheimatete *Primula hirsuta*. Aus den beiden Hochlandbewohnern ist eine Hybride hervorgegangen, die bereits im 16. Jahrhundert kultiviert wurde und damals wahre Begeisterungsstürme hervorgerufen hat, wieder in Vergessenheit geriet und sich später zu einer der beliebtesten Pflanzen ihrer Zeit entwickelte: der klassischen Aurikel.

Aurikeln im Garten

Grundsätzlich gilt, dass Aurikel-Hybriden in jedem guten, durchlässigen Gartenboden gedeihen können. Sie sind winterhart und lieben einen feuchten, kühlen und luftigen Standort. Günstig ist eine Pflanzstelle an der Nordseite von Gebäuden.
Auspflanzzeit für die gepuderten englischen Aurikeln ist während der Blütezeit. Die in Töpfen gezogenen Pflanzen können in dieser Zeit zwar sonniger stehen, müssen aber vor den oft starken Regengüssen im April geschützt werden, da sie sonst ein wichtiges Merkmal, die Bemehlung, verlieren. Pflanzen, die auf Stellagen stehen, in Frühbeeten oder in Gewächshäusern gezogen werden, müssen von April bis September vor direkter Sonneneinstrahlung, Stauhitze und Staunässe geschützt werden. Es ist also angezeigt, sie zu schattieren, zu lüften und in den Pflanzgefäßen für Drainage zu sorgen.

Was tun im Winter?

Der beste Überwinterungsort für Aurikeln ist ein gerade noch frostfrei gehaltenes Kalthaus. Im Garten dient eine Abdeckung mit Moos, trockenem Laub und zusätzlich mit Fichtenzweigen als Schutz vor der Kälte. Wenn keine Schneedecke da ist, muss für gleichmäßige Feuchtigkeit gesorgt werden. Die Aurikeln sind Frostkeimer und deshalb heikel in der Vermehrung über die Samen. Jürgen Jäger empfiehlt, das lieber den Staudengärtnern zu überlassen. Der Hobbygärtner sollte sich auf die vegetative Vermehrung beschränken. Dazu werden im Frühjahr oder Sommer entweder Seitentriebe der Mutterpflanze oder sonstige Pflanzenteile zum Austrieb neuer Wurzeln angeregt. Man steckt einfach mehrere davon in einen Blumentopf mit guter Gartenerde.

Gartentipp

In der Wachstumszeit der Aurikeln, das heißt im März, ist eine Stickstoffgabe und nach sechs Wochen eine Kaliumdüngung erforderlich.

Aurikeln blicken auf eine lange Geschichte zurück.

Buntnesseln und Begonien

Buntnesseln brauchen keine Blüten, um andere Pflanzen in den Schatten zu stellen.

Buntnesseln oder Coleus *(Solenostemon)* waren früher eine weitverbreitete Zimmerpflanze, deren ursprüngliche Heimat das tropische Asien und Afrika ist. Sie eignet sich gut für das Nord- und Ostfenster, braucht viel und möglichst weiches Wasser und sollte während der Sommermonate häufig besprüht werden. Durch die Züchtung außergewöhnlicher Sorten wie zum Beispiel 'Flammenzauber' wurde in den letzten Jahren ein wahrer Garten-Buntnessel-Boom ausgelöst. Manche Sorten eignen sich auch als Beet- und Balkonpflanze. Buntnesseln können von Februar bis März im Haus ausgesät werden.
Die Pflanzen bevorzugen Schatten oder Halbschatten und sollten regelmäßig ausgeputzt und eingekürzt werden. Besonders während der Blüte werden die Pflanzen eher struppig und unansehnlich. Deshalb von Zeit zu Zeit die oberen Triebspitzen unmittelbar an der Blattachsel, direkt über dem neuen Austrieb, kappen. Der Rückschnitt regt auch zu neuem Wachstum an.

Begonien – beeindruckende Vielfalt

Eine Begonie erkennt man ganz einfach an ihrer charakteristischen Blattform. Sie heißt nicht umsonst „Schiefblatt“: das Blatt ist immer asymmetrisch, also eine Hälfte viel größer als die andere.
In freier Natur wachsen Begonien im tropischen Regenwald. Entdeckt wurden sie vor 300 Jahren von dem Botaniker Charles Plumier während einer Reise zu den Antillen. Er gab der Pflanze den Namen seines Reisegefährten: Michel Bégon.

Europäische Züchter haben aus den wild wachsenden Arten robuste, bunt blühende Begonien für Haus und Garten entwickelt. Das Angebot ist reichhaltig. Inzwischen gibt es unzählige Sorten, die mit auffallenden Blüten und Blattformen bestechen. Knollenbegonien blühen meist in Staudenbeeten, Pflanzschalen oder im Balkonkasten, bevorzugt an schattigen Standorten.

Blattkünstler

Auf der Fensterbank bezaubern buschige Blattbegonien vor allem durch ungewöhnliche Muster und Farbvariationen ihrer Blätter. Diese sind gefleckt oder gestreift, manchmal in Farbzonen aufgeteilt, grün und gelb, rot oder grau, mal behaart, runzelig oder glatt.
Noch üppiger, blatt- und blütenreicher sind jedoch die Strauchbegonien. Auch hier haben Pflanzenfreunde bei der Vielfalt der Arten die Qual der Wahl. Das Grünzeug wird oft meterhoch und muss regelmäßig im Frühjahr vor dem Austrieb beschnitten werden.
Bei den Blütenbegonien sind besonders die Eliator-Hybriden begehrt, die gerade in der grauen Jahreszeit Farbe ins Wohnzimmer bringen. Da gibt es einfache oder mit vielen Blättchen dicht gefüllte Blüten, rosenblütige oder solche mit gekrausten Blütenblättern – je nach Geschmack in Weiß oder Gelb und den unterschiedlichsten Rottönen.

Bleich-Chicorée treiben

Köstliches und gesundes Wintergemüse.

Chicorée, Endivie und Radicchio sind Varietäten ein und derselben Pflanzenart, *Chicorium intybus*, der Wegwarte. Allen gemeinsam ist der leicht bittere Geschmack.
Chicorée wird im Frühjahr ausgesät und wächst den Sommer über heran. Die im Spätherbst kühl und dunkel eingelagerten rübenartigen Wurzeln sind das Energiepaket, aus dem der eigentliche Salat hervorgeht. Aus ihnen wird im Winter, am besten im Januar, neuer Chicorée getrieben. Dazu setzt man die Rüben in einen tiefen Topf oder Eimer mit sandigem Gartenboden. Dabei ist darauf zu achten, dass bei den Rüben ein sogenannter „Herzbereich" stehen bleibt, aus dem dann die neue Pflanze wächst. Nun einmal kräftig angießen und von da an gleichmäßig feucht halten. Der Eimer wird nun mit schwarzer Folie oder einem anderen lichtundurchlässigen Material abgedeckt und in einen dunklen Raum gestellt. Die Temperatur sollte zwischen 18 und 20 °C liegen. Nach drei bis vier Wochen entwickelt sich aus den Rüben das begehrte Chicoréegemüse. Chicorée ist reich an den Mineralstoffen Kalium, Phosphor und Kalzium sowie dem Kohlenhydrat Inulin.

Überbackener Chicorée

Chicorée ist kalorienarm und enthält reichlich Kalium, Phosphor und Kalzium sowie das Kohlenhydrat Inulin. Das Gemüse wirkt leicht harntreibend und wird besonders Diabetikern und Rheumatikern empfohlen.

Zutaten (für zwei Personen):

- *4 Chicorée, halbiert*
- *100 g gewürfelter Gorgonzola*
- *100 g geraspelter Bergkäse*
- *100 g geraspelter Almkäse einige Weißbrotwürfel*
- *1 Esslöffel frische Butter*
- *4 Esslöffel gehackte Kräuter: Thymian, Rosmarin, Petersilie*
- *Öl,*
- *Salz, Pfeffer*
- *Tabasco*

Zubereitung:
Die Chicorée-Hälften mit Salz und Pfeffer würzen, kurz in Öl von beiden Seiten anbraten, wieder aus der Pfanne nehmen und in eine gefettete Auslaufform legen.
Einen Esslöffel Butter mit Salz, Pfeffer und Tabasco würzen, gehackte Kräuter dazugeben, die Käsemasse darunterheben und alles gut miteinander vermengen.
Zum Schluss die Weißbrotwürfel zur Masse dazugeben und alles auf den Chicoree-Hälften verteilen. Etwa fünf Minuten bei 200 °C im Ofen überbacken.

QUER BEET

Gemüse durch den Winter bringen

Feldsalat garantiert auch im Winter für frische Vitamine.

Rettich lässt sich gut lagern, wenn das Laub entfernt wird.

Wenn Sie keine Erdmiete haben und Ihr Keller zu warm ist, können Sie viele Gemüse noch bis in den Winter hinein im Garten lassen. Viele Arten, wie Grünkohl, Feldsalat, Radicchio, Schwarzwurzeln, Winterpostelein, Petersilie und Schnittlauch vertragen auch starken Frost und brauchen daher keinen Winterschutz.

Wirsing verträgt bis annähernd –10°C, Endivien bis -6°C und Zuckerhut bis -8°C. Grünkohl schmeckt erst richtig gut, wenn er Frost abbekommen hat. Möchten Sie ihn jedoch auch bei Eis und Schnee ernten, empfiehlt sich eine Abdeckung aus Fichtenreisig. Das Gleiche gilt für Chinakohl, Pak Choi und Rosenkohl; allerdings verträgt Rosenkohl keinen lang anhaltenden starken Frost. Wenn es richtig kalt wird, bietet ein Vlies guten Schutz. Es sollte aber nicht direkt auf der Pflanze liegen, sondern über ein Gestell gespannt werden. Das gilt grundsätzlich für alle Kulturen, die im Winter abgedeckt werden müssen. Blumenkohl können Sie vorübergehend schützen, indem Sie die Blätter abknicken und den Kopf damit einschlagen.

Bei Kohlköpfen, Möhren, Rettich und Porree verhindert Anhäufeln und trockenes Laub, dass der Frost in den Wurzelbereich eindringt und die Pflanzen verdursten. Diese Kulturen kann man zusätzlich durch eine Abdeckung mit Vlies oder Fichtenreisig schützen. So halten sich diese Gemüse bis Ende Dezember im Freiland. Rosenkohl und Porree können Sie auch an geschützter Stelle einschlagen. Mangold kommt gut durch den Winter, wenn er bis zur Unterkante der Blätter angehäufelt und zusätzlich ab November mit Fichtenreisig, Vlies oder Bastmatten gegen die Wintersonne geschützt wird.

Winterjasmin – robuster Blüher

Die Blüten des Winterjasmin bringen Farbe in den Winter.

Der Winterjasmin *(Jasminum nudiflorum)* ist die einzige winterharte Art unter den 200 Arten der Gattung *Jasminum*. Er gehört zur Familie der Ölbaumgewächse – wie die Esche, der Flieder und der Liguster – und und gelangte vor über 150 Jahren nach Europa.
Die einzeln stehenden, goldgelben Blüten erscheinen normalerweise von Februar bis April. Manchmal blüht der Strauch schon im Dezember, und zwar an den Zweigen, die im Jahr zuvor am einjährigen Trieb gewachsen sind. Die Blütenpracht ist ein ausdauerndes Kommen und Gehen: Wenn die Sonne scheint und es nicht zu kalt ist, blüht der Jasmin auf, Kälte vernichtet die Blüten wieder; beim nächsten schönen Wetter aber kommen neue Blüten. Das geht so in mehreren Schüben bis in den März hinein. Im Unterschied zu vielen anderen Jasminum-Arten duftet der Winterjasmin nicht.

Dekorativer Wucherer

Der Winterjasmin ist ein Spreizklimmer. Er klettert nicht, sondern stützt sich beim Hochwachsen auf ein Gerüst oder auf andere Sträucher auf. Meist wird er deshalb an Spalieren oder Mauern hochgezogen. Er kann bis zu 3 m, bisweilen 5 m hoch werden. Schon beim Pflanzen ist es empfehlenswert, den Jasmin am Gerüst anzubinden. Das Aufbinden der neuen Triebe sollte man noch einige Jahre fortsetzen, bis der Strauch seine endgültige Größe erreicht hat. Pflanzzeit ist von Oktober bis März, wenn der Boden offen ist.
Besonders attraktiv entwickelt sich der Winterjasmin, wenn man ihn an Geländern oder Außentreppen herabhängen lässt. Er kann aber auch unschöne Mauern oder steile Böschungen überwuchern. Die zahlreichen schlanken, grasgrünen Zweige des Winterjasmins sind vierkantig. Er ist sommergrün, das heißt, er verliert im Winter seine Blätter. Diese sind winzig klein und entfalten sich erst nach der Blüte.
Ältere Sträucher bilden mehr Blütentriebe, wenn sie gelegentlich ausgelichtet werden. Der beste Zeitpunkt ist gleich nach der Blüte, bevor neue Zweige zu wachsen beginnen. Durch das Schneiden soll der Strauch eine schöne, ausgeglichene Wuchsform bekommen, damit er, wenn die Blüte vorbei ist, nicht allzu hässlich aussieht. Ziel des Rückschnitts sind elegante, herabhängende neue Triebe, die im nächsten Jahr reichlich Blüten hervorbringen.

Steckbrief

Winterjasmin
(Jasminum nudiflorum)

Familie:	Ölbaumgewächse (Oleaceae)
Wuchs:	Spreizklimmer, 2 bis 3 m hoch am Spalier
Blütezeit:	Februar bis April, manchmal schon Dezember
Blütenfarbe:	goldgelb
Standort:	sonniger bis halbschattiger Standort, durchlässige, leichte, normale Gartenerde, eher schwach sauer

QUER BEET

Adventsschmuck mit Bedeutung

Adventsschmuck hat eine tiefe Bedeutung und blickt auf eine lange Tradition.

Kerzenschein, ein aromatischer Duft nach Zimt und Orangen, schmackhafte Weihnachtsplätzchen: Die Adventszeit ist die gemütlichste Zeit im Jahr. Gestecke und attraktive Christbaumgebinde sorgen für die richtige Weihnachtsvorfreude. Advent ist aber auch die Zeit der Symbole: Blumen, Zweige, Früchte und Pflanzen stehen für Fruchtbarkeit, Hoffnung, Dankbarkeit und vieles mehr.

Von klassisch bis originell

Beim Adventsschmuck ist alles erlaubt, was gefällt. Der Gestaltung sind keine Grenzen gesetzt: ob klassische Gestecke aus schlichten Tannenzweigen, Kiefernzapfen und Stechpalmenbeeren oder originelle Gebinde aus Eibe oder farbigen Kugeln. Für jeden Geschmack gibt es das Passende. Für kleine Wohnungen eignen sich platzsparende, gehaltvolle Gebinde. Wie ein kleiner Christbaum wirkt zum Beispiel ein Gesteck aus Tannenzweigen, das auf Moosgeflecht gebunden ist. Mit Zieräpfeln, Sternchen und Kugeln dekoriert, sorgt das schmal gehaltene Gesteck für weihnachtliches Flair. Es passt gut in Ecken und auf Kommoden. Attraktiv und appetitanregend zugleich ist eine Dekoration mit Pfeffernüssen, Lebkuchen und Zimtstangen. So ein Gesteck verbreitet im Haus einen angenehm winterlichen Duft. Beeren, Nüsse, Koniferenzweige und duftende Äpfel lassen sich auch einfach in einer weihnachtlichen Gabenschale arrangieren. Zusammen mit selbst gebastelten Strohsternen entsteht so an einem hellen Platz ein attraktiver vorweihnachtlicher Blickfang.

Natürlich, aber nicht trist!

Der beste Beweis dafür, dass natürliche Materialien nicht trist sein müssen, ist die Lampionblume. Ihr kräftiges Orange leuchtet zwischen den Tannenzweigen der Kränze hervor.

hervor. In Kombination mit orangefarbenen Kerzen und einigen Hagebutten entsteht ein fröhlicher, bunter und zugleich natürlicher Adventskranz. Duftende Akzente setzen die Zimtstangen und einige getrocknete Orangenscheiben. Für jede Wohnung und jeden Geschmack gibt es also den passenden Adventskranz oder ein schönes Gesteck. Die meisten der in der Adventszeit verarbeiteten Pflanzen sind nicht nur schön anzusehen, sondern zugleich Symbolträger – Botschaften lassen sich so mit Pflanzen und Früchten vermitteln. Und nicht nur die Pflanzen haben eine besondere Bedeutung, sondern auch die Form des Arrangements spricht eine eigene Sprache.

Die Lampionblume behält ihre kräftige Farbe auch nach dem Trocknen.

Der Adventskranz – bis heute ein wichtiges Symbol

Eine der wohl schönsten Geschichten erzählt der Adventskranz selbst. Wissen Sie, woher der Brauch, einen Kranz mit Kerzen zu schmücken, stammt? Der Adventskranz wurde von Johann Hinrich Wichern eingeführt, als kleine Geste, und um die Wartezeit bis Weihnachten zu verkürzen. Der Hamburger Erzieher und Theologe nahm sich Kindern an, die in großer Armut lebten, und zog mit ihnen in ein altes Bauernhaus, wo er sie betreute. Die Ungeduld der Kinder war damals, ebenso wie heute, sehr groß. Da die Kinder während der Adventszeit immer fragten, wann denn endlich Weihnachten sei, baute er 1839 aus einem alten Wagenrad einen Holzkranz. Diesen schmückte er mit 19 kleinen roten und vier großen weißen Kerzen. Während der Adventszeit wurde nun jeden Tag eine kleine Kerze angezündet, an den Adventssonntagen eine große.
Aus dieser Idee entwickelte sich der Adventskranz mit seinen vier Kerzen, wobei an jedem Adventssonntag eine weitere angezündet wird. Um das Jahr 1860 wurde der Kranz erstmals mit Tannengrün geschmückt und so gehört er seit Beginn des 20. Jahrhunderts fest zum deutschen Adventsbrauchtum. In anderen Ländern und Teilen Deutschlands wurde der Brauch erst später übernommen, heute zählt

der Adventskranz zu den bekanntesten Symbolen in der Weihnachtszeit. Neben den klassischen Kränzen mit vier Kerzen werden auch immer wieder Kränze mit 24 Kerzen angeboten. Der geschlossene Kreis des Adventskranzes steht für das ewige und das immer wiederkehrende Leben – das Leben und der Glaube als geschlossener Kreis, ohne Anfang und ohne Ende.

Paradiesische Äpfel

Früher dienten rotbackige Äpfel häufig als Christbaumschmuck, zusammen mit Nüssen und Zapfen waren sie in vielen Häusern zu finden. Heute werden meistens Zieräpfel zur Dekoration verwendet – in Orange, Gelb oder Rot leuchten sie zwischen den immergrünen Zweigen der Kränze und Gestecke hervor. Doch welche Botschaft soll uns der Apfel vermitteln? Der Apfel war und ist das Symbol für die Fruchtbarkeit und steht als Sinnbild für das Paradies. Der Form des Apfels nachempfunden sind viele Christbaumkugeln, die mit ihrem perfekten Kreis zusätzlich Göttlichkeit und Vollkommenheit versinnbildlichen.

Fruchtbar und geheimnisvoll

Zapfen, egal ob von Tannen oder anderen Nadelbäumen, sind als Symbol der Fruchtbarkeit weithin bekannt. In der holzigen Hülle verbergen sich die Samen und versprechen viele Nachkommen. Gleichzeitig stehen sie für Jungfräulichkeit und damit auch für die Jungfrau Maria. Manche Zapfen erinnern in ihrer Form allerdings eher an Eiszapfen und symbolisieren so auch den Winter. Häufig werden Zapfen von Zeder, Tanne und Lärche in Adventskränze und Gestecke mit eingearbeitet, auch als Christbaumschmuck sind sie sehr beliebt. Nüsse hingegen sind verschlossen und schwer zu knacken: sie sind Sinnbilder für Gottes Ratschluss. Im Inneren wohnt das Dunkle, Rätselhafte – vergoldet allerdings sind sie strahlend und wirken lebendig. Nüsse stehen für die Vielfalt der Natur, für den Herbst und natürlich ebenfalls für die Fruchtbarkeit.

Immergrüne – Zeichen der Unsterblichkeit

Die Farbe Grün ist der Inbegriff des Lebens und der Hoffnung, so haben immergrüne Pflanzen auch eine besondere Bedeutung, gerade während der Weihnachts- und Adventszeit. Die Zweige von diesen Gehölzen bilden in der Regel die Grundlage eines jeden Kranzes oder Gestecks der Weihnachtszeit. Immergrüne Pflanzenteile von Ilex, Buchsbaum, Tanne, Eibe, Efeu oder Mispel versinnbildlichen die Ewigkeit, das Unvergängliche. Sie stehen für die immerwährende Liebe und die Hoffnung auf das ewige Leben; also Zweige, die viele Botschaften vermitteln!

Schlicht und schön ist dieser Weihnachtsschmuck. Der Apfel steht als Symbol für Fruchtbarkeit.

Sterne und Engel – schmückende Elemente

Der Stern als klassisches Weihnachtssymbol soll in erster Linie an den Stern von Bethlehem erinnern, der den Heiligen Drei Königen den Weg zum Stall und Jesu Geburtsort wies. Außerdem gilt der Stern als Zeichen der Hoffnung. Wird als Material Stroh verwendet, soll der Geburtsstätte Jesu gedacht werden, der einfachen Herberge, in der Maria das Kind zur Welt brachte. Die Botschaft von Christi Geburt wurde von Engeln verkündet; sie sind dadurch zentrale Figuren Figur des Weihnachtsgeschehens. Bildlich dargestelltwird dieses durch die Darstellung eines Engels mit Posaune. Das Wort Engel kommt vom griechischen Angelos = Bote. Engel gelten als Mittler zwischen Himmel und Erde bzw. Gott und den Menschen. Sie sind himmlisch und stehen gleichzeitig dem Menschen nahe. Engel erscheinen zu zahlreichen Gelegenheiten während eines christlichen Lebens – so als Schutzengel in der Kindheit oder als Wegbegleiter in den Tod. Oftmals sieht man in der Weihnachtszeit Engel als Dekorationselemente, ob als Steinfiguren, Wachsabbildungen oder auch als Christbaumschmuck.

Alter Brauch zur Weihnachtszeit

Das Schneiden von Barbarazweigen ist ein beinahe in Vergessenheit geratener, wunderschöner alter Brauch. Einer alten christlichen Legende nach soll die Jungfrau Barbara am 4. Dezember 306 wegen ihres standhaften Glaubens ihrem Martyrium erlegen sein. Am Weihnachtstag, so berichtet die Überlieferung, hätten sich auf ihrem Grab die Blüten der Blumen geöffnet. So entstand der Brauch, am 4. Dezember Zweige zu schneiden und in die Vase zu stellen. In erster Linie werden Zweige von Kirschen, Mandelbäumchen, Zierpflaumen oder Forsythien genommen, die in der Vase im Haus zu früher Blüte kommen. Blühen sie zu Weihnachten, gilt dieses als Vorbote für die Geburt eines Kindes oder einer Hochzeit im kommenden Jahr. Die Barbarazweige symbolisieren mit der Blüte das neue frische Leben und sollen Glück bringen. Advent und Weihnachten – die Zeit der Besinnung und des Glaubens.

Dieser dekorative Kranz ist ganz aus Naturmaterialien gebunden und verzichtet auf Extradekoration.

Adventsgestecke einmal anders?

Advents- und Weihnachtsschmuck muss nicht immer klassisch sein. Auch andere Dekorationsideen können die Adventszeit verschönern: weg vom klassischen Rot und Grün, hin zu hellen, kühlen Farben. Durchsichtige blaue Kugeln als Vasen für die zartweißen Blüten der Christrose. Kühle Farben zum Beispiel auch beim Adventskranz: blaue Kerzen, warum nicht? Zu diesen Farbtönen sind eher künstliche und kunstvolle Attribute gefragt. Auch türkisfarbene Kerzen und Gestecke lassen sich gestalten. Wichtig ist bei den Sonderfarben eine Abstimmung aller Materialien aufeinander. So muss das Grün des Kranzes zu den Kerzen und den weiteren Elementen passen, nur so entstehen geschmackvolle und moderne Gebinde. Gern werden Kränze verwendet, die aus den verschiedensten Nadelgehölzen bestehen.
Aber nicht nur Gestecke und Kränze gehören in ein weihnachtlich geschmücktes Zimmer, sondern auch einige Zimmerpflanzen. Die Klassiker unter ihnen sind der Weihnachtsstern und der Weihnachtskaktus.

Weihnachtsstern und Weihnachtskaktus

Weihnachtssterne *(Euphorbia pulcherima)* gibt es in vielen Farben, vom klassischen Dunkelrot bis zu bunt gesprenkelten Pflanzen. Ihre sternenförmigen Blüten bringen jedes Zimmer zum Leuchten und verschönern jedes Fensterbrett. Besonders apart sind die Pflanzen als Hochstamm gezogen. Kaum eine andere Topfpflanze blüht so lange, 4 bis 6 Wochen und noch länger ist das Minimum – vorausgesetzt, man geht auf die Wünsche der eigentlich recht anspruchslosen Pflanze ein. Um gut gedeihen zu können, brauchen die fröhlichen Sterne einen hellen sonnigen Platz ohne Zugluft und regelmäßige Wassergaben. Etwas Splitt oder Blähton im Übertopf lässt überschüssiges Wasser ablaufen und sorgt zudem für ein Wohlfühlklima im Wurzelbereich, da das Wasser langsam verdunstet und so die Luftfeuchtigkeit erhöht. Die zweite klassische Weihnachtspflanze stammt ursprünglich aus Mittelamerika, wo sie als Aufsitzer auf Bäumen lebt, ohne diese zu schädigen. Der Weihnachtskaktus *(Schlumbergera truncata)*, der botanisch gesehen eigentlich gar kein Kaktus ist, liebt den Halbschatten, Wärme und hohe Luftfeuchtigkeit. Er ist mit roten, weißen oder rosafarbenen Blüten erhältlich und mag nur mit kalkarmem Wasser gegossen werden. Nach der Blütezeit wird umgetopft – für die nächste Adventszeit. Damit der Weihnachtskaktus dann zum kommenden Fest reichlich blüht, stellt man die Pflanze ab August etwas kühler und gibt nur ganz wenig Wasser. Sobald erste Blütenknospen erscheinen, mehr gießen und ins warme Wohnzimmer stellen. So gepflegt und umsorgt erstrahlen die Blüten Jahr für Jahr aufs Neue in voller Pracht.

Weihnachtskaktus (links) und Weihnachtsstern (rechts) zeigen sich zum Fest von ihrer schönsten Seite.

Kübelpflanzen im Haus überwintern

Der zarte Duft von Zitrusbäumchen erinnert an südliche Gefilde.

Üppige, imposante Kübelpflanzen machen die Terrasse im Sommer zur Urlaubskulisse. Mediterranes Flair, Blütenpracht und Früchte bieten Olive, Bougainvillea und Zitronenbäumchen. Problematisch wird es erst in der kalten Jahreszeit. Wenn es gilt, ein geeignetes Winterquartier zu finden, ist das Haus häufig zu klein. In dieser Situation hilft es, wenn die Kübelpflanzen die Temperaturen eines geheizten Raumes vertragen. Während mediterrane Pflanzen wie die Olive oder der Lorbeer ein frostfreies, aber ungeheiztes Winterquartier brauchen, sind es meist tropische Pflanzen, die sich in unseren Wohnzimmern wohlfühlen. Dazu gehören Kaffeepflanze, Brunfelsie, Dracaena, Strelitzie, Hibiskus, Passionsblumen-Arten, Zierbananen und Papyrus.

Gartentipp

Je heller das Winterquartier, desto höher können die Temperaturen sein: Ein dunkler Platz sollte kälter als 10 °C sein, im hellen Wintergarten dürfen die Temperaturen auch darüber liegen.

Warme Winterquartiere

Vorsicht im Wintergarten, hier werden die Temperaturen häufig sehr unterschätzt. Auch in unbeheizten Wintergärten sind durch die Sonneneinstrahlung und die Beheizung von angrenzenden Räumen die Temperaturen oft zu hoch für die Überwinterung vieler Pflanzen.

Selbst wenn es draußen friert, können im Wintergarten die Temperaturen schnell über 30 °C klettern. Von großer Wichtigkeit ist daher gutes Lüften. Automatische Lüftungen sind dabei eine große Erleichterung, Fenster und Lüftungsklappen werden zur Temperaturregelung automatisch geöffnet und geschlossen. Durch Messfühler außen und innen wird die Temperatur auf einem gleichmäßigen Niveau gehalten. Neben der Temperatur wird auch die Luftfeuchte ausgeglichen, sodass es im Wintergarten weder zu feuchtwarm (Pilzgefahr) noch zu trocken wird.
Die wenigen Pflanzen, denen das geheizte Wohnzimmer im Winter behagt, sind meist in den Tropen beheimatet. Dort herrscht aber eine hohe Luftfeuchte, die in Innenräumen nicht gewährleistet werden kann. Durch Lüften, Besprühen und Wasserverdunster an Heizkörpern

Der Wintergarten ist ein idealer Platz zum Überwintern vieler Kübelpflanzen.

Pflanzen für Winterquartiere

Wintergarten, unbewohnte Wohnräume, hell, Temperaturen von 10 bis 15 °C

- Aloe *(Aloe vera)*
- Engelstrompete *(Brugmansia*-Arten*)*
- Banane *(Musa basjoo)*
- Passionsblumen *(Passiflora*-Arten*)*
- Bougainvillea *(Bougainvillea spectabilis)*
- Strelitzie *(Strelizia reginae)*
- Brunfelsie *(Brunfelsia pauciflora var. calycina)*
- Drachenbaum *(Dracaena draco, D. arborea)*
- Zitronenarten *(Citrus x limon)*

Geheizte Wohnräume und warme Wintergärten, hell, Temperaturen von 15 bis 20 °C

- Papyrus *(Cyperus papyrus)*
- Elefantenfuß *(Beaucarnea recurvata)*
- Kaffeestrauch *(Coffea arabica)*
- Schönmalven *(Abutilon-Hybriden)*
- Chinesischer Roseneibisch *(Hibiscus rosa-sinensis)*

sollte jedoch das Möglichste getan werden, um die Luft nicht zu trocken werden zu lassen. Trockene, heiße Luft begünstigt die Ausbreitung einiger Schädlinge und ruft an vielen Pflanzen trockene Triebspitzen hervor.

Kübelpflanzen richtig überwintern

Viele der prachtvollen Kübelpflanzen können auch im Winter Freude machen. Schon beim Kauf sollte die Überwinterung bedacht werden, um schöne Plätze in Wohnräumen und Wintergärten zu schaffen. Zu den Ansprüchen der Pflanzen kann der Gärtner beraten, die Erfahrungen muss jedoch jeder selbst machen.

Kaffeeplantage im Wohnzimmer

Die über das Jahr gemittelten Temperaturen in den Regionen des Kaffeeanbaus kommen denen unserer normalen Zimmertemperatur ziemlich nahe, weshalb der Kaffeestrauch *(Coffea arabica)* auch Zugang in unsere Wohnräume gefunden hat. Mit guter Pflege und einigen Tricks bekommt man sogar Blüten und manchmal Früchte.
Der Kaffeestrauch mag es hell und luftig. Heiße Mittagssonne und große Temperaturschwankungen sollte man vermeiden. Der Wurzelballen möchte gleichmäßig feucht gehalten werden. Um eine reiche Blüte zu erhalten, muss der Kaffee im Winter etwas kühler stehen, die richtige Temperatur liegt bei ca. 15 °C. In dieser Ruhezeit benötigt er nur wenig Wasser. Wenn die Blütenknospen wieder anschwellen, empfiehlt sich eine Temperatur um die 22 °C und häufigere Wassergaben. Dann kann man um die Osterzeit den süßen Duft der Kaffeeblüten genießen. Allerdings muss man dazu etwas Geduld aufbringen. Ungefähr vier Jahre dauert es, bis sich die ersten Blüten bilden, die sich später in kirschenähnliche Früchte verwandeln.

In deren Innerem verstecken sich zwei Samen, die wir geröstet als Kaffeebohnen kennen.

Duftende Blüten als Lohn für die Pflege

Die Brunfelsie *(Brunfelsia pauciflora var. calycina)* bringt duftende, schöne Blüten hervor, noch weit vor den anderen Kübelpflanzen. Allerdings hat sie gewisse Ansprüche, die nicht in jedem Wohnhaus erfüllt werden können. Sie eignet sich ideal als Wintergartenpflanze. Wichtig ist bei der Brunfelsie zum einen die hohe Luftfeuchte. Bei trockener Heizungsluft kümmert sie. Zum anderen ist die Bodenfeuchte ebenso ausschlaggebend für ein gutes Gedeihen und prächtiges Blühen. Mit etwas Fingerspitzengefühl sollte eine gleichmäßige Feuchte im Wurzelbereich gehalten werden. Als Standort kann ganzjährig der Wintergarten oder das Wohnzimmer dienen, solange eine gewisse Kühlphase eingehalten wird. Diese erstreckt sich über acht Wochen, in denen die Temperaturen zwischen 9 und 12 °C liegen müssen. Nur mit einer solchen Kühlphase werden ausreichend Blütenknospen angesetzt, die ca. vier bis sechs Wochen später aufblühen. Die Blüten wechseln ihre Farbe von Lila über Hellviolett bis zu Weiß beim Verblühen.

Chinesischer Roseneibisch

Kaum eine andere Kübelpflanze mutet so exotisch an wie der Chinesische Roseneibisch *(Hibiscus rosa-sinensis)*. Er ist die Staatsblume von Hawaii und Malaysia und dient im asiatischen Raum als Opfergabe in buddhistischen Tempeln. Die Blütenfarben sind stets ausdrucksstark und leuchten je nach Sorte in Orange, Gelb, Rot oder Weiß. Die Blütenform mit den Blütenkronen und den verwachsenen Staubblättern entspricht der unseres Garten-Eibischs *(Hibiscus syriacus)*, überragt diesen jedoch deutlich in der Größe. Die Blüten einiger Sorten erreichen Durchmesser von bis zu 15 cm.
Die exotischen Blüten des Roseneibischs können auch im Wohnzimmer zur Entfaltung kommen, vorausgesetzt, es ist hell genug.
Temperaturen von 18 bis 20 °C und ausreichend Licht lassen ihn auch im Winter zur Blüte kommen. Im Winter braucht er nicht ganz so viel Wasser wie im Sommer, die Gaben sollten jedoch nicht weniger regelmäßig erfolgen.
Der Chinesische Roseneibisch kann den Sommer über auf der Terrasse stehen, dort braucht er einen windgeschützten, warmen Standort. Wichtig ist das zeitige Ein- und Ausräumen: Er sollte eingeräumt werden, sobald die Temperaturen unter 12 °C sinken. Im Frühjahr können die Außentemperaturen denen im Zimmer entsprechen, denn sonst reagiert die Pflanze mit dem Abwurf der Blütenknospen. Im Sommerhalbjahr gehört der Hibiskus zu den durstigen Pflanzen, die regelmäßig relativ viel Wasser und Nährstoffe brauchen.

Hibiskus wird vor dem Überwintern zurückgeschnitten.

Robuste Wüstenpflanze

Wer eine Aloe *(Aloe vera)* besitzt, weiß, dass sie fast jede Sünde verzeiht, sprich jede Nachlässigkeit in puncto Gießen und Düngen. Schließlich stammt sie weitgehend aus Wüstengebieten und hat gelernt, mit langen Trockenheiten und plötzlich einsetzendem Regen zurechtzukommen. Stauende Nässe verträgt sie jedoch nicht. Gedüngt werden sollte die Aloe alle drei Wochen mit einem Kakteen- oder Blumendünger, und zwar mit der halben angegebenen Konzentration. Beim Umtopfen wählt man eine durchlässige, sandige Kakteenerde. Blumenerden eignen sich gut, wenn sie zur Hälfte mit Sand vermischt werden. Der Standort der Aloe im Sommer sollte sonnig bis halbschattig sein, wobei die Pflanze auch Schatten toleriert.

Register

ADR-Rosen .... 103 f.
Adventsschmuck .... 181, 180 f., 184
Ahornsorten 160
Algen 111
Aloe *(Aloe vera)* 189
Alpen-Aster *(Aster alpinus)* 135
Alpenpflanzen 173
Alpenveilchen
(Cyclamen purpurascens) 42, 43
Ampelpflanzen 69
Anemone tomentosa 114
Anemone vitifolia 114
Anemone-Japonica-Hybriden........ 113, 114
Apfel *(Malus)*........ 143, 144, 145, 182
Äpfel der Hesperiden 144, 145
Apfelsorten 146
Astern 133, 135, 155
Aubergine *(Solanum melongena)* ...... 20, 65 f.
Auberginen, gefüllte 66
Auberginensorten 66
Aurikel 174, 175
Aussaat .... 19 f.
Azalee........ 68
Azalee *(Rhododendron luteum)* 53

Balkonbepflanzung 71, 124, 125
Balkonpflanzen 33
Banane *(Musa)* 116, 117
Bananen-Minze
(Mentha arvensis 'Banana'*)* 80
Barbarazweige........ 184
Bärlauch *(Allium ursinum)* 45, 46
Bärlauchmousse 46
Bärlauchpesto 47
Basilikumsorten 80
Bauern-Pfingstrose *(Paeonia officinalis)* 61
Bauernhortensie
(Hydrangea macrophylla) 126
Bayern-Kiwi *(Actinidia arguta* 'Weiki'*)* 123
Begonie *(Begonia)* 176
Beikräuter 74
Bewässerungssysteme 92
Bibel 143, 144
Blattbegonien 176
Blaue Blüten 71
Blaues Gänseblümchen *(Brachycome)* 71
Blumenhartriegel, Japanischer 53
Blumenwiese 39
Blumisten 174
Blutpflaume *(Prunus cerasifera* 'Nigra'*)* 27
Bodenbearbeitung 36, 130, 131
Bodenpflege .... 130 ff., 153
Bohne *(Phaseolus vulgaris)* 95, 96
Bohneneintopf 96
Braunfäule an Tomaten 98
Brunfelsie *(Brunfelsia pauciflora)* 189
Buntnessel *(Solenostemon)* 155, 176

Chichorée 177
Chichorée, überbacken 177
Chinesische Faserbanane
(Musa basjoo) 117
Chinesischer Roseneibisch
(Hibiscus rosachinensis) 189
Clematis .... 84 f., 85
Cocktailtomaten 125
Kurkuma 118
Currykraut *(Helichrysum)* 55

Dahlien 173
Deadheading 79
Duft-Schneeball
(Viburnum carlesii 'Aurora'*)* 26
Duftpelargonien 87
Duftpflanzen 33, 80
Duftschneeball 53
Duftveilchen *(Viola odorata)* .... 33, 41 f.
Duftwicke *(Lathyrus odoratus)* 87
Dunkelkeimer 17, 19
Dürer, Albrecht 41

Edelpfingstrose *(Paeonia lactiflora)* 61, 62
Efeu *(Hedera)* 54
Eichenblättrige Hortensie
(Hydrangea quercifolia) 161
Eisenbaum *(Parrotia persica)* 161
Erdbeeren *(fragaria x ananassa)* 49, 50, 51
Erdbeersorten 49
Erdbeerspinat 48
Erstfrühling .... 34 ff.
Fächerahorn *(Acer japonicum)* 113
Fächerahorn *(Acer palmatum)* 160
Fackellilien 155
Federbuschstrauch *(Fothergilla major)* 161
Feldsalat 178
Feige *(Ficus carica)* ....148 f.
Feige, frostharte 148
Fenchel *(Foeniculum vulgare)* 82
Fenchel mit Bratkartoffeln 83
Fingerstrauch *(Potentilla)* 53
Flieder 53
Foliengewächshaus 38
Frostgare 131
Fruchtwechsel 25
Frühbeet 16, 17
Frühherbst .... 128 ff.
Frühkartoffeln 17
Frühlings-Küchenschelle 22
Frühlingsblumen 33
Frühsommer .... 72 ff.
Fuchsie *(Fuchsia Cultivars)* .... 105 ff.
-, Kriechende Fuchsie
(Fuchsia procumbens) 106
-, Scharlach-Fuchsie
(Fuchsia magellanica) 105
-, Traubenblütige Fuchsie
(Fuchsia Triphylla-Hybriden) 106
Fuchsiensorten 105

Gänseblümchen *(Bellis perennis)* 75
Garten-Schlüsselblume 174
Gartenschlauch 91
Gartenteich 110
-, Flachwasserbereich 111, 112
-, Pumpen 111
-, Schwimmpflanzen 111
-, Sumpfzone 112
-, Tiefwasserzone 112
Gauchheil *(Anagallis)* 70
Gehölze 159
Gelappte Sternwinde *(Ipomea lobata)* 87
Gemüse im Frühbeet 17
-, Aussaat 19
-, Winterschutz 178
Gewächshaus 37, 38, 39
Gießen .... 90 ff.

Ginkgo *(Ginkgo biloba)* .... 140 f.
Ginkgofrüchte 141
Ginster 53
Glanzmispel *(Photinia villosa)* 161
Glattblatt-Aster *(Aster novi-belgii)* 135
Goethe, J. W. von 41, 71, 140
Grabgabel 36, 81
Gräser 156
Grünkohl 138, 178

Hanging Baskets 69, 70
Hansen, Richard 152
Harken 130
Herakles 144
Herbst 155
Herbstanemone
(Anemone hupehensis) 113, 114
Herbstfärbung 156, 159
Herbstpflanzung 152
Himbeere *(Rubus idaeus)* 28
Hippokrates 43
Hochbeet 58
Hochsommer .... 88 ff.
Hornveilchen *(Viola cornuta)* 43
Hortensien 126, 127
Hortus Reichertianus 174
Hügelbeet 59

Ingwer *(Zingiber officinale)* 118
Ingwergewächse 115

Japan 27
Jäten 131
Jesuiten 53

Kaffeestrauch *(Coffea arabica)* 188
Kakteen 16
Kalkanstrich 173
Kamelie *(Camellia sinensis)* 168, 169
Kanadischer Rot-Ahorn *(Acer rubrum)* 160
Kanarienkresse
(Tropaeolum peregrinum) 87
Kapuzinerkresse *(Tropaeolum majus)* 87
Keimtemperatur 20
Kirschblütenfest 27
Kissenaster *(Aster dumosus)* 133
Kiwi *(Actinidia arguta)* 122
Kiwi *(Actinidia kolomikta)* 123
Kletterpflanzen, einjährige .... 86 f.
Kletterrosen .... 84 f.
Knobi-Flirt *(Tulbaghia violacea)* 44, 45
Kohl .... 137 ff.
Kohlsorten, neue 139
Kompost 36, 153
Kopfsalat 47, 48
Korbmarante *(Calathea crocata)* 115, 116
Krail 36, 37
Kräuter 99, 100
Kübelpflanzen 31, 172, 187
Kürbis *(Cucurbita moschata)* 136
Kürbisanbau 136

Labradorveilchen *(Viola labradorica)* 42
Lampionblume 181
Landwirtschaft 74
Laubenwein *(Pandorea jasminoides)* 167
Laubverfärbung 159
Lavendel 104
Lehmboden 153
Lerchensporn 22
Leucojum autumnale 22
Lichtkeimer 17, 19
Lineé, Carl von 12
Lungenkraut *(Pulmonaria)* 55

Mädchenauge *(Coreopsis verticillata)* 79
Mandelbäumchen *(Prunus triloba)* 27
Mangold 178
Männertreu *(Lobelia)* 71
Maracuja siehe Passionsblume
Maranten 115
Märzenbecher *(Leucojum vernum)* 21
Maulwurf 44
Mischkultur .... 24 f.
Mispel 182
Mistbeet 17, 18
Monilia 27
Moos im Rasen 39
Natur, Gleichgewicht der 74
Naturkalender 13
Nützlinge 75

Orchideenbaum *(Bauhinia)* 167
Oxalsäure 158

Paprika *(Capsicum annum)* .... 63 f., 64
Parma-Veilchen *(Viola cornuta)* 43
Passionsblume .... 101 ff.
- *(Passiflora caerulea)* 101, 102
- *(Passiflora coccinea)* 102
Passionsblumentee 102
Passionsfrucht-Soufflé 102
Pelargonien *(Pelargonium)* 87
Perückenstrauch *(Cotinus coggygria)* 161
Petunien 70, 71
Pfeilwurz *(Maranta leuconeura)* *115*
Pfennigkraut *(Lysimachia)* 70
Pferdemist 17, 18
Pfingstrose *(Paeonia officinalis)* 61, 62
Pfingstveilchen *(Viola sororia)* 42
Pfirsich-Salbei *(Salvia greggii 'Peach')* 80
Pflanzschalen 33, 54
Pflücksalat 48
Phänologie 12
Pikieren 20
Plumier, Charles 105
Poleiminze *(Mentha pulegium)* 94
Prachtglocke
(Enkianthus campanulatus) 161
Prachtwinde *(Ipomea tricolor)* 86
Primeln 33, 55
Primeln *(Primula)* 174

Rasen 39, 40, 132
Regenwürmer 36
Rettich 178
Rhabarber *(Rheum rhabarbarum)* 157, 158
Rhododendren *(Rhododendron)* .... 67 f., 161
Rhododendronsorten, gelbe 53
Rhododendron schlippenbachii 161
Rispenhortensie 127
Rose 'Ilse Krohn Superior' 84

- 'Kiftsgate' ... 84
- 'Lawinia' ... 85
- 'Maigold' ... 53
- 'Morgensonne 88' ... 85
- 'Rosarium Uetersen' ... 84
- 'Sympathie' ... 85
- Rosa Cultivar ... 104
- Rosa hugonis ... 53
Rosenschädlinge ... 30
Rosendünger ... 30
Rosenkohl ... 139
Rosenpflege ... 29
Rosenschnitt ... 29
Rosenstacheln ... 104
Rote Bete siehe Rote Rübe
Rote Rübe *(Beta vulgaris)* ... 81
Rotkohl ... 138
Rucola ... 119
Ruprechtskraut
(Geranium robertianum) ... 94

Saatbänder ... 20
Saatbeet vorbereiten ... 37
Saatgut ... 19
Saatscheiben ... 20
Saisonblumen für den Balkon ... 55
Salanova-Salat ... 48
Salat ... 47 f.
Salatrauke *(Eruca sativa)* ... 119
Sauerampfer *(Rumex acetosa)* ... 120, 121
Sauerampfergemüse ... 121
Schafgarbe *(Achillea millefolium)* ... 74
Scharlacheiche *(Quercus coccinea)* ... 160
Schattenbalkon ... 55
Schimmelpfeng, Hermann ... 51
Schlüsselblume *(Primula veris)* ... 22, 23
Schlüsselblumen-Parfait ... 22
Schneckenbekämpfung ... 76, 77
Schneeball *(Viburnum x bodnantense)* ... 26
Schneeglöckchenbaum ... 53
Schnittsalat ... 48
Schokoladenblume
(Berlandiera lyriata) ... 80
Schönranke *(Eccremocarpus scaber)* ... 87
Schwarzäugige Susanne
(Thunbergia alata) ... 87
Schwimmteich ... 110
Seerosen ... 111
Seidelbast *(Daphne mezereum)* ... 26, 27
Seifert, Alwin ... 74
Solanin ... 99
Sommertürchen *(Leucojum aestivum)* ... 21
Spätherbst ... 150 ff.
Spätsommer ... 108 ff.
Spinnmilben ... 118
Stahl, Friedrich ... 152
Stangenbohne ... 95
Stauden ... 79, 152, 173
Staunässe ... 118
Steingarten ... 173
Sternjasmin
(Trachelospermum jasminoides) ... 167
Stiefmütterchen *(Viola tricolor)* ... 33, 43, 55
Storchschnabel
(Geranium robrtianum) ... 93
Strelitzie *(Strelitzia reginae)* ... 117

Tannenzapfen ... 182
Teemonopol, chinesisches ... 169
Tellerhortensie ... 126
Thymian *(Thymus)* ... 55, 80
Tomate ... 97, 98, 99
Torfquelltöpfe ... 20
Tränendes Herz *(Dicentra spectabilis)* ... 60
Trogbepflanzung ... 54
Umgraben ... 130, 153
Unkraut ... 74 ff.

Veilchensirup ... 43
Vereinzeln siehe Pikieren
Vertikutieren ... 40
Volksglaube ... 22, 83
Vollfrühling ... 56 ff.
Vorfrühling ... 14 ff.

Waggerl, Heinrich ... 22
Waldrebe siehe Clematis ... 85
Wasserpflanzen ... 111, 112
Weihnachtsschmuck ... 182, 183
Weihnachtskaktus
(Schlumbergera truncata) ... 185
Weihnachtsstern
(Euphorbia pulcherima) ... 185
Wein ... 147
Weinraute *(Ruta graveolens)* ... 94
Weißkohl ... 138
Wilde Rauke *(Diplotaxis tenuifolia)* ... 119
Wildpflanzen ... 74, 153
Winter ... 170 ff., 172
Wintergarten ... 162 ff., 187
Winterjasmin *(Jasminum nudiflorum)* ... 179
Winterschutz ... 172
Wirsing ... 139, 178
Wolfsmilch *(Euphorbia)* ... 55
Wühlmäuse ... 44, 58
Wurzelnackte ... 152

Zeigerpflanzen ... 13
Zieräpfel ... 27, 53
Ziergräser ... 173
Zierkirschen ... 27
Zierpaprika ... 64
Zierpfirsich
(Prunus persica 'Klara Meyer'*)* ... 27
Ziertabak *(Nicotiana sanderae)* ... 71
Zylinderputzer
(Callistemon citrinus) ... 164, 165